초등사회과 시민교육

서재천 저

학지사

머리말

사회과의 목적은 교육과정에서도 제시하고 있는 바와 같이 민주시민의 육성에 있다. 여기서 민주시민이라 함은 자유민주주의에 대한 신념을 가지고 그것을 일상생활에서 실천해 나가는 사람이다. 좀 더 구체적으로 말하면, 민주시민은 다른 사람을 인격체로 존중하고 자유와 평등의 정신에 투철하며, 남을 배려할 줄 알며 필요한 경우 공공선을 위해 자신의 이익 추구를 억제할 수 있는 사람이다. 나아가 대한민국이 자유민주주의에 입각하여 세워진 나라라는 것에 대해 긍지와 자부심을 가지고 그것을 더욱 발전시켜 나가는 사람이다. 이러한 인간을 육성하는 교육이 시민교육이다.

민주시민의 육성은 사회과뿐 아니라 도덕과 학교생활 전반을 통해서 이루어져야 하지만, 그중에서도 사회과 그리고 사회과의 여러 내용 중에서도 정치, 법, 경제, 사회, 문화 내용, 즉 사회과 '일반사회' 라고 부르는 영역에서 보다 직접적으로 이루어진다. 이 영역들은 현재 우리나라의 여러 제도와 그 제도의 바탕을 이루고 있는 이념을 다루고 있다. 이 책에서는 일반사회 내용 중에서도 특히 정치와 법 내용에 중점을 두었다.

시민교육은 초 · 중 · 고등학생뿐 아니라 대학생과 성인을 포함한 모든 시기에서 중요하지만, 초등학생의 시민교육이 가장 중요하다. 이유인즉, 어린 시기에 형성된 시민성은 그 영향이 오랫동안 지속되기 때문이다. 필자 역시 초등학교 때 식목일이면 학교 행사로 산에서 나무를 심던 일, 사회과 수업의 일환으로 시청을 방문한 일, 1960년 쿠바 위기 시 제3차 세계대전이 일어나 전 세계가 멸망할지도 모른다는 담임선생님의 말씀에 꽤나 걱정을 하였던 일들이 아직까지도 기억 속에 남아 있다. 이러한 것들은 환경보호의 중요성, 국가기관의 바람직한 기능, 지구촌에서 일어나는 일에 대한 관심 등으로 발전하여 오늘날 나의 시민성의 일부로 남아 있다.

시민교육은 전 세계적으로도 그 중요성이 다시 인식되고 있다. 미국은 전통적으로 시민성 교육이 강한 나라이며, 영국에서는 최근 '시티즌십' 이라는 교과목을 신설하였고, 일본에서도 법교육과 시민성 교육이 강조되고 있다. 이는 각국에서 청소년들의 시민성 저하 문제가 제기되고, 글로벌화에 따라 지구촌 시민성을 육성할 필요성 등이 절실해졌기 때문이다. 우리나라는 여기에 더하여, 민주화 이후 이를 공고히 하기 위한 초석으로서의 학교 시민교육이 새롭게 강조되어야 할 시기다.

이 책에서는 교사들이 시민교육의 기초적 내용을 알고 있어야 한다는 관점에서 고대와 근대의 민주주의론, 자유민주주의의 구체적 적용으로서의 우리나라 헌법을 다루었다. 그리고 초등학교 새 교육과정과 교과서에 입각하여 우리나라 초등 시민교육의 구체적 내용과 그 방법에 대하여 알아보고, 마지막으로 세계 주요국의 시민교육의 최근 동향을 살펴보았다. 아무쪼록 이 교재를 가지고 공부하는 대학생들이 입헌민주주의의 기본원리와 우리 헌법의 기초내용을 알고 이를 토대로, 아동들을 대한민국의 훌륭한 시민으로 길러 내겠다는 의지와 그 능력을 습득하였으면 하는 마음이다.

이 책을 펴내는 데 여러 분의 도움이 있었다. 먼저, 학부 시절 정치학과 헌법학을 강의해 주신 윤용탁 교수님, 대학원 박사과정에서 사회과 교육학을 지도해 주신 이토 료조〔伊東 亮三〕 교수님, 그리고 5년 전 연구년 때 필자에게 대학원 정치사상사 청강(聽講)을 허락해 준 서울대학교 유홍림 교수님, 초등사회과 교과서 개발 총책임자이신 교원대학교 남상준 교수님께 감사 드린다.

이 책에 나오는 그림을 그려 주고 타자(打字)상의 여러 애로점을 해결해 준 본교의 사회과 황우영 조교, 현재 서울대학교 일반사회교육과 박사과정 재학생으로 교정을 봐 준 이윤정 교사에게도 감사를 표한다.

마지막으로, 우리나라 시민교육의 중요성에 비추어 장차 초등교육을 담당할 교육대학생들에게 이 책이 필요하다는 데에 대하여 동감(同感)해 주고 출판을 결심해 준 학지사 김진환 사장님과 정성을 다해 편집에 임하여 준 편집부의 여러분께도 심심(甚深)한 사의를 표한다.

2012년 4월
공주 일락산(日落山) 자락 연구실에서
저자 씀

차 례

제 1 장

시민교육이란

1. 시민교육의 개념
2. 두 유형의 시민교육
3. 시민교육의 틀

제 1 장

시민교육이란

"공민교육(公民敎育, civic education): 국가의 공민(公民)으로서 갖추어야 할 교양을 함양시키기 위한 교육. 민주국가에서는 민주시민 양성을 위한 시민교육(citizenship education)을 의미한다. 공민과(civics) 또는 유사한 학과를 통하여 실시되기도 하나 보다 광범위하게 학교생활 전반에 걸쳐 공민, 또는 민주시민의 자질 향상을 이룩하고자 하는 모든 교육적 노력을 포함한다. 국민을 정치문화에 동화시키고자 하는 정치교육이나 사회윤리 · 국민윤리를 강조하는 도의교육도 광의의 공민교육에 포함시킬 수 있다."[1]

이 정의는 우리나라 교육학 사전에 나오는 '시민교육'(당시의 용어로는 '공민교육')의 뜻이다. 제1장에서는 '시민교육'의 의미에 대하여 좀 더 알아보기로 한다.

1. 시민교육의 개념

앞의 인용문을 보면, '공민교육'이란 '국가'의 '공민으로서 갖추어야 할 교양'을 함양하기 위한 교육이다. 여기서 '공민(公民)'이란 다소 옛날식 표현으로 오늘날 용어로 말하면, '국민', 혹은 '시민'이라는 뜻이다. 그래서 이 용어들을 모두 오늘날 용어로 표현하면, '시민교육'이란 "한 국가의 '국민' 혹은 '시민'으로서 갖추어야 할 자질(資質)을 길러 주기 위한 교육"이다. 여기서, '공민'과 '시민'의 개념을 서로 다른 것으로 해석할 수도 있으나, 일단 같은 것으로 보고 '한 국가의 국민 혹은 시민을 길러 내기 위한 교육'을 가리킬 때 '시민교육'이라는 말로 바꾸어 사용하기로 한다.

어느 시대 어느 국가를 막론하고 자라나는 세대에게 해당 국가의 유지를 위한 기본지식이나 정당성을 전수하려는 노력을 전개해 왔을 것인데, 이러한 교육이 본격적으로 강화되기 시작한 것은 근대 국민국가(nation state)가 성립되고 난 이후부터였다. '국민국가'란 민족이 한 단위가 되는 정치체를 말하는데, 국민국가의 구성원들, 즉 국민들은 종전의 봉건제하의 구성원들보다 더 강한 결속력을 가지고 한 정치공동체를 형성하게 되었다. 특히, 19세기에 보통선거제 등이 확대되어 감에 따라, 과거와 같이 국가 운영에 일부 사람들만 참여하는 것이 아니라 한 정치체를 구성하는 모든 구성원이 참여하게 되었다. 이에 따라, 한 정치체를 구성하는 모든 구성원이 자신의 정치체에 대한 기본지식이나 그에 필요한 가치를 내면화할 것이 요구되었다.

이에 유럽과 미국에서는 19세기 중반에 의무교육법을 제정하여, 학교 교과목에 자국의 정치체와 그에 필요한 가치를 가르치는 교과를 설치하게 되었다. 프랑스에서는 1882년에 의무교육법을 공표하였고, 초등학교의 교

과목에 '도덕 및 시민과' '일상 법률 및 경제 대의과(經濟大意科)'를 설치하였다.[2)]

미국에서는 1890년경에 '시빌 거번먼트(civil government)'라는 교과목을 설치하였는데 여기에서는 헌법, 정치, 주(州)의 정치 등을 다루고 있었다. 이것이 1910년경에는 '시빅스(civics)'로 발전하여 헌법, 정치 내용뿐 아니라 지역사회의 사회생활 내용까지 포함하게 되었다. 그러다가 이것이 더 확대되어 1915년에는 '커뮤니티 시빅스(community civics)'가 되었고, 오늘날의 사회과인 '소시얼 스터디스(social studies)'로 발전하게 되었다.[3)]

우리나라는 정부수립 이래, 교육법(法)과 교육과정에서 민주주의의 발전에 이바지할 수 있는 사람을 기를 것을 지향하여 왔다. 1949년 제정된 교육법 제1조에서는 "교육은 공민(公民)으로서의 자질을 구유(具有)하게 하여 민주국가 발전에 봉사……함을 목적으로 한다."고 규정하였으며, 1998년 3월부터 적용되고 있는 현행 '교육기본법'에서도 제2조에서 "민주시민으로서 필요한 자질을 갖추게 함으로써……민주국가의 발전에……이바지하게 한다."고 우리나라 교육의 이념을 규정하고 있다. 교육법에서 규정하고 있는 이러한 교육 목적은 앞에서 인용한 '시민교육'의 가장 넓은 의미를 가리킨다고 할 것이다.

그런데 이러한 법들에서 말하는 '민주시민으로서의 필요한 자질'을 기르는 교육이란 한 교과에서 이루어지는 교육만을 가리키는 것이 아니다. 그것은 교과뿐 아니라 생활지도, 잠재적 교육과정 등 학교의 전 교육활동을 통해서 이루어져야 하는 성질의 것이다. 교과 중에서는 특히, 사회과와 도덕과가 '시민교육'과 밀접한 관련이 있다.

우리나라에서는 광복 직후부터 학교교육에서 시민교육을 담당할 주요 교과로 '사회과'를 신설하고, 바람직한 시민 육성을 위해 노력해 왔다. 사회과는 시민교육의 가장 핵심이 되는 교과였다. 당시 신설된 '사회과'의 이러한 성격은 오늘날까지 이어져 현행 사회과 교육과정에서도 사회과를 "(학생들이)……민주사회 구성원에게 요구되는 가치와 태도를 지님으로써 민주시민으로서의 자질을 갖추도록 하는 교과"라고 규정하고 있다.

그런데 이렇게 한 정치체에 대한 교양을 높이고 그 정당성을 가르치는 교육활동은 다양한 명칭으로 사용되어 왔다. 먼저 우리말을 살펴보면, 앞에서도 언급된 '공민교육'이라는 용어와 최근에 많이 사용되는 '시민교육'이라는 용어가 있다. 앞에서 본 것처럼 광복 직후 우리나라에서는 '공민교육'이라는 용어를 사용하여 왔으며, 1980년대에 발행된 『교육학사전』에도 이 용어가 사용되었다. 그런데 이 용어는 일제강점기 때부터 사용되어 왔으며, '비민주주의적 성격'의 교육이라는 뉘앙스가 있어, 민주사회 혹은 시민사회에서의 구성원, 즉 '시민'을 길러 낸다는 것을 강조하기 위하여, 현재는 '시민교육'이라는 용어를 더 많이 사용하는 것으로 보인다.

한편, '시민교육'과 비슷한 용어로 '정치교육'이라는 용어가 있다.[4] 이 용어는 자라나는 세대에게 한 나라의 정치체제에 대한 이해를 높이고 그 정당성을 교육하는 것을 의미하는데 이러한 의미로 본다면 이 용어는 '시민교육'과 비슷하다. 또한 '정치사회화(political socialization)'라는 용어도 있는데[5], 이는 한 정치체의 구성원이 매스컴, 학교교육 등을 통해서 그 정치체에 대한 이해를 넓히고 그에 필요한 신념을 내면화해 가는 과정을 가리킨다. '정치사회화'는 의도적인 것, 무의도적인 것을 모두 포함하는 개념으로, '의도적 활동'인 '정치교육'과는 구별되는 개념이다.

한편, '시민교육'과 '사회과 교육'과의 관계를 보면, 앞에서도 잠깐 언급하였듯이 '시민교육'이란 학교교육의 전 영역을 통해서 이루어져야 하는 성격인 데 반해, '사회과 교육'은 '시민교육'을 담당하는 교과들 중 하나다. 그러므로 '시민교육'은 과학과나 미술과 등 다른 교과에서도 이루어질 수 있다. 과학과를 예로 들면, 유전자 변형 같은 과학적 결정이 인간 사회에 끼치는 영향에 대해 학습하는 것은 '시민교육'의 한 내용이 될 수 있다. 또한, 미술과 시간에 반 친구들과 협력하여 훌륭한 조형물을 만들어 낸 경우, 이 과정에서 습득되는 협동심은 '시민교육'의 성과가 될 수 있다.

이제 범위를 '사회과' 내로 좁혀서, '시민교육'에 따라오는 용어 문제를 본다면, 초등학교 교육과정에서는 교과의 명칭이 교수요목 이래 줄곧 통합교과의 성격을 나타내는 '사회과'(사회생활과)이었으나, 교육과정의 세부 부분에서는 영역을 나누는 경우가 있었는데 이 세부 영역 중 하나가 특히 '시민교육' 분야를 가리키는 경우가 있었다. 좀 더 자세히 살펴보면, 제3차 초등사회과 교육과정에서는 사회과를 '국사' 영역과 '지리 · 공민' 영역으로 나누었으며, 제4차에서는 그 목표에서 '공동생활'이라는 용어를, 그리고 제5차에서는 목표와 내용체계표에서 '공동생활'이라는 명칭을 사용하였다. 제6차에서는 내용체계표에서 '사회'라는 명칭을 사용하였다(이 경우 '사회과' 속의 '사회'가 된다). 그러다가 현행 사회과 교육과정에서는 '일반사회'라는 용어를 사용하고 있다(〈표 1-1〉 참조). 여기서 '공민' '공동생활' '사회' '일반사회' 등이 '시민교육'과 더 밀접한 관련이 있다. 그렇다고 해서 사회과의 '역사'나 '지리' 내용이 '시민교육'과 관련이 없다는 것이 아니다. 대한민국의 국민이라면, 그리고 우리 사회의 시민이라면 당연히 우리나라의 역사와 지리를 알아야 한다. 이는 사회구성원으로서의 중요

〈표 1-1〉 초등학교 사회과 교육과정상에 나타나는 시민교육 영역 명칭

차 수 / 학교급	요목	1차	2차	3차	4차	5차	6차	7차
명칭 (나오는 곳)	통합	통합	통합	지리 · 공민 (準 分科)	공동생활 (목표)	공동생활 (목표, 내용표)	사회 (내용표)	일반사회 (내용표)

한 징표 중 하나다. 하지만 『교육학사전』에서 언급하고 있는 것처럼 일반적으로 '시민교육'하면, 주로 사회과, 공민과가 많이 관련된다고 생각한다. 그런데 그 사전에서 말하는 '공민과'란 사회과의 '일반사회' 영역을 가리킨다.

요약하면, 우리나라는 이 분야의 교육을 가리키는 법령상 용어로 '공민교육'이라는 용어가 사용되어 왔으며, 학문적으로도 이 단원의 첫머리에 소개한 교육학사전의 내용과 같이 이 용어를 사용하였으나, 지금은 '시민교육'이라는 용어가 널리 사용되고 있다. 또한 교과로는 사회과, 도덕과가 가장 많이 관련이 되는데, 초등사회과 내에서는 '공민' '공동생활' '사회' '일반사회'라는 용어들이 '지리'나 '역사'와 구별되는 의미로 사용되어 왔다. 이러한 맥락에서 볼 때 이 책에서 다루는 '시민교육'은 초등사회과 내에서도 '일반사회' 그중에서도 '정치 · 법' 내용과 더 많이 관련된다.

한편, 이 분야의 교육에 대한 영어 표현을 보면, 먼저 미국 학계에서는 일반적으로 '시빅 에듀케이션(civic education)'과 '시티즌십 에듀케이션(citizenship education)'이라는 두 용어를 사용하고 있다. 이 두 용어는 거의 같은 뜻으로 사용되는 것 같다. 그러나 미국 미네소타(Minesota) 대학 명예교수 코간(Cogan)은 '시빅 에듀케이션'은 학교 교과의 테두리 내에서 이루어지는 시민교육을 가리키며, '시티즌십 에듀케이션'은 학교 교과교육뿐 아니라 가정, 미디어 등 학교 밖에서 이루어지는 시민성 교육까지를 포함한다고 한다.[6)]

그런가 하면 인터넷판 『스탠퍼드 철학 백과사전(*Stanford Encyclopedia of Philosophy*)』을 찾아보면, '시민교육'의 의미로 '시빅 에듀케이션'만 나와 있으며, '시티즌십(citizenship)'은 '시민이 가져야 할 자질'이라는 뜻으로 풀이되어 있다.[7)]

영어를 상용(常用)하는 사람이 아닌 필자로서는 이 두 용어 간의 구별에 대해서 자신 있게 말할 수는 없으나, 코간 교수가 말하는 것처럼 약간의 뉘앙스의 차이는 있는 것 같다. 예를 들어, 필자가 재직하고 있는 대학의 원어민 강사와 잠깐 대화를 나눈 적이 있는데, 내 전공에 대해서 설명을 했더니 자신도 전공이 '정치학'이라면서 자기네 나라(캐나다)에서는 그것을 '시빅스'라고 한다고 말하였다. 그리고 필자가 가지고 있는 미국 중학교 교과서 중에 『시빅스(*Civics*)』라고 하는 책이 있는데[8], 주 내용이 헌법, 정부 기구 등으로 되어 있다. 이로 미루어 볼 때, 미국 영어에서 '시빅스 에듀케이션(civics education)'이란 정치체에 대한 교육을 말하는데, 이 경우 사람들은 이 교육이 특정 교과목(civics)을 통해서 이루어진다고 받아들이는 것 같다.

이에 비해, 미국에서 '시티즌십 에듀케이션'이라는 용어는 보다 넓은 범위의 것을 가리키는 경우가 많은데, 예를 들어, 미국에서 '시티즌십 에듀케이션'이라는 이름으로 실천되는 프로그램들을 보면, 우리의 '환경교육' '도덕교육' 같은 것도 포함하고 있는 것이 많다. 본디 영어에서 '시티즌십'이란 한 정치공동체의 구성원으로서의 필요한 '자질'을 가리키는데, 그 '자질'에는 실로 광범위한 것이 포함될 수 있어서, 이 단어가 이렇게 포괄적인 의미를 갖는 것 같다. 요약하면, 미국에서 '시빅스 에듀케이션'이라고 하면, '정치' 내용을 다루는 교과의 교육을 가리키며, '시티즌십 에듀케이션'은 더 포괄적인 의미로 한 사회의 시민으로서 가져야 할 소양을 길러주는 교육을 가리킨다.

앞에서도 잠깐 언급하였듯이, 미국에서는 '폴리티컬 소시얼라이제이션(political socialization)'이라는 용어가 사용되기도 하는데 이는 우리나라에서 사용하는 '정치사회화'라는 용어와 그 의미가 같다. 그리고 '폴리티컬 에듀케이션(political education)'이라는 단어도 있지만, 자주 사용되지는 않는다. 사견(私見)이지만, 미국에서도 '폴리티컬(political)'이라고 하면, '파당적' '정파적'이라는 의미가 수반되기 때문에, 사람들이 기피하고 있는 것이 아닌가 하는 생각이 든다.

영국에서의 용법을 보면 '폴리티컬 에듀케이션'이라는 용어가 미국보다는 더 많이 사용되고 있다(영연방의 하나인 캐나다에서도 '폴리티컬 에듀케이션'이라는 용어가 꽤 빈번히 사용되고 있다). 미국에서는 '폴리티컬 소시얼라이제이션'이라는 용어를 상대적으로 더 많이 사용하는 반면, 영국에서는 '폴리티컬 에듀케이션'이라는 용어를 상대적으로 더 많이 사용하고 있다.

그런데 최근 영국에서는 '시티즌십'이라는 교과목이 신설됨으로써, '시티즌십'이 미국의 '시빅스'와 같이 한 교과를 가리키게 되어, 영국 영어에서 '시티즌십'은 미국 영어의 '시빅스'와 같이 교과의 명칭이 되었다. 그러나 영국의 '시티즌십' 과목의 내용은 우리나라로 치면 도덕과에 해당되는 내용을 포함하는 등 미국의 '시빅스' 과목 내용보다 더 포괄적이다.

'시빅스 에듀케이션'과 '시티즌십 에듀케이션'의 이야기를 하다 보니, 논의가 다소 복잡해졌는데, 양자는 거의 비슷한 뜻이지만, 교과적인 측면을 가리킬 때는, 적어도 미국에서는, '시빅스 에듀케이션'이라는 용어를 더 많이 사용하는 경향이 있다고 요약할 수 있겠다.

마지막으로 일본의 경우를 보면, 일본에서는 이 분야의 교육을 가리켜 전통적으로 '공민교육(公民教育)'라는 용어를 사용해 왔다. 그러나 제2차 세계대전 전의 '공민교육'은 비민주주의적인 교육이었기 때문에, 최근 일본 학계에서는 영어의 '시티즌십 에듀케이션'의 원어 발음을 그대로〔シティズンシップ教育〕 사용하는 경향이 있다. 하지만 일본의 국가수준 교육과정인 '학습지도요령(學習指導要領)'에서는 여전히 '公民教育'이다. 일본에서 '시티즌십 교육〔シティズンシップ教育〕'이라는 말은 교과 범위를 넘어서는 넓은 의미를 가리킨다. 또한, 내용적으로도 개인도덕에 관련되는 사항, 널리 사회일반에 관련되는 사항, 정치·법에 관련되는 사항, 경제에 관련되는 사항 등으로 광범위하다.

일본에서는 비록 지방 차원이기는 하지만, 최근 '시민과'라는 교과가 신설되었다. 이 교과는 도쿄의 한 구(區)에서 실시하고 있는데, '시민성(citizenship)'을 길러 주기 위한 교과다. 그런데 이 교과의 성격은 우리나라의 '사회과'에 가깝기보다 도덕과에 더 가깝다. 영국의 '시티즌십'과와 비슷한 교과다.

필자는 이 책에서 '시민교육'이라는 용어를 코간 교수가 말하는 '시빅스 에듀케이션', 즉 '정치체에 관한 내용을 주로 다루는 학교교육'의 의미로 사용하고자 한다. 이 교육은 초등사회과에서는 '일반사회' 영역에서 이루어지고 있다. 필자가 이 책의 제2, 3장에서 민주주의와 우리나라 정치제도를 소개하고 있는 것도 이 같은 맥락에서다. 필자는 '시민교육'이라는 용어를 정치체에 대한 교육으로서 학교 교과(사회과)를 통해 이루어지는 교육을 가리키는 용어로 사용하지만, 경우에 따라 보다 넓은 의미로도 사용하고자 한다. 여기서 '넓은 의미'라는 것은 그것이 내용적으로는 정치 · 법 내용뿐 아니라, 경제 · 사회 · 문화 내용 등도 포함하며, 나아가 한 교과의 범위를 넘어 학교생활 전반에 관한 교육까지를 포함한다는 의미다. 이렇게 '시민교육'을 넓은 의미로도 사용하는 이유는 다른 나라의 문서나 학자에 따라 이 용어를 '넓은 의미'로도 사용하기 때문이다. 또한, 시민성은 한 교과에서 그 모두를 신장시킬 수 있는 것이 아니라, 생활지도, 학급 운영, 학교문화 형성 등 넓은 맥락에서 교육을 해야만 보다 잘 신장시킬 수 있기 때문이다.

2. 두 유형의 시민교육

시민교육에는 두 유형이 있다. 그 하나는 민주주의적 시민교육이며, 다른 하나는 비민주주의적 교육이다(비민주주의적 교육에는 '시민교육'이라는 명칭을 쓸 수 없다. '시민교육'은 민주주의적인 교육을 가리키기 때문이다). 앞에서도 언급하였지만, 각 정치체가 자라나는 세대에게 자신들의 정치체에 대해서 이해시키고 그것을 정당화하는 교육은 근대 국민국가가 성립되면서부터 본격적으로 추진되었다. 그런데 유럽과 미국에서 이러한 교육이 발달하는 가운데, 두 가지 유형이 나타나게 된 것이다. 전자, 즉 민주주의적 교육은 국민이 국가의 주인임을 자각하고 권리를 가진 존재로서의 개인에 초점을 두며, 그 교육방법에 있어서는 비교적 자유로운 분위기 속에서 학습자의 자발성을 존중하는 형태의 교육이다. 그에 비하여 후자는 한 정치체의 구성원을 왕의 신민(臣民)으로 보고, 그들에게 국가 혹은 왕(王)에 대한 무조건적인 충성을 요구하거나 국가의 주인이 아닌 통치 대상으로서의 신민 양성에 중점을 두며, 그 교육방법에 있어서는 특정 가치의 주입(注入)에 중점을 두는 교육 유형이다. 전자는 프랑스와 미국 등에서 행하여졌으며, 후자는 제2차 세계대전 전의 독일과 일본에서 행하여졌다. 물론 이것은 큰 틀에서 유형화한 것이며, 미국이라고 해서 국가주의적인 요소가 전혀 없다는 것은 아니다(예를 들어, 미국 학교에서는 날마다 성조기에 대한 경례 의식을 갖는다고 한다).

우리나라는 광복 이후 줄곧 민주주의 국가 건설을 목표로 민주시민을 육성하는 시민교육의 실시를 지향해 왔다. 광복 이후 지금까지의 7차의 초등사회과 교육과정에서 제1차 교육과정을 제외하고는, 교육과정 '목표' 혹은 '성격' 부분에 '민주'라는 표현이 빠지지 않고 나왔다. 제1차 교육과정에서는 이 용어가 직접적으로 들어가지는 않았지만, 당시는 생활중심 아동중심 교육의 맥락에서 민주시민교육이 실시된 것으로 보아야 한다. 이처럼 우리는 광복 이후 민주시민교육을 지향해 왔지만, 그 구체적인 모습은 시기에 따라 다른 양상을 보였다. 제3차 교육과정(1973)에는 국가주의적인 경향이 상대적으로 강하였다. 당시 초등학교 사회과의 목표는 "사회생활에 대하여 올바른 이해를 가지게 하고, 가정, 사회, 국가에 대한 애정을 길러, 국가 발전과 국민이 참여하는 국민적 자질을 기른다."[9]고 하였는데, 이 표현이 사회과에서 민주주의를 지향하는 시민교육을 포기한 것을 의미하는 것은 아니겠지만, 다른 시기의 교육과정에 비하여 상대적으로 국가주의적인 경향이 더 강했다고 할 수 있다. 이에 비해, 제6차 사회과 교육과정(1992) 이후에는, 사회과의 성격 부분에서 "사회과는 …… 민주시민의 자질을 기르는 교과"라고 명기하고 있다.[10]

필자는 후자 유형의 교육, 즉 민주주의적인 교육인 시민교육을 지향하면서 이 글을 쓴다. 그러나 이것이 곧 현 사회에 대한 비판만을 일삼는 교육을 의미한다고 생각하지는 않는다. 헌법 전문(前文)에도 나와 있듯이, 우리 사회는 '자유민주적 기본질서'에 입각하고 있는 바, 이는 세계의 근대 이후의 역사적 흐름을 볼 때, 바람직한 방향으로 생각된다. 따라서 필자가 생각하는 '시민교육'은 기본적으로 민주주의를 지향하는 동시에 큰 틀에서 '자유민주적 기본질서'에 입각한 교육이다. 다만, 같은 '자유민주적 기본질서'에 입각한 시민교육(혹은 민주주의교육)이라 하더라도 초 · 중 · 고등학생의 발달단계에 따라, 그 양상은 달라져야 할 것이다. 초등학생들의 발달단계에 비추어 보았을 때, 지나치게 '비판'을 강조하는 시민교육은 삼가야 할 것이다. 그러다가 학생들이 중학교 제3학년쯤이 되면 '교육'이라는 대두리 안에서, '비판' 측면도 부각시키는 것이 필요할 것이다.

지금까지 '시민교육'의 개념에 대해 논하여 왔는데, 이 책에서 생각하고 있는 '시민교육'의 개념은 학교교육, 그중에서도 교과, 특히 사회과 정치 · 법 내용을 기본으로 하며, 그 성격에 있어서는 '자유민주적 기본질서'에 입각한 것이다.

3. 시민교육의 틀

앞에서와 같은 의미로 '시민교육'을 실시할 때, 어떤 목적과 내용을 가지고 해야 할지 그 틀(frame)을 생각해 봐야 한다. 여기에는 파커(Parker)[11], 패트릭(Patrick), 그리고 미국 시민교육센터(Center for Civic Education) 등이 제시한 것을 생각할 수 있으나, 패트릭의 틀이 필자의 생각과 가깝다고 생각하여, 이를 원용(援用)하고자 한다.

패트릭의 시민교육 틀을 소개하기 전에 '훌륭한 시민(a good citizen)'이란 어떤 시민을 가리키는지를 영국의 정치학자 브라이스 경(Lord Bryce)의 말을 원문 그대로 인용해 보기로 한다(출처 미상).

> A good citizen is one who will have some sense enough to judge of public affairs; discernment enough to choose the right officer; self-control enough to accept the decision for the majority; honesty enough to seek the general welfare rather than his own at the expense of the community; public spirit enough to face trouble or even danger for the good of the community.
>
> – Lord Bryce –

브라이스 경이 말하고 있는 '훌륭한 시민'을 정리하면 다음과 같다.

① 공적인 일에 대해서 판단을 잘 내리는 사람
② 훌륭한 공직자를 선출할 수 있는 능력을 가진 사람
③ 자신의 입장을 자제하고, '다수를 위한 결정'을 수용할 줄 아는 사람

④ 공동체의 이익을 훼손하면서까지 자신의 이익을 추구하는 것이 아니라, 일반적 이익을 추구하는 사람

⑤ 공동체의 이익을 위해 개인적 위험을 감수할 수 있는 사람

패트릭은 민주시민교육의 요소로 ① 지식, ② 인지적 기능, ③ 참여적 기능, ④ 가치 성향의 네 가지를 들고 있는데[12], 시민교육의 요소를 지식, 기능, 가치로 나누어 제시하는 것은 다른 사람들도 비슷하다.

1. 민주적 시민성과 민주정부에 대한 기본지식

1) 민주주의에 관한 개념
2) 공적 이슈에 들어 있는 갈등 요소들
3) 민주정부(통치기구)의 제도들(헌법 규정)
4) 민주적 제도의 기능들
5) 민주시민성의 실천과 시민의 역할들
6) 민주주의의 맥락: 문화적, 사회적, 정치적, 경제적
7) 어떤 국가 및 세계민주주의의 역사

2. 민주시민성의 인지적 기능

1) 정치적 · 시민적(civic) 생활의 현상이나 사건을 확인하고 그것에 대하여 기술한다.
2) 정치적 · 시민적 생활의 현상이나 사건을 분석하고 설명한다.
3) 공공정책에 대한 여러 입장을 평가하고 택하며, 자신이 택한 것을 옹호한다.
4) 공공정책에 대하여 의사결정을 한다.
5) 정치적 · 시민적 생활의 조건(condition)에 대해 비판적으로 생각한다.

6) 정치적 · 시민적 생활의 개선방향을 건설적으로 제시한다.

3. 민주시민성의 참여적 기능

1) 개인의 이익이나 공동의 이익을 증진시키기 위하여 다른 시민들과 상호작용한다.
2) 공적 이슈를 모니터링한다.
3) 공적 정책 결정의 과정에 영향을 미친다.
4) 공적 이슈에 대한 정책을 시행한다.

4. 민주시민성의 가치 · 성향(disposition)

1) 공동체의 공동선 및 일반 복지를 증진시킨다.
2) 각 개인의 동등한 도덕적 가치 및 존엄성을 인식한다.
3) 다른 사람의 권리들을 존경하고 보호한다.
4) 정치적(시민적) 생활에 책임을 가지고 효과적으로 참여한다.
5) 국민의 동의에 의해 구성된 정부에 대하여 책임감을 갖는다.
6) 시민적 덕을 발휘함으로써 자율적인 사람(a self-governing person)이 된다.
7) 민주적 원리와 실행을 유지하고 지원한다.

* 밑줄은 필자가 그음

패트릭의 민주시민교육요소는 초등학생들에게는 다소 어려울 것으로 판단되는데, 이것은 중등교사 양성을 염두에 두고 쓴 글이다. 그러나 패트릭의 취지는 초등학교 단계에서도 적용되어야 한다고 보고 있다. 이 중 '4. 민주시민성의 가치 · 성향'을 보면, "5) 국민의 동의에 의해 구성된 정부에 대하여 책임감을 갖는다."가 있는데, 여기에서 '책임감'을 어떻게 해석할지 문제가 있으나, 필자는 이 말을 국민의 동의에 의하여 구성된 정부에 대해서는 국민이 그 권위마저 인정해야 한다고 해석하고 싶다.

시민교육에서 학생들에게 길러 주어야 할 시민적 '가치 · 성향(disposition)'에 대해서는 여러 사람 · 단체가 각각의 입장에서 다양한 주장을 하였는데, 미국 루이스빌 대학 시민교육연구소(Civic Education Engagement, University of Louisville)에서 제시한 것을 하나 더 소개하면, ① 애국심, ② 준법정신, ③ 열린 마음, ④ 정직(진실 추구), ⑤ 협상 · 절충, ⑥ '옳은 답'이 하나 이상일 수 있다는 것을 인정하려는 자세, ⑦ 타인의 권리 존중(남에게 대접받고자 하는 대로 남을 대하라), ⑧ 공동선, ⑨ 친절과 배려, ⑩ 자신의 신념을 관철해 나가는 용기, ⑪ 비판적 마음, ⑫ 포기하지 않음의 12가지다. 여기서 제시된 덕목은 모두 자유민주사회에서 강조되는 가치인데, 패트릭의 것과 비교하면 도덕적인 것까지 포함하고 있어 그 범위가 넓고 '애국심(patriotism)'이 있는 것이 눈에 띈다.

읽어 볼 자료

신진욱(2008). **시민**. 서울: 책세상.

손경애, 이혁규, 옥일남, 박윤경(2010). **한국의 민주시민교육**. 서울: 동문사.

인용 자료

1) 서울대학교 사범대학교육연구소 편(1995). **教育學用語辭典**. 서울: 배영사.

2) 森茂岳雄 外(2007). **新 社會科教育の世界**. 東京: 梓出版社. p. 11.

3) 森茂岳雄 外(2007). 같은 책. p. 12.

4) 국민윤리학과 편(1984). **정치교육**. 서울: 형설출판사.

박용헌(1997). 우리의 이념가치 지향과 정치교육. 서울: 교육과학사.

5) 김용신(2006). 정치사회화와 시민성. 한국학술정보.

Dean Jaros/임영철, 김항원 역(1986). 정치사회화. 서울: 지구문화사.

6) Cogan, J. John; Morris, Paul; Murray Print(2002). *Civic Education in the Asia-Pacific Region Case Studies Across Six Societies*, Routledge Falmer. p. 145, 奧村 牧人, 英美シティズンシップ教育とその課題 '總合調査青少年をめぐる諸問題' 에서 재인용, 인터넷에서 검색 2011. 2. 22.

7) http://plato.stanford.edu/entries/civic-educatiuon, 2011. 11. 8. 검색

8) David C. Saffel.(1998). *Civics. OH.* Westerville: The McGraw-Hill Companies.

9) 문교부(1986). 교육과정(1946~1981) 사회과 · 국사과. 서울: 대한교과서주식회사. p. 121.

10) 교육부(1992). 국민학교교육과정. 서울: 대한교과서주식회사.

11) 파커의 민주시민교육론에 대해서는 서재천(2008). 사회과 민주시민교육 원리 모색: 파커의 민주주의 교육론을 중심으로-, 한국사회교과교육학회, 사회과 교육연구. 제15권, 4호.

12) Sheilah Mann, John J. Patrick(2000). Introduction, *Education for Civic Engagement in Democracy: Service Learning and Other Promising Practices*(ERIC ED 447 065).

참고 자료*

곽병선 연구책임(1994). 민주시민교육. 서울: 한국교육개발원.

김용신(2007). (사회과교육과) 강한 정치교육론. 서울: 교육과학사.

김해성 역(2007a). 민주시민의 도덕. 파주: 나남.

김해성 역(2007b). 시민교육의 역사. 서울: 한울아카데미.

박재창(2007). 민주시민교육의 전략과 과제. 서울: 도서출판 오름.

---

* '참고 자료'라 함은 필자가 직접 인용하지는 않았으나, 이 장(章)과 관련하여 참고한 자료를 말한다. 이하 마찬가지임.

배한동(2006). 민주시민교육론. 대구: 경북대학교출판부.

엥글과 오초아/정세구 역(1995). 민주시민교육. 서울: 교육과학사.

유명철(2008). 민주시민교육론. 서울: 교육과학사.

전득주(2006). 민주시민교육의 이론과 실제. 서울: 앰-에드.

허영식(2006). 민주시민 길잡이. 서울: 원미사.

제 2 장

고대 아테네의 민주정치

제 2 장

고대 아테네의 민주정치

"우리의 정치체제는 …… 정치의 책임이 소수에게 있지 않고, 다수에게 골고루 나뉘어 있기 때문에 민주주의라 불립니다. 그리고 개인(간)의 분규와 관련해서는 모든 사람이 법 앞에 평등하며, 이와 동시에 개인의 가치에 따라, 즉 각자가 얻은 신망에 기초하여 계급에 의존하지 않고 능력 본위로 공직자를 선출합니다. 국가에 뭔가 기여할 수 있는 사람이라면 가난하더라도 조국으로부터 혜택을 받을 수 있습니다. 우리는 자유롭게 공지에 종사하고 서로 일상생활에 힘씁니다. (중략)

– 페리클레스(Pericles, BC 495년경~BC 429년)의 장송(葬送) 연설 –[1)]

이 문장은 고대 아테네 민주정치의 전성기의 지도자 페리클레스가 펠로폰네소스 전쟁(Peloponnesian War) 전사자 장례식에서 한 추도사인데 고대 아테네 민주정치의 이상이 잘 나타나 있다. 고대 아테네 민주정치에 대해 알아보자.

1. 고대 그리스와 동방국가 페르시아

고대 그리스 지형은 산악이 많고 평지가 적었다. 로마와 같은 큰 정치공동체를 형성하지 못하고 소도시로 나뉘어 폴리스(police)라 불리는 작은 정치공동체를 형성하였는데, 그 수가 약 1,500개나 되었다. 한 폴리스는 아테네(Athens)나 스파르타(Sparta)와 같이 큰 공동체도 있었지만, 대부분은 인구 10,000명 정도의 소규모를 이루었다. 고대 그리스인들은 이와 같이 하나의 큰 정치공동체를 형성하지 못하고 소규모의 정치공동체만을 형성하였으나, 그들은 하나의 언어와 한 문화를 공유하면서 전체로서 그리스 민족이라는 의식이 있었다. 이는 지금의 터키, 이란 지방에 있었던 페르시아 제국과의 전쟁에서 잘 나타난다.

당시 오늘날의 중동지방에 대제국(大帝國)을 형성하였던 페르시아와 그리스는 지중해의 패권(覇權)을 놓고 서로 대립하였는데, 기원전 492년에 페르시아의 다리우스(Darius) 왕이 수많은 대군을 이끌고 그리스로 공격해 왔다(〈표 2-1〉 참조, 이 표는 『이야기 그리스 로마사』에서 발췌하여 필자가 작성함). 이에 그리스의 폴리스들은 서로 연맹하여 이에 대항하였는데, 앞에서 말한 대로 그리스의 폴리스들은 그 규모가 작아서 그들이 동원할 수 있는 군대의 수는 페르시아의 대군에 견줄 바가 못 되었다. 그러나 그리스군은 일치단결하여 페르시아군에 대항한 결과, 마라톤 평원에서 승리를 거두어 페르시아군을 물리쳤다. 다리우스왕의 아들이었던 크세르 크세스(Xerxes)는 12년 뒤인 기원전 480년 두 번째로 그리스를 공격하였으나, 이번에도 아테네가 중심이 된 그리스 측 해군에 의해 살라미스(Salamis) 해(海)에서 패하였다. 그리스는 두 번에 걸친 페르시아의 침공을 물리침으로써 독립과 자유를 지켜낼 수 있었다.

〈표 2-1〉 고대 아테네의 민주정치와 관련된 주요 역사적 사건들

연도(기원전)	민주정치와 관련된 사건	비 고
594	솔론(Solon)의 개혁	—
508	클레이스 테네스(Cleisthenes)의 개혁정치	페르시아 전쟁 승리의 기초
492	제1차 페르시아 전쟁(Greco-Persian Wars) 발발(490년 마라톤 전투에서 그리스 승리)	중무장 보병 활약, 민족적 자각, 자유의 이념을 구가
480	제2차 페르시아 전쟁 (살라미스 해전에서 그리스 측 승리)	삼단노병
477	델로스 동맹(아테네가 맹주가 됨)	—
461	페리클레스(Perikles)가 아테네의 지도자가 됨	아테네 민주정치의 전성기
431	스파르타와 전쟁 발발(펠로폰네소스 전쟁)	—
404	아테네 스파르타에 항복	—
399	소크라테스(Socrates) 형 당함	—

두 차례의 큰 전쟁에서 그리스 측이 승리를 거둔 이유는 여러 가지가 있겠지만, 그리스 병사들에게는 자신들이 자유를 누리고 있는 자유민(自由民)이라는 자각과 전쟁에서 패하면 노예로 전락하고 만다는 절박감이 있었다. 따라서 서로가 일치단결하여 전투에 임했다. 마라톤 전투에 참가했던 그리스 병사들은 중장보병(重裝步兵, hoplite)이라 불리었는데, 이들은 그리스 사회에서 귀족이 아닌 평민 계층이었다. 그들은 자신의 전투 용구, 즉 투구, 갑옷, 창과 방패 등을 자비로 마련했는데, 이는 이들이 최소한의 장비 정도는 스스로 살 수 있을 만큼 경제적으로 여유가 있었음을 의미한다. 오늘날과 달리, 자신의 병장기를 자비로 사는 제도는 자신들이 폴리스의 주인이라는 것과 자유민이라는 의식이 있었기 때문이다. 그들은 페르시아의 병사와 같이 명령을 받아 싸우는 것이 아니라 자신의 자유를 스스로 지킨다는 사실을 자각하고 있었다. 한편, 제2차 페르시아 전쟁의 승패를 가

른 전투였던 살라미스 해전에서 공을 많이 세운 병사들은 삼단노병(三段櫓兵)이었다. 이들은 배의 맨 아랫부분에서 노를 젓는 사람들이었는데 이들은 아테네 사회에서 하층을 이루던 사람들이었다. 두 차례의 전투 후, 폴리스의 공적인 일에 대한 평민의 발언권은 커졌고, 아테네의 민주주의도 확장되어 갔다. 또한 대외적으로 아테네는 다른 도시국가들을 묶어 델로스 동맹(Delian League)을 맺고 그 맹주가 됨으로써 지중해의 해상무역을 장악하고, 흑해 연한, 소아시아(지금의 터키 지방) 지방에 식민지를 건설하여 제국으로 그 세력을 떨쳤다. 당시의 지도자는 페리클레스였다. 고대 아테네의 민주정치는 솔론과 클레이스 테네스의 개혁으로 페르시아 전쟁에서 승리의 기반을 닦았고, 그 이후 페리클레스 시대에 꽃을 피웠다.

2. 고대 아테네 민주정치의 제도

고대 아테네에서 자유민들은 아고라(agora, 광장)에 모여 공적인 일에 대하여 서로 토의하고 그에 대하여 결정을 내렸다(민회). 그들은 오늘날의 민주주의와 같이 대표를 선출하여 그들로 하여금 정치를 하게 하는 것이 아니라, 시민들이 직접 모여 결정을 하였기 때문에 직접민주주의(direct democracy) 라고 한다. 고대 아테네 민주정치의 핵심은 이 민회(assembly)인데, 민회에 참석할 수 있는 사람은 자유민으로서 20세 이상의 남자였다. 민회는 6,000명 이상이 모여야 회의를 열 수 있었다. 민회는 오늘날의 입법기관에 해당된다.

민회는 6,000명 이상의 대규모 인원이 모이는 회의체였기 때문에 민회를 원활히 개최하려면 그 준비를 담당하는 기구가 필요했는데 이것이 '500인 평의회(Council of 500)'다. 그러나 이 500인도 많은 수이기 때문에 500명이 한꺼번에 일을 하지 않고 50명씩 번갈아 가면서 일을 맡아 보았다. 이를 '50인 위원회(committe of 50)'라고 한다. '50인 위원회'의 위원장직은 한 사람이 하루씩 번갈아 가면서 맡아 보았는데, 그것도 차례가 돌아왔다고 하여 두세 번 맡을 수 있는 것이 아니었고, 한 사람이 일생에 단 한 번만 맡을 수 있었다.

군사에 관한 일을 맡는 기구로는 '10인 군사위원회(ten military of generals)'가 있었다. 이 '10인 군사위원회'는 추첨제였던 다른 기구들과는 달리 선출제였다. 즉, '10인 군사위원'직은 아무나 될 수 있는 것이 아니라 민회에서 뽑힌 사람들이 되었다. 또한 임기에 대한 제한도 없어서 여러 번 뽑히면 오랫동안 그 직을 수행할 수 있었는데, 살라미스 해전 이후 고대 아테네의 지도자였던 페리클레스도 이 군사위원(장군)의 직책을 가지고 아테네의 정치를 이끌어 갔다. 이 후기에는 군사위원들이 '행정관'의 업무인 집행부 일까지 맡아 하였다. 재판(사법)은 자유민 중에서 추첨으로 뽑힌 사람들이 배심단을 구성하여 행하였다. 201명(혹은 501명) 이상의 대규모 숫자의 배심원들로 배심단이 구성되었다.[2)] 지금까지 설명한 것을 정리해서 제시하면 다음과 같다.

① **민회**(assembly)

핵심적 주권 회의체, 연 40회 이상의 회합. 6,000명 이상이 참석하여야 함. 20세 이상의 자유민 남자가 참석 가능. 오늘날로 말하면 입법기관에 해당. 시민은 10개의 지역구(데모스, demos)로 나뉘어 있음.

② **500인 평의회**(council of 500)

행정조정위원회 성격을 가짐. 민회를 개최하기 전에 그 준비를 담당함.

자유민 중 30세 이상의 남자.

③ 50인 위원회(committe of 50)

오늘날로 말하면 입법기관의 '상임위원회' 혹은 '운영위원회'에 해당. 500인 평의회 의원 50명씩 10개 단위로 나뉨. 1년을 10등분하여 1/10기간 동안 번갈아 가면서 위원이 됨. 번갈아 가면서 하기 때문에 500명 평의원 모두가 한 번은 50인 위원회의 위원을 경험하게 되어 있음(평등주의가 매우 강함).

④ '50인 위원회'의 1일 위원장

임기는 단 하루임. 누구든지 일생에 한 번만 할 수 있으며, 두 번 역임할 수 없음. 평등주의가 매우 강함. 예를 들어, 초등학교의 '1일 반장' 제도의 취지는 이 제도와 같다고도 할 수 있음.

⑤ 10인 군사위원회(10 military of generals)

추첨제가 아닌 선출제였음(유일한 선출직임). 민회에서 선출함. 임기에 대한 기간 제한도 없었음.

⑥ 행정관(magistrates)

일반적으로 10인 군사위원회가 차지함(군사와 행정이 통합되어 있었다는 것을 의미함). 이렇게 행정은 통합되어 있었으나, 그에 앞선 주요 결정은 민회에서 이루어졌음.

⑦ 법정(사법부)

201명(혹은 501명) 이상의 대규모 배심원으로 구성됨. 기본정신은 일반

〈표 2-2〉 기원전 4세기경의 아테네의 여러 지표

각종 항목	지 표
총인구	40만 명
시민 인구	3만 명(남자 성인)
노예 인구	15만 명(시민 인구의 5배)
민회의 의사 정족 수	6,000명(개회일 수 = 연간 약 40일)
500인 평의회 유경험자	약 1만 명(시민의 1/3)
큰 정치적 사건의 배심단원 수	2,501명
면적	2,589제곱킬로미터

시민이 재판관이 된다는 것임. 우리나라도 2008년부터 배심제(국민참여재판제)를 실시하고 있음. 아테네의 여러 지표를 표로 나타내면 〈표 2-2〉와 같다(이 추정치는 연구자에 따라 다름)[3].

아테네 민주정치 제도의 특징은 첫째, 모든 중요한 일이 전 구성원의 모임(민회)에서 결정되었다는 점이다. 민회는 아테네 공공정책의 최고 결정기구였으며, 이것이 곧 아테네 민주정치의 본질이자 특징이었다. 당시 페르시아를 비롯한 대부분의 국가들은 왕과 귀족만이 정치에 참여할 수 있었던 데 비하여 고대 아테네에서는 왕이 없고, 귀족뿐 아니라 사회의 하층민까지 포함하는 전 구성원들이 참여하여 공공정책을 결정했다. 민회에 참여하는 사람들은 국가를 스스로 다스려 갔다는 점에서(self-govern) 자유로웠으며, 회의 과정에서 누구에게나 동등한 발언권이 있었다는 점에서 평등하였다. 둘째, 오늘날과 달리 대부분의 공직(公職)이 선출제가 아닌 추첨제로 결정되었다. 또한 윤번제가 실시되어 한 사람이 비교적 짧은 기간 동안 어떤 공직을 맡고 나면, 그 공직을 다른 사람이 돌아가면서 맡아 보았다. 그래서 대부분의 사람들이 평생에 한 번은 국가의 일을 맡아 보는 경험을 가졌다. 전 자유민의 1/3이 500인 평의회의 평의원을 한 번 역임하고, 1/4은 일생에 한 번은 의장을 경험했을 것으로 추정된다. 여기서는 다스리는 사람과 다스림을 받는 사람이 서로 다르지 않았다. 말 그대로, 치자(治者)와 피치자(被治者)가 동일하였다.

고대 아테네의 민주주의에 대해 전성기의 지도자 페리클레스는 살라미스 해전에서 전사한 사람들을 기리는 식전에서 다음과 같은 연설로 자신들의 정치체제에 대한 자부심을 표현하였다(도입글에서 인용하였지만, 여기서 더 길게 인용한다)〈페리클레스의 장송(葬送) 연설〉.[4]

우리의 정치체제는 이웃의 관례에 따르지 않고, 남의 것을 모방한 것이 아니라 오히려 남들에게 규범이 되고 있습니다. 정치의 책임이 소수에게 있지 않고, 다수에게 골고루 나뉘어 있기 때문에 민주주의라 불립니다. 그리고 개인(간)의 분규와 관련해서는 모든 사람이 법 앞에 평등하며, 이와 동시에 개인의 가치에 따라, 즉 각자가 얻은 신망에 기초하여 계급에 의존하지 않고 능력 본위로 공직자를 선출합니다. 국가에 뭔가 기여할 수 있는 사림이라면 가난하더라도 조국으로부터 혜택을 받을 수 있습니다. 우리는 자유롭게 공직에 종사하고 서로 일상생활에 힘씁니다.

(중략)

또 우리의 군사훈련은 적들의 군사훈련보다 우수합니다. 먼저 우리는 문호를 활짝 열고, 외국인을 배척하지 않으며, 적을 유리하게 만들 기밀을 외국인이 우리 땅에서 보거나 배우는 것을 막지 않습니다. 군사훈련 시 아주 어릴 때부터 엄격한 훈련으로 용기의 함양을 추구하고 있으며, 자유롭게 커 왔지만, 그들에 대항해서 조금도 밀리지 않습니다. 우리는 전쟁에서도 평화에서도 모두 앞서고 있습니다. 우리는 아름다움을 추구하면서도 유약함에 빠지지 않습니다. 부자는 부를 자랑하지 않고 그것을 활동의 바탕으로 삼고, 가난한 사람은 가난한 것을 부끄러워하지 않으며, 부끄러워해야 할 것은 그것을 이겨내는 노력을 게을리하는 것이라고 생각합니다. 각자 모두가 공적으로나 사적으로 최선을 다하고, 전사(戰士)도 정치에 소홀하지 않으며, 공공의 일에 참여하지 않는 사람을 공명심이 없다고 생각하기보다 무익한 인물로 간주하는 것은 우리뿐입니다. …… 우리는 목적을 신중히 검토하는 자세와 그것을 과감하게 단행하는 능력을 아울러 지니고 있습니다. 선(善)을 행할 때에도 남과 다릅니다. 우리는 호의를 얻기 위해서가 아니라 자유에 대한 확신과 거리낌 없는 솔직한 마음으로 이웃에게 선행을 베풉니다. (이하 생략)

이 연설에서 페리클레스는 자신들의 정치체제가 민주정치체제라는 것, 민주정치체제는 정치권력이 소수에게 있지 않고 다수에게 있다는 것을 밝히고 있다. 또한 모든 사람이 법 앞에 평등하다는 것, 능력 본위로 공직자를 선출한다는 것, 그리고 가난한 자도 국가의 혜택을 받는다는 것, 그 구성원들은 자유로운 존재이지만 국가 위기 시에는 뒤로 물러서는 비겁한 사람들이 아니라는 것을 말하고 있다.

3. 고대 아테네 민주정치에 대한 평가

동시대 사람 중 고대 아테네 민주정을 가장 신랄하게 비판한 사람은 플라톤(Platon)이었다. 플라톤은 민주주의란 '많은 수'가 다스리는 것이라고 하는데 이것은 항해술에 대해서는 전혀 모르는 선원들이 선장을 제치고 항해를 하겠다는 것과 같다면서 비판하였다. 그는 한 사람의 현자(賢者, 哲人王)가 다스리는 정부형태가 가장 좋다고 하였다. 플라톤은 스승인 소크라테스가 민중의 배심재판에 의해 사형을 당하는 등 아테네 민주주의의 후기 모습을 통해 아테네 민주주의에 실망했다.

아리스토텔레스(Aristoteles)는 아테네 민주정에 대해 플라톤보다는 좋은 평가를 내렸다. 그는 당시의 여러 폴리스와 그 밖의 나라들의 정체(政體)를 조사하여 6가지로 분류하고, 민주정도 그중의 하나에 넣었다. 아리스토텔레스에 의하면, 정치체는 그 지배자 수에 따라 1인이 지배하는 형태, 소수가 지배하는 형태, 다수가 지배하는 형태의 3종류가 있고, 그것들이 각각 좋은 형태로 발현(發現)되는 것과 나쁜 형태로 발현되는 것의 2가지 형태가 있어, 총 6가지의 형태가 있다(〈표 2-3〉 참조)고 보았다. 그는 이 중 '좋은' 발현 중에는 '귀족정'의 형태가 가장 좋다고 하였으며 '나쁜' 발현 중에는 '민주정'이 그나마 낫다고 하였다. 그는 대중의 정치참가에 대하여 좋은 점을 인정하였다. 그는 '대중'이 '소수자'보다 더 낫기 때문에 주권이 소수자에게 있는 것보다 대중에게 있는 것이 더 낫다고 하였다.[5] 다수자는 한 사람 한 사람만 놓고 보면 보잘것없으나 여럿이 모이면 손과 발이 여러 개 있는 것과 같아서 더 많은 지혜가 나온다고 하였다. 또한 윤리적 측면에서도 더 나은데, 만일 한 사람이라면(지배자가 1인 경우) 사람의 감정의 기복이 심하여 '부패'하기 쉬운데, 다수인 경우는 마치 물의 양이 많으면 잘 썩지 않는 것처럼 쉽게 부패하지 않는다고 하였다. 마지막으로 대중에게 맡기면 좋을 역할에 대해서도 말하였는데, 대중에게는 '심의'하는 것, '재판'하는 것을 맡기는 것이 좋다고 하였다. '심의'란 다른 사람이 제안한 것

〈표 2-3〉 아리스토텔레스의 정체 분류

	1인	소 수	다 수
좋은 형태	군주정	귀족정	혼합정(polity)
나쁜 형태	참주정	과두정	민주정(democracy)

에 대해 옳고 그름을 가리는 성질의 것이라고 볼 수 있고, '재판'도 다른 사람의 일에 대해 제3자로서 판단을 하는 것인데, 이러한 일을 대중에게 맡기는 것이 좋다는 것을 '요리사와 그 요리를 먹는 손님'과의 관계에 비유하여 설명했다. 즉, 요리는 요리사가 더 잘하지만, 그 음식에 대한 맛을 더 잘 아는 것은 손님이라는 것이다.

고대 아테네 민주정치를 현대 민주주의론의 대가(大家)인 미국의 로버트 달(Robert Dahl)의 말을 통해 살펴보자. 먼저 달은 민주주의의 관점에서 볼 때, 고대 아테네 민주정치는 인류가 경험하여 온 비민주적 정치체보다 더 훌륭한 것이었다고 전제한다. 그러면서도 달은 '이상적인 것'으로서의 고대 민주정치와 실제로 고대 아테네 민주정치에서 일어났던 일을 구별해야 한다면서, 고대 아테네 민주정치론에서 이상적인 것으로 여겨졌던 사항을 다음과 같이 추출해 내고 있다.[6)]

① 하나의 공동체(사회, 폴리스)에는 공동선이라는 것이 존재하고, 사람들은 이 공동선에 따라 행동한다.

② 한 사회의 구성원은 매우 동질적이다. 그래서 그들은 공동선을 추구하게 된다.

③ 한 사회의 단위는 그 크기가 작아야 한다(인구 4~5만 이하). 페르시아의 경우, 대국이기 때문에 전제정치를 하지 않을 수 없게 된다.

④ 시민들이 한자리에 모여서 직접 정책을 결정해야 한다.

⑤ 시민이 국가의 모든 일(민회에 국한되지 않음)에 참여해야 한다.

⑥ 하나의 도시국가는 자치적이어야 한다. 다른 도시국가와 연합하면, 다른 도시국가의 간섭을 받게 되어 좋지 않다. 한 도시국가가 독립적으로 남으려면 경제적 · 군사적으로도 자족적이어야 하며 이를 위해서 구성원들은 검소한 생활을 해야 한다.

그러나 달은 고대 아테네의 정치생활 현실은 이상과 일치하지는 않았다며 다음과 같이 지적했다.[7)]

① 고대 아테네의 민주정치는 꼭 공동선에 따라서만 행동한 것이 아니라, 개인의 이익이나 개인적 야망에 따르기도 하였다. 이는 도편 추방제(陶片追放, Ostracism)를 보아도 알 수 있는데, 이 제도는 국가(아테네)에 해를 끼칠 인물이라고 생각되는 사람의 이름을 도자기 조각에 써 넣어 특정 인물을 추방하는 제도였다. 6,000명 이상이 찬성하면 해당 인물은 10년간 국외로 추방되었다. 처음에는 위험인물을 추방하기 위해 도입되었으나, 나중에는 정적(政敵)을 몰아내는 방편으로도 쓰였다.

② 다수에 의한 결정이라고 하지만 민회에 참석한 사람의 수는 소수였으며, 참석한 사람 중에서도 발언자는 더 소수였음이 분명하다.

③ 시민권 자격은 아테네에 사는 모든 사람에게 주어지는 것이 아니라 장기 거주 외국인, 여성, 노예들은 배제되었다. 시민권의 제한은 다음과 같은 결과를 낳았다고 달은 지적한다. 첫째, 폴리스 내의 사람만 시민권의 자격이 부여되고 외부인은 배제되어 고대 아테네가 더 큰 국가로 발전하지 못하는 원인이 되었다. 둘째, 자유롭고 평등한 존재라고 하는 것은 폴리스 내 사람들에게만 적용되어 이 가치가 보편적이라는 것을 깨닫지 못하였다. 그들에게 자유란 시민 신분의 속성일 뿐이었다. 결과적으로 더 큰 국가로 발전해 나가지 못하였다.

비록 아테네 민주정이 오늘날의 관점에서 부족한 점이 많고 당시에도 이상과 달리 그 현실적으로 여러 문제점이 있었다 하더라도, 민주주의를 모색하는 데 있어서는 하나의 원점(原點)이 되었다. 고대 아테네 민주정은 근대 민주주의 이론가들에게 많은 영감을 제공하였다. 그리하여 약 2000년의 세월을 뛰어넘어 근대 유럽에서 많은 인구와 넓은 영토라는 근대 민족국가의 현실에 적응하면서 성장해 나가게 된다.

읽어 볼 자료

〈1〉

신선희, 김상업(2006). **이야기 그리스 로마사**. 파주: 청아출판사.

신승현, 박종호(2009). **아리스토텔레스 정치학**. 파주: 주니어 김영사.

〈2〉

민주화운동기념사업회 연구소 편(2007). **민주주의 강의 1-역사**. 서울: 민주화운동기념사업회.

인용 자료

1) 신선희, 김상엽(2003). **이야기 그리스 로마사**. 파주: 청아. p. 150.
2) 데비드 헬드/이정식(1990). **민주주의의 모델**. 고양: 인간사랑. pp. 29-31.
3) Geraint Parry(1995). Types of Democracy, Seymour Martin Lipset, editor in chief(1995). *The Encyclopedia of Democracy*. Washington, DC: Congressional Quarterly 에 의하여 필자가 작성함.
4) 신선희, 김상엽(2003). 같은 책. pp. 150-151.
5) 岩元 薫(2000). **概說 近代民主主義の思想的系譜**. 京都: 晃洋書房. pp. 17-24.
6) 로버트 달/조기제(2004). **민주주의와 그 비판자들**. 서울: 문학과지성사. pp. 54-61.
7) 로버트 달/조기제(2004). 같은 책. pp. 54-61.

참고 자료

양병우(1997). **아테네 민주정치사**. 서울: 서울대학교출판부.

신승현, 박종호(2009). **아리스토텔레스 정치학**. 파주: 주니어 김영사.

윌리엄 포레스트/김봉철(2001). **그리스 민주정의 탄생과 발전**. 서울: 한울.

제 3 장

근대 민주주의

제 3 장

근대 민주주의

"고대 민주주의가 이미 폴리스라고 하는 공동체를 전제로 하였으며, 그런 의미에서 정치사회 그 자체가 주어진 것으로서 받아들여도 좋았던 것에 비하여, 근대 민주주의의 결정적인 특색은 실로 그것이(민주주의가) 무엇보다 먼저, 사회를 구성하는 원리였다고 하는 점에 있었습니다. 이 점이 자유 · 평등이라고 하는 새로운 가치원리와 밀접한 관계가 있는 것입니다.

왜 그런가 하면, 정치사회가 각각의 개인에 의하여 구성된다고 하면, 그 개인은 정치사회를 구성하기 전에는 어떠한 사회적 구속이나 사회적 차별도 받지 아니할 것이기 때문에, 그런 의미에서 자유롭고 평등하다고 생각되는 것입니다. (고대와는) 역(逆)으로, 정치사회는 이러한 개인의 자유 · 평등을 보장하기 위해서 구성됩니다. 이제 목적과 수단의 관계가 고대와는 역전되게 된 것입니다. 그래서 거기서 나오는 것은 모든 권력에 앞서는 개인의 자유인 것입니다."[1](이하 생략)

이 문단은 근대 민주주의는 고대와 달리, 개인의 자유와 평등의 실현이라고 하는 이념의 성격을 가지고 있음을 나타내고 있다. 이 장에서는 근대 민주주의의 이념과 그 전개과정에 대하여 논하기로 한다.

1. 근대 민주주의의 발달

고대 아테네가 마케도니아(Macedonia)에 멸망한 뒤, 민주정치 체제는 오랫동안 나타나지 않았다. 그러다가 17~18세기에 유럽과 미국에서 시민혁명의 결과 근대 민주주의의 싹이 자라게 되었는데, 영국에서는 청교도혁명(Puritan Revolution, 1642~1649)과 명예혁명(Glorious Revolution, 1688)이 일어났고, 미국에서는 미국독립혁명(American Revolution, 1776)이 그리고 프랑스에서는 대혁명(1789)이 일어나 시민사회가 형성되면서 민주주의가 발달해 갔다. 19세기에는 사회의 모든 성인 구성원이 선거권을 가져야 한다는 보통선거제의 실시를 중심으로 하여 민주주의는 확산되어 갔다. 이러한 민주주의의 발달은 유럽과 미국에서 20세기 초에 여성을 포함한 완전 보통선거제를 실시함으로써 일단 완성을 보게 된다. 여기에서는 구미에서도 민주주의를 일찍부터 발전시켜 간 영국, 미국, 프랑스의 민주주의 발달사를 개관하기로 한다(〈표 3-1〉 참조).

1) 영국 근대 민주주의의 발달

(1) 두 차례의 시민혁명

영국은 17세기에 두 차례의 시민혁명을 거치면서 절대왕권을 제한하고

〈표 3-1〉 영국, 프랑스, 미국의 근대 민주주의 발달 연표

	영 국	프랑스	미 국
1600	1642 청교도혁명		
	1651 홉스(Hobbes) 『리바이어던(Leviathan)』		
	1688 명예혁명		
	1689 로크(Locke) 『통치론』		
1700		1762 루소(Rousseau) 『사회계약론』	
			1776 미국독립전쟁
		1789 프랑스대혁명	1787 매디슨(Madison) 『연방주의자 논집』 제퍼슨(Jefferson) 민주주의(독립선언)
1800			1828 잭슨 민주주의(Jacksonian democracy) (백인 남성 보통선거제 실시)
		1830 7월 혁명	
	1832 제1차 선거법 개정 (벤담, Bentham)		
			1836 토크빌(Tocqueville) 『미국 민주주의』
	1838 인민헌장(차티스트 운동)		
		1848 2월 혁명	
	1859 밀(Mill) 『자유론(On Liberty)』		
			1861~1865 남북전쟁
1900			1863 링컨(Lincoln)의 노예해방선언
	1867 제2차 선거법 개정		
			1869 와이오밍(Wyoming) 주 여성선거권
	1884 제3차 선거법 개정	1871 제3공화국 성립	
	1918 여성선거권(30세 이상)		
			1920 여성선거권
	1928 남녀 동등 보통선거제 확립		
		1946 제4공화국 성립	
		1946 여성선거권	
		1965 제5공화국	1965 흑인의 투표권 등록에 관한 차별금지법 제정

의회의 권한을 확대해 갔다. 18세기 후반부터 선거법 개정을 요구하는 운동이 벌어져 19세기에는 자유주의적 여러 개혁조치가 이루어짐으로써 근대 민주주의를 확립하여 나갔다.

영국의 절대주의는 헨리 8세(Henry Ⅷ) 때 확립되어, 그의 딸 엘리자베스 1세(Elizabeth I)를 거쳐 확고해졌다. 엘리자베스 1세는 결혼을 하지 않았기 때문에 그녀의 사후(死後), 튜더(Tudor) 왕조는 혈통이 끊기고 스코틀랜드 출신의 제임스 1세(James I)가 스튜어트(Stuart) 왕조를 열었다. 제임스 1세는 의회를 이해하지 못하고, 왕권신수설(王權神授說)을 주장하며 의회와 대립하였다. 그다음 왕인 찰스 1세(Charles I)도 의회의 승인 없이 관세를 징수하는 등 의회와의 마찰이 끊이지 않다가, 1642년에는 내전으로 번져 전국이 전화(戰禍)에 휩싸이게 되었다. 이 내전은 국가기관으로는 왕과 의회의 대립이며, 사상적으로는 왕권신수설을 둘러싼 대립이고, 종교적으로는 국교도 대 청교도 간의 대립이었다. 내전 초기에는 왕당파가 우세하였으나, 크롬웰(Cromwell)이 이끄는 의회군이 왕당파군에 승리를 거두고 찰스 1세를 처형함으로써 절대왕정은 무너지고 크롬웰이 호국경(護國卿, Lord protector)으로서 최고통치자가 되고, 영국은 왕이 없는 나라, 즉 공화국이 되었다('공화국'이 되었다고 하여 곧바로 '민주정치'가 행해진 것은 아니며, 크롬웰은 독재정치를 하였다). 이때 홉스(Hobbes)는 다음 절에서 보는 바와 같이, 『리바이어던』을 써서 '왕권(국가권력)의 절대성'을 옹호하였다. 그러나 그것은 '왕권신수설'이 아니라 '사회계약설'에 근거한 것이었다.

청교도혁명이 있은 지 약 40여 년 뒤인 1688년, 가톨릭 신도인 제임스 2세(James II)는 가톨릭의 부활을 꾀하고 전제정치를 행하였다. 이에 신교도가 중심이 된 의회가 대립하여 제임스 2세는 프랑스로 망명하였다. 네덜란드에 있던 신교도인 오렌지 공 윌리엄(William I, Prince of Orange)과 그의 부인 메리(Mary)가 영국으로 건너와 왕이 되었는데 이러한 과정이 40여

년 전의 내전과는 달리, 전투를 하지 않고 이루어졌기 때문에 명예혁명(Glorious Revolution)이라 불린다. 명예혁명 시 영국은 권리장전(Bill of Rights)을 반포하여, 왕은 자의적(恣意的)으로 정치를 할 수 없게 되었고, 국민의 권리를 보장하게 되었으며, 국민의 대표기관이라 할 수 있는 의회가 권력을 장악하게 되었다. 그리고 종교적으로 더는 가톨릭교도가 영국의 왕이 될 수 없었다. 이렇게 17세기에 두 차례의 시민혁명을 겪은 영국은 국민의 권리가 어느 정도 보장되고, 국민 대표기관의 성격을 갖는 의회가 정치를 주도하게 되어 당시 다른 유럽 국가들에 비하여 민주주의가 발달되었다고 할 수 있다. 이때 로크(Locke)는 『통치론』을 써서 왕이라 할지라도 사람들을 무시하고 멋대로 정치하면 쫓아낼 수 있다고 하여 명예혁명을 이론적으로 옹호하였다.

(2) 선거권 확장 등 자유주의적인 개혁

명예혁명(1688)으로 왕권을 제한하고, 의회의 권한을 확대하게 된 영국 정치사회는 확실히 다른 유럽 국가에 비해 민주주의가 발달한 편이었다. 그러나 영국의 정치제도에도 적지 않은 문제점이 있었는데, 무엇보다 의회 의원을 선출하는 데 참가할 수 있는 자격이 제한되어 있다는 점이다(제한선거). 당시 인구의 5% 정도만이 투표권을 가지고 있었으며, 의회 의원들은 주로 영국 농촌 지역 지주(gentry, 鄕紳) 계층의 의사를 반영하고 있었다. 이런 의미에서 당시 영국의 정치체제는 과두(寡頭) 지배체제였다고 볼 수 있다.

18세기에 들어와 이러한 부조리한 의회를 개혁하는 것이 하나의 커다란 사회적 과제로 되었다. 이때 벤담 등(Jeremy Bentham, 1748~1832)은 공리주의를 근거로 하여 선거권의 확장을 주장하였고, 1832년에 제1차 선거법 개정이 이루어져 이 개정으로 지주가 아닌 도시의 중산층(10파운드 상당의 집 소유자)은 선거권을 갖게 되었으나(성인 남성 7명 중 1명), 여전히 어느 정도 재산을 가진 사람에게만 선거권이 부여되었고, 노동자 계층에는 선거권이 부여되지 않았다. 그 뒤 차티스트 운동(Chartism, 1838~1848) 등 선거권 확대 운동은 꾸준히 계속되어 1867년에는 제2차 선거법 개정이 이루어졌는데, 이때 대부분의 노동계층에게도 선거권이 부여되었다. 그리고 1884년에는 제3차 선거법 개정이 이루어졌는데, 이로써 성인 남성 5명 중 4명이 선거권을 획득하게 되었다. 그러나 여성에게는 선거권이 없었다. 여성에게 선거권이 부여된 것은 제1차 세계대전이 종료된 1918년이었다. 이때는 전쟁 기간 중 방위산업체에서 일한 여성의 공(功)이 인정되어 여성에게도 투표권을 부여한 것이다. 그러나 남성은 21세 이상이면 선거권을 가질 수 있었으나 여성은 30세 이상으로 되어 있어 불평등의 요소가 남아 있었다. 이러한 남녀 간의 불평등을 없애고 남녀평등 완전 보통선거제를 실시한 것은 1928년이었다. 이로써 영국은 1832년에 제1차 선거법 개정이 이루어진 지 약 100여 년 만에 점진적으로 보통선거제를 완성해 나가게 되었다. 보통선거제가 완성됨으로써 민주주의의 원리의 하나인 국민주권의 이상이 실현되었다(〈표 3-2〉 참조).[2)]

〈표 3-2〉 영국 보통선거제 실시까지의 과정

연 도	명 칭	특 징
1832	제1차 선거법 개정	성인 남성 7명 중 1명, 어느 정도의 재산(10파운드 상당의 집)을 보유한 사람들에게 투표권을 부여함, 농촌 지역의 의석 수가 줄어들고 공업 도시의 의석 수는 늘어남
1867	제2차 선거법 개정	성인 남성 3명 중 1명, 도시 노동계층
1884	제3차 선거법 개정	성인 남성 5명 중 4명, 하층 노동계층
1918	국민대표법	21세 이상의 남성, 30세 이상의 여성
1928	국민대표법	21세 이상의 남녀 모두

이러한 선거권의 확대과정에서도 볼 수 있듯이, 17세기 후반 명예혁명 이후 영국의 근대 민주주의는 점진적인 과정을 거치면서 비교적 평화적으로 진행되어 왔다. 이는 프랑스가 격심한 정치적 소용돌이에 휘말린 것과는 대비된다. 영국은 19세기 초에는 토지 지주계층이 새롭게 대두한 신흥 상공업자 계층과 절충 타협하여 그들의 의사를 정치에 많이 반영할 수 있는 체제로 서서히 바꾸어 왔다. 19세기 중반 이후에는 이를 더욱 확대시켜 산업혁명 이후 새로 발생한 사회계층인 노동계층의 의사를 정치에 반영시킬 수 있는 구조를 성공적으로 만들어 왔던 것이다. 평화적이고 점진적인 개선, 이것이 영국 근대 민주주의 발전과정의 특징이었다.

2) 프랑스 근대 민주주의의 발달

앞에서 살펴본 영국과 달리, 프랑스의 민주주의는 정치체제의 급격한 변동, 반동(反動) 시기의 존재, 불안정한 정치 등으로 특징 지워진다. 17세기 근대 유럽에서 절대왕정이 출현했지만, 그 절대왕정 중에서도 가장 강력한 절대왕정이 프랑스의 부르봉 왕가(House of Bourbon)였다. 프랑스의 절대주의는 태양왕으로 불렸던 루이 14세(Louis XIV)에 그 절정에 이르렀는데 이 시기에 프랑스는 상비군과 관료세를 확립하고 있었으며, 신분제가 엄격하였고 가톨릭의 통제도 강하였다.

이러한 절대왕조를 일거에 무너뜨리고 공화국을 수립한 것이 1789년에 일어난 프랑스대혁명이었다. 루이 14세의 손자 루이 16세(Louis XVI)는 재정난을 타개하기 위하여 성직자(제1신분), 귀족(제2신분), 제3신분의 세 신분으로 구성되는 3부회(部會)를 소집하였는데, 이 중 제3신분이 중심이 되어 국민의회(國民議會)를 구성하였으며 국민의회는 전 국민을 대표하는 기관으로 간주되었다. 국민의회는 그때까지 프랑스 사람들을 질곡 속에 몰아

넣고 있던 봉건제를 철폐하고, 모든 사람이 평등하고 자유로움을 선언한 프랑스 인권선언을 채택하였다. 그 후 프랑스는 루이 16세를 처형하여 군주제를 폐지하고 모든 인민이 주인이 되는 공화국을 수립하였으나, 프랑스 공화국의 현실은 각 개인의 자유와 평등이 보장되기보다 자코뱅당(Jacobins)에 의한 공포정치가 실시되었다. 그렇지만 그 후의 역사 전개에서 프랑스대혁명은 전 유럽에 자유로운 사회, 평등한 사회가 바람직한 사회라는 관념을 확산시켰다. 그리고 프랑스대혁명에서 처음으로 '민주주의(democracy)'라는 용어가 '바람직한' 정치체제라는 의미로 사용되었다.[3) '민주주의'라는 말은 군주정과 귀족정을 대체하는 용어였으며, 프랑스혁명의 지도자들은 '인민'을 정당한 국가 권위의 원천으로 받아들였다.

이와 같이 프랑스대혁명은 두 가지 모순된 결과를 가져왔다.[4) 그것은 민주주의의 정치이념을 확립하고 보급하는 데에는 성공하였다. 자유, 평등, 박애라는 민주주의의 이념은 프랑스 인권선언에서부터 나폴레옹 법전에 이르기까지 일련의 법 제정을 통하여 확립되었다. 이후 유럽의 정치는 반동의 시기가 있었지만 이 흐름 속에서 진행되어 왔다. 그리고 그것은 세계사의 전개과정이기도 하였다. 그러나 프랑스대혁명은 민주적 이념을 지속적으로 구현할 수 있는 안정적인 민주정부를 수립하는 데에는 실패하였다. 그 후 프랑스의 정치는 극단적인 공포정치의 형태, 나폴레옹의 1인지배체제, 제3공화국의 불안정한 정치체제, 그리고 그 사이 사이에 있었던 군주정 체제로의 반동 등으로 점철되었다(〈표 3-3〉 참조).

프랑스대혁명에 영향을 준 사상으로는 계몽주의와 루소(Rousseau)의 민주주의론이 있는데, 이것에 대해서는 절을 달리하여 설명하도록 하겠다.

〈표 3-3〉 대혁명 이후 프랑스 정치체제의 변화

정치체제	비 고
대혁명 발발(1789)	—
공화국 수립(1792~1804)	공포정치, 총재정부, 통령정부
제1제정(帝政)(1804~1814)	나폴레옹 1세(Napoleon I), 나폴레옹의 집권은 위의 총재정부 시기부터 시작됨
왕정복고(1814~1830)	나폴레옹의 몰락 후(부르봉)
7월 왕정(1830~1848)	7월혁명(1830) 후 성립(오를레앙)
제2공화국(1848~1852)	2월혁명(1848) 후 성립
나폴레옹 3세의 제정(帝政)(1852~1870)	나폴레옹 1세의 조카
제3공화국(1871~1940)	나폴레옹 3세가 보불전쟁에 패하고, 공화정 성립
제4공화국(1946~1958)	제2차 세계대전 후에 성립
제5공화국(1958~현재)	알제리 사태로 드골(de Gaulle) 등장

3) 미국 민주주의의 발달

(1) 연방의 성립까지

미국은 영국의 청교도들이 종교적 자유를 찾아 신대륙 아메리카로 이주를 하면서 시작되었다. 그들은 자신이 탄 배 메이플라워(Mayflower) 호 안에서 신대륙에서 새로운 이상사회를 건설할 것을 맹약(盟約)하였다. 그들은 독립국은 아니었지만, 신대륙 아메리카에서 지역사회의 공동사는 대부분 자치적으로 처리했으며, 이러한 전통은 뉴잉글랜드 지방의 타운 미팅(town meeting)으로 이어져 왔다. 남부의 식민지였던 버지니아(Virginia) 주에서는 1619년 22명의 대표를 선출했는데, 이때 대표를 선출할 수 있는 주민은 "특정의 자격이 필요하지 않은 모든 납세자(즉, 16세 이상의 신체 건강한 남자)와 고용인"[5]이었다. 앞에서 언급한 대로 영국에서는 성인 남성의 극히 일부분만이 유권자로서의 자격을 가질 수 있었으나 이에 비해 아메리카 식민지에서는 꽤 일찍부터 사회구성원 중 많은 사람이 선거권을 행사했음을 알 수 있다.

18세기 후반에 들어, 영국과 프랑스 사이에는 퀘벡(Quebec) 주의 영유권을 둘러싸고 전쟁(인디언 프렌치 전쟁)이 있었다. 이 전쟁이 영국의 승리로 끝난 후, 영국은 아메리카 식민지가 이 전쟁으로 이득을 보았고, 전쟁 비용과 이 지역을 지키기 위한 비용의 일부를 부담하여야 한다고 주장하면서 식민지에 인지세(印紙稅), 차세(茶稅) 등의 세금을 부과하였다. 이에 아메리카 식민지인들은 "대표 없는 곳에 과세 없다."며 극심히 반발하였고, 1776년 독립을 선언하여 영국과 전쟁이 벌어졌다. 그들은 독립선언문에서 인간은 자유롭고 평등한 존재라는 것, 그리고 정부는 이 개인의 권리를 보호하기 위하여 만들어진 것인데 만일 정부가 개인의 권리를 유린하는 경우에는 그것을 폐하고 새로운 정부를 세울 수 있다는 것을 천명하였다.

영국과의 전쟁에서 승리하여, 각 주(州)는 각각 독자적인 헌법을 만들고 그 헌법에서 국민의 기본권을 보장하였다. 13개의 주들은 연합규약(Articles of Confederation)을 맺고, 느슨한 연합체를 구성하였다. 그러나 독립 후의 각 식민지의 상황은 무질서한 측면도 있었으며, 각 식민지 간의 통합도 이루어지지 못하여 적지 않은 문제점이 노출되었다. 예를 들어, 독립전쟁과 그 후의 어려운 경제 상황에서 빚을 많이 진 사람들은 그 빚을 탕감해 주는 법을 만들거나 통화(通貨)를 많이 발행할 것을 주장하였고, 반란까지 일어났다(통화를 많이 발행하면, 통화가치는 떨어져 빚을 진 사람들에게는 유리하고, 받을 빚이 있는 사람들에게는 불리하다).

이에 놀란 각 주의 지도자들은 느슨한 연합규약 대신에 주들 간의 결속을 더 강화한 연방헌법을 제정하여 새로운 국가체제를 만들어 냈는데, 이는 독립이 선언된 지 11년 뒤인 1787년의 일이었다. 이 11년 사이에 미국인들은 '지나친 자유', 즉 방종은 자유가 아님을, 그리고 한 정치공동체가 유지되기 위해서는 어느 정도의 국가권력이 필요함을 자각하였다고 볼 수 있다. 그러나 강력한 중앙정부(연방정부)가 출현함으로써 국가권력이 지나치게 커지는 것을 우려한 사람들도 적지 않았으며, 이들은 각 주의 비준과정에서 반(反)연방주의자들로서 비준에 찬성하는 연방주의자들(Federalists)과 격론을 벌였다.

매디슨(Madison) 등 연방헌법 제정자들은, '다수'에 의한 국가권력이 지나치게 커지는 것을 막기 위하여 국가권력을 나누는 일에 중점을 두었다. 그들은 프랑스의 몽테스키외(Montesquieu)의 이론에 입각하여, 국가권력을 입법부 · 행정부 · 사법부로 나누고, 입법부도 상원과 하원으로 나누었다. 주 정부와 연방정부 간에도 권력을 나누어 어느 한쪽의 권력이 지나치게 커지는 것을 막았다. 그러나 연방헌법은 국민의 권리를 성문화하여 보장하지 않았는데, 미국인들이 독립선언서에서 인간의 자명한 권리를 강조했다는 사실에 비추어 볼 때, 이것은 커다란 단점이었다고 할 수 있다.* 1776년에서 독립선언서를 기초한 사람이면서도, 연방헌법 제정 당시에는 주 프랑스 대사로 근무하느라 연방헌법 제정과정에 참여하지 못한 제퍼슨(Jefferson)은 이 소식을 듣고 깜짝 놀랐다고 한다. 연방헌법의 이러한 문제점을 해결하기 위하여 헌법 제정 4년 뒤에 수정헌법 10개 조가 추가되어(권리장전) 연방헌법은 국민의 권리보상을 강화하였다. 이로써 미국은 상당한 정도로 강한 국가권력을 인정하면서 국민의 기본권도 보장하는 헌법을 갖게 되었고, 이후 이 양자의 조화에 성공한 국가로 평가받고 있다.

* 미국의 현대 민주주론의 대가 로버트 달(Robert Dahl)은 그의 저서 『미국 헌법과 민주주의』에서 오늘날의 관점에서 보았을 때 미국 헌법에 있는 비민주적 요소에 대하여 언급하고 있다.

(2) 안정적 민주주의

미국에서 민주주의의 정착과정은 유럽 대륙의 나라들과는 달랐다. 미국에는 유럽과 같은 전통적인 귀족 신분이 없었고 이에 따라 평등의식이 강하였다. 또한 서부에는 항상 미개척지가 남아 있었기 때문에, 사람들은 독립적인 자작농(自作農)을 꿈꾸며 서부로 나아갔으며 그러는 한에 있어서는 남에게 의존하지 않는 생활을 영위할 수 있었다. 이러한 미국 민주주의의 활기는 잭슨(Andrew Jackson) 대통령 시기(1829~1837)에 활발하여(Jacksonian Democracy), 1848년까지는 거의 모든 주에서 남성 보통선거제가 실시되었다.[6] 이 시기 미국을 시찰한 프랑스의 귀족 토크빌(Tocqueville)은 당시 미국의 활발한 민주주의에 깊은 인상을 받아 『미국의 민주주의(*De la démocratie en Améique*)』라는 책을 저술하여 그의 조국 프랑스와는 달리 안정적으로 전개되는 민주주의의 모습을 그렸다. 그리고 20세기 초에는 그동안 주 의회에서 간접선거로 선출되던 상원의원을 국민의 직접선거로 뽑게 되었다. 여성선거권은 21세 이상의 여성을 대상으로 하여 1860년대부터 여러 주에서 보장되기 시작하였는데, 연방 차원에서는 영국과 같은 시기에 같은 이유로, 즉 제1차 세계대전 후 전쟁에서의 여성들의 공이 인정되어 1921년에 실시되었다.

(3) 미국 민주주의의 그림자

앞에서 미국의 민주주의가 순조롭게 발전하였다고 말했지만, 그 어두운 면이 없었던 것은 아니다. 그중에서도 오랫동안 흑인의 선거권을 사실상 인정하지 않은 것은 미국 민주주의의 일대 오점이었다. 흑인 노예제도에 대해서는 연방헌법 제정 당시부터 논란이 있었으나, 주들 간의 분열을 우려하여 적당한 선에서 봉해지고 말았는데, 후일 그것은 남북전쟁(Civil War, 1861~1865)의 발발로 표출되었다. 남북전쟁 후 헌법이 개정되어, 흑인들도 형식상 시민권을 부여받고 흑백 차별도 금지되었으나 남부 주에서는 여전히 흑인들에게 '문자해독능력 테스트' 등 여러 가지 구실을 붙여 사실상 투표권을 주지 않았다. 이러한 사정은 20세기에 들어와서까지도 개선되지 않다가 1960년대에 흑인인권운동 지도자 킹 목사(Martin Luther King Jr.)를 지도자로 한 시민권운동(Civil Rights Movement)이 있은 후에야, 흑인들에게도 백인과 차별 없는 투표권이 부여되었다.

2. 근현대 민주주의론

앞의 절에서는 근대 민주주의의 발달사를 개관하였는데, 여기에서는 근대 민주주의의 발달에 따라 각 시기별로 전개되어 온 민주주의 이론에 대하여 살펴보고자 한다. 이해의 편의를 위하여, 시대별 · 인물별로 기술하겠다. 그리고 홉스와 같이 그 사람의 이론이 직접적으로 민주주의를 논한 것은 아니었다 하더라도 오늘날 자유민주주의의 토대가 될 수 있는 이론을 전개한 사람에 대해서도 언급할 것이다.

1) 로 크

로크(Locke)의 정치사상에 대하여 말하기 전에, 로크보다 조금 앞선 시기를 살았던 홉스(Thomas Hobbes, 1588~1679)에 대하여 먼저 언급하겠다. 청교도혁명 당시, 홉스는 왕당파와 의회파의 대립에서 기본적으로 왕당파에 속하는 사람이었다. 홉스는 내란이 일어나기 전에 프랑스 파리로 망명하였고, 그곳에서 영국 황태자의 가정교사를 하기도 하였으며, 그의 저서 『리바이어던』을 출판하기 전에 찰스 2세(Charles II)에게 헌정(獻呈)

한 바 있다.[7] 영국 내전 시, 앞 절에서 언급한 대로, 왕당파는 한 국가에서 주권은 왕에게 있으며, 그것은 신으로부터 물려받은 것이므로(왕권신수설) 그 권한은 절대적이어서 의회는 그것에 대해서 참견할 수 없다고 주장하였고, 그에 대해 의회는 왕권이 의회에 의하여 제한을 당하여야 한다고 주장하였다. 홉스는 왕의 권력은 거의 무제한적인 것이지만, 그것은 신으로부터 물려받은 것이 아니라 사람들 사이의 계약에서 나오는 것이라 하였다. 그는 왕권의 절대성을 인정하였으나, 그 근거를 신수설(神授說)에서 찾은 것이 아니라 계약설(契約說)에서 찾았다.

홉스는 '사람들'이 '자연 상태(State of nature)'에서 서로 '계약'을 맺고 '국가(정부)와 국가권력(정부)'을 만들어 낸다고 하였다. 여기서 '자연 상태'란 국가가 생겨나기 이전의 상태, 즉 정부가 없는 상태를 말한다. 그렇다면 '자연 상태'란 어떤 상태일까? 홉스는 각 개인은 자기 이익을 추구하는 존재이기 때문에 사람들이 각자 자기 이익을 추구하다 보면 다른 사람들과의 사이에 분쟁이 생길 것이라고 가정하였다(만인의 만인에 대한 투쟁 상태). 따라서 다른 사람들과 분쟁은 그 끝이 없을 것이므로, 사람들은 안전하게 살기 위하여 국가(정부)라는 것을 만들어 그것에 분쟁 해결을 맡기게 되는데, 분쟁을 해결하기 위해서는 말을 듣지 않는 사람들을 제압할 수 있는 힘, 즉 권력을 부여해야 한다. 이로써 국가(정부)는 권력을 가지게 되는데 그것은 분쟁을 해결해야 하는 성질의 것이므로 막강해야 한다. 이렇게 홉스는 사람들이 투쟁 상태인 '자연 상태'에서 벗어나 안전을 확보하기 위하여 서로 계약을 맺고 국가 및 국가권력을 만들어 내는데 그것은 거의 절대적인 것이라고 하였다. 홉스의 이러한 사회계약론은 국가(정부)의 권력이 절대적인 것이라고 한 점에서 왕당파를 옹호하는 성격을 갖는다. 그러나 그 권력의 근원이 신수설에 있지 않고 사람들 사이의 계약에 있다고 한 점은 왕당파에 반가운 점은 아니었다.

로크(John Locke, 1632~1704)도 홉스와 같은 사회계약론에 입각하여 이론을 전개한다. 그러나 로크는 국가의 발생, 그 성격에 대해 홉스와는 견해를 달리한다. 로크는 홉스보다 44년 늦게 태어난 사람으로 명예혁명 시 의회파에 섰던 사람이다. 그는 명예혁명 전에 네덜란드로 망명하였다가 명예혁명 후 귀국하여 『통치론』을 펴내 자신의 정치사상을 전개하였다. 로크도 국가가 출현하기 이전의 상태, 즉 '자연 상태'를 가정하였다. 홉스와 달리, 로크는 인간은 '자연 상태'에서 자연법에 따라 자유롭고 평화롭게 살았다고 하였다. 또한 인간은 '자연 상태'에 자신의 노동력을 가하여 자연을 쓸모 있는 것으로 만드는데, 쓸모 있게 만들어진 것은 그 사람의 노동력의 결과이므로 그의 것이라고 하였다(소유권의 발생).

그런데 '자연 상태'는 '만인의 만인에 대한 투쟁 상태'는 아니지만 불편하다. 간혹 가다 자연법을 지키지 않는 사람들도 나타나고, 그런 경우 그것을 재판해 줄 기준도 기관도 없기 때문이다(자연법을 지키지 않는 사람을 각자가 벌 주고 재판한다면, 혼란이 올 것이다). 그래서 사람들은 이 불편을 해소하고, 자신들이 자연 상태에서 본디 가지고 있던 자연권, 특히 생명, 자유, 재산권을 지키기 위해 통치기관을 만들어 자연법을 지키지 않는 사람들을 처벌할 수 있는 권력을 창출할 것에 동의(同意)하게 된다. 그런데 이 '동의'는 그 구성원들(주민들)이 대표를 선출하는 선거를 통해 나타난다.

이와 같이 국가란 개인이 자신들의 권리를 보호하기 위하여 그것의 출현에 개인들이 동의한 성격의 것이므로 그 권력은 이 목적에 한정되어야 한다. 만일 국가권력이 이 목적과 범위를 벗어나 개인의 권리를 침해하면, 개인들은 동의를 철회하고 그 국가(정부)를 다른 주체에 맡길 수 있다(저항권). 그리고 국가권력은 그것이 한 사람의 손아귀에 있으면 남용될 우려가 있으므로 입법권과 집행권으로 분산되어야 한다(2권분립).

로크의 사상은 당시의 명예혁명을 옹호하는 성격을 가지고 있다. 그의 이론에 입각하면, 명예혁명 당시 쫓겨난 왕 제임스 2세는 국가 구성원들의 자연권을 침해하고 권력을 남용했으므로 그를 내쫓고 새로운 사람에게 정권을 맡기는 것은 당연한 일이다. 로크의 정치사상은 미국독립혁명에 많은 영향을 끼쳐 제퍼슨은 미국독립선언서에서 인간의 자연권(자유, 생명, 행복추구권)을 침해한 영국 정부를 몰아내고 새로운 정부를 세우는 것은 식민지인들의 당연한 권리이며, 앞으로 세워질 정부는 이 권리를 보장해 주는 것이 임무라고 하였다. 로크가 각 개인이 가지고 있는 권리를 보장하는 것이 중요하다고 지적했다는 점에서 오늘날 자유민주주의 사상의 원천이 되고 있다고 할 수 있다. 또한, 그의 '동의론'도 오늘날의 대표자를 통한 간접민주정치에서 실현되고 있다고 볼 수 있으며, '저항권론'도 오늘날 자유민주주의에서 선거를 통해 정부를 교체하는 것으로 구현되고 있다고 할 수 있다. 그러나 로크가 '민주주의(democracy)' 를 직접 언급한 것은 아니다. 그의 사상이 오늘날 자유민주주의의 뿌리의 하나를 이루고 있다는 것이다.

2) 루 소

루소(Jean Jacques Rousseau, 1712~1778)는 스위스의 도시국가였던 제네바(Geneva)에서 태어나 프랑스 파리에서 활약했던 사람으로, 영국의 로크보다는 80년 늦게, 그리고 프랑스의 몽테스키외보다는 23년 늦게 태어난 사람이다. 그가 살았던 시기는 프랑스에서 계몽주의(啓蒙主義, enlightenment)가 활발했던 시기인 동시에 절대주의가 한창인 시기이기도 하였다. 그의 사망 11년 후에 프랑스대혁명이 발발했는데, 그의 정치사상은 대혁명, 특히 자코뱅당에 많은 영향을 끼쳤다.

그도 로크와 같이 '사회계약론'에 입각하여 국가권력의 정당성을 설명하였으나, 로크의 정치사상과는 많은 점에서 달랐다. 루소는 세 가지 상태,

즉 '자연 상태'와 '가짜 사회계약 상태'와 '진정한 사회계약 상태'를 구분했다. 첫째 상태는 홉스, 로크와 마찬가지로 '자연 상태'다. 이 '자연 상태'는 자급자족의 상태로 인간은 이 '자연 상태'에서 '자연적 자유'를 누리면서 천진난만하게 살았다(『로빈슨 크루소』는 루소 시기보다 나중에 씌어진 소설이지만, 루소가 말하는 '자연적 자유'란 로빈슨이 누리고 있는 상태와 비슷하다). 그런데 물질문명이 발달하면서 사회는 타락해 갔다. 사람들 사이에는 빈부의 격차가 심해지고 허영심, 사치, 위선이 판치고 덕(德)은 쇠퇴하였다. 이 상태에서의 인간 사이의 관계는 기본적으로 예속 관계, 즉 자유가 없는 상태인데 이를 '계약관계'로 위장하고 있기 때문에 그것은 '가짜 사회계약'에 불과하다(둘째 상태).

이제 인간 앞에 놓인 과제는 '가짜 사회계약 상태'의 인간이 정말로 자립하고 자유로우면서도 평등한 상태로 만들어 가는 것이다. 그러나 인간은 이미 원시 상태('자연 상태')로 되돌아갈 수는 없다. 그러므로 사람들은 자유롭고도 평등하게 살아가기 위하여 모든 사람이 모여 진정한 사회계약을 맺어야 한다. 이때 사람들은 공동선, 즉 '일반의지(general will)'에 따르기로 서로 약속해야 한다. 루소는 나라를 다스리는 최고 권력은 왕이나 소수자에게 있는 것이 아니라 인민에게 있으므로(인민주권), 사회의 전 구성원이 한 장소에 모여서 자신들의 '일반의지'를 확인해야 한다고 하였다. 그런 의미에서 그는 직접민주정치, 회합민주정치를 주장한 것이다(이에 비해, 로크는 대표에게 위임한다고 하였다). 그는 국가의 구성원들이 자기 자신의 이익만을 좇는 것이 아니라 공동선(일반의지)을 추구하는 것, 즉 덕성(德性)이 중요하다고 하였다.

루소는 일반의지에 따르지 않는 사람은 강제라도 그것에 따르도록 하여야 한다고 주장하여 후일 이것이 공포정치, 즉 전체주의적(全體主義的) 민주주의에 이론적 근거를 제공하였다는 비판을 받았다(실제 공포정치의 지도자 로베스피에르(Robespierre)는 자신의 정치를 정당화할 때 자주 루소를 인용하기도 하였다). 그럼에도 그의 사상은 각 개인이 자신의 이익만을 좇는 것을 배격하고 서로 합심하여 공동체를 건설할 것을 희망하였는데, 이 공동체 건설을 '민족'이라든가 하는 것에 입각하지 않고 사람들 사이의 계약에 입각하였다는 점에 그 의의가 있다고 할 수 있다. 로크가 자유주의에 입각하여 정치사상을 전개하였다면, 루소는 공화주의에 입각하여 정치사상을 전개했다고 할 수 있다.

3) 매디슨

매디슨(James Madison, 1751~1836)은 미국 버지니아 주 출신으로 미국 연방헌법 제정 시 헌법 기초안을 맡았다. 헌법비준 시 다른 두 사람과 함께 『연방주의자 논집(*the Federalist Papers*)』을 써서 새 헌법을 적극적으로 옹호한 사람이기도 하다. 그의 헌법 해석은 오늘날 미국 민주주의의 기본이론을 이루고 있다. 그의 사상은 개인의 권리 보호를 중요시한 로크, 그리고 권력분립을 주장한 몽테스키외의 영향을 많이 받았다.

미국 연방헌법의 비준과정에서 연방파와 반연방파가 서로 대립했었다는 것은 앞에서 언급하였다. 반연방파의 우려는 강한 중앙정부가 생김으로써 정부의 권력이 커지고, 그에 따라 개인의 권리와 주의 권한이 침해를 받을 것이라는 것이다. 이에 대해 매디슨은 다음과 같은 논리로 답했다.[8)] 개인의 권리가 침해를 받기 쉬운 것은 '넓고 큰 나라(연방)'에서가 아니라 '작은 나라(주)'에서다. '넓고 큰 나라'는 여러 세력(파벌, factions)이 있어 이들이 서로를 견제하다 보면, 어느 한 세력(파벌)이 전제권력을 휘두르기 어려워진다. 그러나 나라가 작으면, 어느 한 세력(파벌)의 힘이 일방적으로 강해질 수 있고 그것은 여타 파벌에 속한 사람들의 권리를 침해할 수 있다는 것이다(factional tyranny). 그는 어느 정치공동체나 '파벌'이 있기 마련이라고 생각하였다. 그래서 '파벌'을 없애려는 것은 거의 불가능한 일이기 때문에 그것을 억지로 없애려고 할 것이 아니라, 여러 파벌을 서로 대립시켜 어느 한 파벌도 일방적으로 강해질 수 없게 하는 것이 더 빠른 길이라고 한 것이다. 그는 한 파벌이 다른 파벌 사람들에 대해 전제권력을 휘두를 우려가 있는 정부형태로 고대 아테네식 민주정치를 들었다(그에 있어서는 '다수'와 '소수'도 각각 파벌이 된다). 그는 아테네식 민주정치 대신에 '공화국'을 바람직한 정부형태로 주장하였는데 '공화국'이란 대의제(representation)가 작동하는 곳이다.

더 넓은 영토와 인구를 가진 중앙정부가 개인의 기본을 더 잘 보장할 수 있다는 매디슨의 주장은 오늘날에도 미국 민주주의 이론의 주류를 이루고 있어 다원민주주의론으로 변형되어 왔다고 볼 수 있다. 다소 시대가 서로 떨어져 있기는 하지만, 오늘날 미국 민주주의의 이론가인 달(Dahl)의 다음 조사는 여러 세력(파벌)이 서로 경합하는 것이 민주주의라는 주장을 잘 뒷받침해 주고 있다.[9] 달은 미국 코네티컷(Connecticut) 주의 뉴헤이븐(New Haven)에서 시(市)의 주요 정책이 주로 어떤 사람들에 의하여 결정되는지를 조사하였다. 그는 도시 재생 분야, 공공 교육 분야, 그리고 정치 지도자의 지명 분야의 세 분야에서의 여러 결정이 어떤 사람들의 영향력에 의하여 내려지는지를 조사하였다. 그 결과, 정치적 혹은 경제적 발언권이 큰 집단(파벌)과 평범한 사람들의 집단(파벌)의 비교에서는 전자, 즉 정치적·경제적으로 발언권이 큰 집단이 더 많은 영향력을 행사하는 것으로 나타났다. 그렇지만 각 분야에서 영향력을 미친 집단은 서로 달랐다. 각각의 분야에서는 서로 다른 집단이 더 많은 영향력을 미친 것으로 나타났는데, 이로써 뉴헤이븐에서는 민주주의가 행해지고 있다고 달은 판정하였다. 여기서 서로 다른 집단이 서로 경쟁하면서 정책 결정에 영향을 미치고 있는 것을 정치적 다원주의라 한다.

매디슨은 또한, 앞에서 설명한 대로 권력을 철저하게 분립시켜 전제정치를 막으려 하였다. 그리고 권리장전(국민의 기본권)을 헌법 수정조항으로 넣는 데 노력하였다.

4) 벤 담

벤담(Jeremy Bentham, 1748~1832)이 살았던 시기는 18세기 후반에서 19세기 초반으로, 대륙(프랑스)에서는 국왕 처형, 공포정치, 나폴레옹의 황제 등극 등 정치적 우여곡절을 겪고 있었다. 이에 비해 영국의 정치는 명예혁명 체제가 유지되어 국민의 대표기관이라 할 수 있는 의회가 주도권을 쥐고 있었고 비교적 안정적으로 이루어지고 있었다. 그러나 선거권을 가지고 있는 사람은 성인 남성 중에서도 극히 일부분이었으며, 대부분 지방의 명망가들에 의하여 의회의원의 선출이 좌지우지되는 등 문제점이 많아 '의회개혁'이 시대의 현안으로 떠올랐다.

이때 벤담과 그의 지지자들인 '철학적 급진파'는 그의 철학 공리주의에 입각하여 사회개혁과 의회개혁을 주장하였는데, 그들의 주요 요구 사항 중 하나가 보통선거제의 실시였다. 공리주의에 의하면 인간은 쾌락을 추구하고, 고통을 피하려는 존재다. 이것을 전제로 하여 한 개인에게 쾌락을 가져다주는 것은 그에게 있어서 선(善)한 것이며, 고통을 가져다주는 것은 악(惡)한 것이 된다. 어떤 행동이 선한 것인지 그렇지 않은 것인지를 알려면, 행복(공리)의 양을 계산해야 한다. '한 개인'에 있어서 행복의 양을 계산하려면, 어떤 한 행동이 가져올 수 있는 쾌락의 양에서 그것이 가져올 수 있는 고통의 양을 빼야(-) 할 것이다. 계산 결과로 플러스 수치가 나오면 그 행동은 선(善, good)한 것이며, 마이너스의 수치가 나오면 그 행동은 하지 말아야 한다.

그렇다면 '사회 전체'로서는 어떤 정책이 선한 것일까? 벤담은 '사회 전체로서의 이익'이란 것이 따로 있는 것이 아니라(이 점은 루소와는 다른 점이다), 각 개인의 이익(행복, 공리)을 합하면 된다고 하였다. 그래서 어떤 정책이 있다고 할 때, 그것에 의해서 이익을 받는 사람의 숫자가 손해를 보는 사람의 숫자보다 더 많으면 그 정책은 좋은 것이며, 그 반대이면 나쁜 것이다. 그런데 이익(행복, 공리)은 클수록 좋으므로 결국 '최대 다수의 최대 행복'을 가져오는 정책이 가장 좋은 정책이 되는 것이다.

정책 A로 인해서 이익(쾌락)을 보는 사람의 수 합계: 100명

정책 A로 인해서 손해(고통)를 보는 사람의 수 합계: 70명

사회 전체로서의 행복(공리)의 양: (100명×1) − (70×1) = 30

∴ 이 정책은 좋은 정책임

* 여기서 한 사람이 누릴 수 있는 쾌락의 양은 같다고 가정한다. 만일 한 사람이 다른 사람보다 더 많은 양의 행복을 누릴 수 있다면, 민주주의를 채택할 필요가 없다는 결론이 도출될 수도 있다.

'최대 다수의 최대 행복' 원리를 정치에 적용하면, 그 논리적 귀결은 '다수의 뜻'에 따라 정치를 하는 것이 '최대의 이익'을 가져온다는 것이 된다. '최대의 이익'을 가져오는 정치를 하기 위해서는 국민 일부에게만 선거권을 부여할 것이 아니라, 국민 모두에게 선거권을 부여하는 것이 마땅하다는 결론으로 이르게 된다. 그런데 앞에서도 언급하였듯이, 당시 국민의

대표기관인 하원의원들은 국민 전체(당시로서는 모든 성인 남성)의 투표로 뽑히는 것이 아니라, 전 인구의 불과 3%에 의하여 뽑히고 있었다.[10] 그리하여 벤담이 중심이 된 '철학적 급진파'로 불리는 사람들은 21세 이상의 모든 성인 남성들(단, 문맹자 · 여행자는 제외)에게 선거권을 부여하는 보통선거제를 실시할 것을 주장하였다.

벤담은 대표(정치가)들의 이익과 국민 다수의 이익이 배치될 우려가 높다고 보았다. 정치가들은 국민이 감시를 소홀히 하면, 자신의 이익만을 챙기기 쉽다는 것이다. 그래서 보통선거제뿐 아니라 선거의 주기도 1년으로 하여 매년 선거를 실시할 것을 주장하였고, 비밀선거도 주장하였다.

그런데 벤담의 인간관을 보면, 앞에서도 언급하였듯이 인간은 고통을 피하려 하고 쾌락을 추구하려는 존재임은 말할 것도 없고, 무엇이 자신에게 행복을 가져다주는지를 잘 아는 존재다. 벤담은 자신의 이익은 그 사람이 가장 잘 알 것이라고 전제하였다. 이것은 거꾸로 말하면, 어떤 사람(성인이라 할지라도)이 무엇이 자신의 이익인지를 모른다면, 즉 각자가 합리적으로 행동하지 않는다면, 이 이론을 가지고 최대 행복을 이끌어 낼 수 없다. 이러한 난점(難點)에도 불구하고, 벤담은 성인 인구의 대부분이 투표권을 갖지 못한 상태에서 그들에게도 투표권을 부여하는 것이 결과적으로 사회 전체의 이익을 극대화할 것이라는 논리를 전개하고 활동하여 민주주의 발달에 큰 공헌을 하였다.

5) 밀

밀(J. S. Mill, 1806~1873)은 벤담과 동시대에 활약했던 제임스 밀(James Mill)의 아들로 19세기 중반 이후에 활동하였다. 1832년의 제1차 선거법 개정, 그리고 1867년의 제2차 선거법 개정에서 보듯, 영국은 착실히 민주주의를 정착시켜 갔는데, 그 사회적 배경에는 자유주의 사상 및 급격한 산업화와 그에 따른 노동계급의 대두가 있었다.

밀의 정치사상은 '개인의 자유'를 중요시한 것이었다(『자유론』). 전통적으로 '개인의 자유'에 대한 최대의 위협은 국가권력이었다. 그래서 밀은 가능한 한 국가권력이 개인에게 이래라 저래라 해서는 안 된다고 하였다. 국가권력이 한 개인의 행동을 제한할 수 있는 것은 그 개인의 행동이 '남에게 해를 끼칠 때', 바로 그때뿐이라고 하였다(危害의 原理, harm principle). 한 개인이 남에게 해를 끼치지 않는다면, 바꾸어 말해 그 개인 자신에게만 관계되는 일이라면, 그 개인이 어떤 행동을 해도 국가나 사회가 그것에 간섭해서는 안 되었다. 그는 세 가지의 자유를 언급하였는데 그중 두 가지만 들어 보자. 첫째는 '내면(內面)의 자유', 즉 사상(思想) 신조(信條)와 그것을 외부로 표현하는 자유이며, 둘째는 '기호(嗜好)와 직업의 자유', 즉 자신의 성격에 맞는 생활 스타일을 영위할 수 있는 자유다.[11] 특히 그는 사상의 자유를 중요시하여, 『자유론』에서 "전체 인류 가운데 한 사람의 의견이 다르다고 해서 그 사람에게 침묵을 강요하는 일은 옳지 못하다. 그것은 어떤 한 사람이 자신과 생각이 다르다고 나머지 사람 전부에게 침묵을 강요하는 것만큼이나 용납될 수 없는 일"이라고 하였다.

그런데 앞에서도 언급하였듯이 전통적으로 개인의 자유를 침해하는 것은 국가권력이었으나, 밀의 시대에 와서는 선거권이 확대되고 사회가 대중화되어 감에 따라 대중의 획일적인 생각도 개인의 자유를 침해하는 중대한 요소가 되었다고 밀은 생각하였다. 다시 말해, 밀은 민주주의가 개인의 자유, 특히 소수파에 속한 개인의 자유에 가져올 수 있는 위험에 대해 우려한 것이다. 당시 영국 사회는 민주주의가 진전되어 개인의 자유에 대한 정부로부터의 위협은 현저히 줄어들었는데, 그 대신 사회의 일반 대중으로부터 오는 '새로운 위협'이 증가하고 있었다.

그런데 이러한 '새로운 위협'을 밀보다 먼저 논한 사람은 프랑스의 귀족 출신으로 미국을 시찰한 뒤 『미국 민주주의』라는 저서를 쓴 토크빌이었다. 토크빌은 미국 시찰을 다녀온 뒤, 프랑스에서는 민주주의가 시행착오를 많이 겪었는데 왜 미국에서는 순조롭게 발전해 왔는가 하는 것에 대해 논하면서 민주주의의 본질은 '평등'에 있다고 하였다. 미국은 유럽과 달리, 귀족계급 같은 것이 존재하지 않고 널리 '평등'이 퍼져 있으며, 그것이 민주주의의 핵심이라고 주장하였다. 그런데 이 '평등'은 다른 사람도 나와 같아야 하는 심리를 밑바탕에 깔고 있기 때문에, 다른 사람과 조금이라도 다른 점이 있다면 참지 못하는 경향이 있다는 것이다. 이것은 개인의 자유, 개인의 독특성을 중요시하는 토크빌이나 밀에게는 새로운 전제(專制), 즉 '다수의 전제(tyranny of the majority)'였다.

밀은 『대의정부론』에서 정부형태에 대하여 논하였는데, 이 책의 내용은 오늘날의 민주주의 기준에 비추어 보면 다소 부족하다고 생각되는 점도 있지만, 기본적으로는 민주주의를 옹호하고 있다. 밀은 원칙적으로 민주주의(대중 혹은 다수에 의한 지배)에 대해 찬성하였으나, 수준 높은 대표들에 의한 정치를 바람직한 정치형태로 보았다. 하원의원을 지내기도 한 밀은 정부가 국민의 뜻을 반영하여 구성되어야 한다고 생각하였으며, 그러기 때문에 보통선거제 실시를 지지하였다. 또한, 그는 보다 많은 사람들에게 선거권을 부여하는 것이 사람들을 교육시키는 기능을 할 것으로 보았다. 사람들은 투표에 참여하거나 정치에 참여함으로써 공동선이 무엇인지를 알고, 자신들의 결정이 자신 및 국가의 이익에 많을 영향을 미친다는 것을 깨달을 것이라고 보았다. 뿐만 아니라 그는 대중의 선거권 행사가 사회통합의 기능도 할 것으로 보았다. 즉, 각자가 참여하여 내린 결정에는 승복할 것이라고 보았다. 당시(제2차 선거법 개정 시) 주로 노동계층에 대한 선거권 부여가 사회의 쟁점이 되었는데, 그들에게 참여의 기회를 제공함으로써 정해진

정책에 대한 그들의 협력을 이끌어 낼 수 있을 것이라고 기대하였다. 마지막으로, 밀은 지방 수준에서의 정치에서는 보통 사람들이 직접 참여함으로써 많은 교육적 효과를 거둘 것이라고 생각하여 '풀뿌리 민주주의론'을 폈다. 참여를 강조한 그의 민주주의 사상은 오늘날 페이트먼(Pateman)과 같은 참여민주주의자들에게 많은 영향을 주고 있다.[12)]

그러나 밀은 중앙정부의 정치는 자질이 있는 사람들(엘리트)이 하는 것이 더 좋다고 보았다. 그래서 그는 중앙정부의 정치에서는 대표를 통한 정치가 더 바람직하다고 하였다. 그는 보다 자질이 우수한 사람이 대표로 선출되어야 한다고 생각하였다. 그래서 보통선거제 실시에 찬성하였지만, 동시에 대학을 졸업한 사람(당시에 대학을 졸업한 사람은 오늘날 우리 사회의 대학 취학률과는 비교가 되지 않을 정도로 극소수였다)과 같이 교육을 잘 받은 사람에게는 더 많은 표를 주는 복수투표제(plural voting)를 주장하였다.[13)] 또한, 초기에는 벤담과 아버지의 주장을 따라 비밀투표제를 주장하였으나 나중에는 생각을 바꾸어 공개투표제를 주장하였다. 공개투표제를 실시하면, 나중에 그 투표가 잘 되었는지 못 되었는지를 검증할 수 있고, 이것을 의식하게 될 사람들은 더욱더 책임감을 가지고 투표할 것이라고 생각했기 때문이다. 그는 다수파뿐 아니라 교육받은 소수파의 뜻도 반영할 수 있도록 선거방식에서 지역구 선출방식에 비례대표제 선출방식도 병행할 것을 주장하였다. 요약하면, 밀은 국민(여러 사람)의 뜻을 반영하여 정부를 구성하는 것에 찬성하면서도, 동시에 엘리트가 국민의 대표로 선출되고 중앙정부 수준의 정치는 그들이 하는 것이 더 좋다고 생각한 것이다.

밀은 양성평등의 사상도 폈다. 그는 『여성의 예속』(1869)에서 남녀 사이에는 능력의 차이가 있으며, 그래서 남자는 여자에 대해 가부장권을 갖는다는 당시의 일반적인 관념을 비판하였다.

6) 현대 민주주의론

지금까지 17~19세기까지의 민주주의 사상을 주요 사상가를 중심으로 살펴보았는데, 이들은 두 가지 계열로 나뉜다. 그 하나는 개인의 권리를 존중하는 것을 강조한 로크, 매디슨, 벤담의 계열이고, 다른 하나는 공동체에 대한 참여를 중시한 루소, 밀 그리고 고대 아테네의 민주정치를 이상으로 삼는 계열이다. 전자는 간접민주정치론을 옹호했고, 후자는 직접민주정치를 이상으로 삼았다(그러나 양자는 서로 별개의 주장을 하는 것이 아니며, 모두가 민주주의의 기본원칙에 동의하고 있다). 이 두 가지 흐름은 오늘날에도 이어져 20세기 초에 민주주의를 새롭게 정의한 슘페터(Schumpeter)류(類)의 민주주의론과 그에 반발하여 나온 참여민주주의 계열로 이어져 오고 있다. 여기에서는 현대 민주주의론을 개관하여 보기로 한다.

(1) 슘페터 대(對) 참여민주주의론

'민주정'을 '다수에 의한 지배'라고 정의한다면, 한 가지 논리적 모순이 야기된다. 그것은 현실정치에 있어서 우리가 보는 것은 항상 '다수가 지배하는 것이 아니라 소수가 지배한다'는 사실이다. 이 모순은 어떤 의미에서는 고대 아테네 민주정에서도 있었던 것이다. 예를 들어, 고대 아테네 민주정의 지도자 페리클레스(Perikles)와 당시 평범한 자유민들의 경우에도 해당된다. 분명 그곳에서도 지도자와 이 지도자에 따르는 사람들이 있었으나, 전자는 소수이며 후자는 다수였을 것이다.* 이렇게 보면, 민주정은 불가능한 정치형태라고 말할 수도 있다. 그래서 루소는 그런 의미에서의

* 고대 아테네의 경우, 실제로 많은 사람이 정치에 참여하였기 때문에 '다수에 의한 정치'였다고 할 수 있고, 그렇지 않다고 하더라도 원래 '데모크라시(democracy)'라는 말 자체가 당시의 현실 정치 형태를 가리키는 말이었기 때문에 더는 문제 삼지 않는 것이 좋을 것이다.

민주정치란 신(神)이나 할 수 있고 인간에게는 해당되지 않는다고 하였다.

그런데 이 논리적 문제는 산업화가 진행되고 보통선거제의 실시와 함께 선거에 참여하는 사람의 숫자가 늘어나면서 더 심각해졌다. 대체로 19세기 후반 이후에는 대다수의 성인 남성들이 투표권을 가지게 되었는데, 그들은 대부분 투표할 때만 정치에 참가하는 것이지 민주주의의 이상(理想)에서 말하는 대로의 적극적인 참여는 아니었다. 어떤 의미에서는 그들은 정치적으로 수동적이었으며, '스스로 통치하는 존재(自治民)'라기보다 '통치를 받는 존재'였다. 또한 산업화가 진행됨에 따라 사회는 점차 거대화 · 조직화되어 갔다. 회사나 결사체들의 경우도, 작은 규모로 구성원들이 서로 오순도순 이야기를 나누면서 꾸려 가는 것이 아니라 그 규모가 커지고 구성원들의 숫자가 늘어 갔는데(대중사회), 여기에서는 필연적으로 과두화(寡頭化), 관료화(官僚化) 현상이 나타나기 마련이었다. 구성원의 숫자가 많아질수록, 그곳에서는 능률을 올리기 위하여 지도하는 사람과 그 지도에 따라가는 사람이 분리된다. 그럴수록 모든 구성원이 스스로를 통치한다고 하는 민주주의의 이상은 멀어진다. 그래서 일부 이론가들은 민주주의란 불가능하고, 항상 소수가 다스릴 뿐이고 이것은 그 어떤 조직이나 정치체에서도 피할 수 없는 일이라고 하였다(寡頭政의 鐵則, the iron law of oligarchy).

이 문제는 민주주의를 지향하는 사람들에게 심각한 문제를 제기한다. '과두정의 철칙'이라는 주장을 받아들이면, 지금까지 민주주의를 지향한다고 했던 모든 논의는 수포로 돌아가고 만다. 본시 민주주의 이론이란 '되지도 않을 이야기' '현실성 없는 이야기'를 한 셈이 된다. 그렇다고 '실제의 정치'에서도 '통치하는 사람이 다수'라고 우기는 것은 '사실'에 눈을 감는 것이 된다. 현실의 모습을 보면, 다스리는 사람은 항상 소수이고 다스림을 받는 사람은 항상 다수다. 이 딜레마를 이론적인 측면에서 구해 준 사람이 20세기 초의 슘페터(Schumpeter, 1883~1950)다. 슘페터는 저서 『자본주의, 사회주의, 민주주의』에서 민주주의란 문자 그대로 모든 구성원이 스스로를 다스리는 것이 아니라, '정치 지도자를 뽑는 과정'이라고 말하였다. 이 지도자를 뽑는 과정, 즉 선거에서 정치 엘리트인 여러 입후보자들이 서로 경쟁하여 일반 유권자들의 선택을 받는 것이기 때문에 일반 유권자들의 의사가 정치에 반영된다는 것이다. 그러므로 일반 유권자들에게 중요한 것은 정치지도자를 뽑는 일이고, 실제의 정치는 지도자들에게 맡기는 것이 민주주의라는 것이다. 이것은 대의민주주의(代議民主主義)를 이론적으로 설명한 것이라고도 말할 수 있다. 대의민주주의에서는 원칙적으로 구성원들이 직접 통치를 하는 것이 아니라 대표(지도자)를 뽑아 실제 정치는 그들이 하도록 하는 것이기 때문이다.

슘페터의 주장은 처음 들으면, 민주정치를 부정하는 말처럼 들리지만, 그는 민주정치를 '현실'에 맞추어 재개념화했다고 말할 수 있다. 그리고 그것은 '과두정의 철칙' 주장과도 다른 것이다. '과두정의 철칙'에서는 민주정치 같은 것은 아예 불가능하다는 것인 데 비하여, 슘페터는 그래도 민주정치는 가능하다고 보고 있다. 그래서 슘페터의 이론은 민주정치와 민주정치가 아닌 것을 구별할 수 있는 구체적인 기준을 마련해 준다. 이를테면, 선거가 주기적으로 이루어지지 않고 있거나 부정선거 등으로 국민의 뜻을 반영하지 못하는 정치체는 비민주주의 정치체인 것이다.

이러한 슘페터류의 민주주의론에 대항하여 나온 것이 참여민주주의론이다. 슘페터의 이론이 '현실적으로 소수가 지배하는 것'을 민주주의에 포함시켰다는 공헌은 있지만, 이 이론에서는 일반 국민의 역할이 미미할 수밖에 없다. 또한 그의 이론은 일반 국민은 기본적으로 선거에 잘 참여하면, 일단 국민으로서 할 일은 한 셈이 된다. 실제 대중사회가 전개되면서, 많은 사람은 정치(넓은 의미에서 공적인 일)에 그다지 관심을 나타내지 않았고 참여도 저조했다. 이러한 모습은 민주주의의 바람직한 모습이 아니라고 여긴

일군(一群)의 학자들은 참여민주주의라는 새로운 민주주의 이론을 모색하기 시작하였는데, 그들은 원래 민주주의가 추구하려고 했던 이상적인 것을 현실에서도 추구하고자 했다.

이러한 생각은 미국에서는 1960년대의 학생운동, 반전 데모의 소용돌이 속에서 기존의 민주주의에 대한 비판과 함께 일어났는데, 대표적인 이론가들로는 바크라흐(P. Bachrach), 페이트먼(C. Pateman), 맥퍼슨(C. B. MacPherson), 바버(Barber) 등이 있다.[14] 참여민주주의자들은 정부(중앙정부 혹은 지방정부)에서의 결정도 중요하지만 일상생활에서의 결정도 중요하다고 생각한다. 그래서 이들은 정부에 대한 참여뿐 아니라 회사, 학교, 노동조합 등에서의 참여도 중시한다. 그들은 이 조직에서의 결정도 다수에 의해서 내려져야 한다고 주장한다. 참여민주주의자들은 보통 사람의 능력을 믿는다. 그들은 엘리트가 아닌 보통 사람들이 정치에 참여하여 공동체의 일에 관심을 가짐으로써 그들의 능력을 키워 가고 인간으로서 발전해 갈 것이라고 믿는다. 또한, 사회와의 일체감을 가지게 되고 이에 따라 사회적 통합도 더 공고해질 것이라고 믿는다. 참여민주주의자들은 '평등'에 대해서도, 정치적 평등뿐 아니라 사회적 · 경제적 평등까지도 실현되어야 한다고 주장한다.

참여민주주의론의 역사는 19세기의 존 스튜어트 밀, 18세기의 루소로 거슬러 올라가며, 더 나아가 고대 아테네의 민주정치에까지 거슬러 올라갈 수 있다. 최근 논의되고 있는 숙의민주주의(deliberative democracy)도 넓은 의미에서 같은 맥락에 있다고 볼 수 있다. 숙의민주주의에서는 단순히 투표로 결정하기보다 구성원 상호 간의 대화, 토의(discussion), 토론(debate)을 중요시한다. 여기에서는 '숙의(deliberation)'를 함으로써 보다 더 현명한 집단의사결정을 내릴 수 있다고 본다. 그런데 토론이란 종전의 대의민주주의에서도 중요시되었으며, 그렇다면 숙의민주주의론이 별 새로운 이야기도 아닌 것 같다는 생각이 들 수도 있다. 그러나 숙의민주주의에서는 대표자(엘리트)에 의한 의회토론도 중요하다고 생각하지만 그보다 일반인들이 중요 정책에 대해 토론하는 것이 중요하다고 생각하는 점이 특징이다. 그 구체적인 제도 중의 하나로 전 국민이 토론을 하는 '토론의 날'을 가질 것을 주장하기도 한다.

참여민주주의론은 민주주의의 이상적인 모습을 그려 내고 있기는 하지만, 문제점이 없는 것은 아니다. 여기에는 '과잉 정치화' 현상이 초래될 수 있다. 사람들이 '과잉적으로' 정치에 참여할 때, 그곳에서는 대립과 반목이 심해지는 현상도 있게 된다. 정치라고 하는 것이 희소자원을 어떻게 배분할 것인가를 놓고 구성원들이 밀고 당기고 하는 성격이 강한데, 그것이 더 치열해질 수 있다는 우려다.

지금까지 대의민주주의(슘페터주의)와 그것을 비판하고 나온 참여민주주의의 차이에 대해서 살펴보았는데 그렇다고 양자가 완전히 다른 것은 아니다. 대의민주주의론이라고 해서 참여를 전적으로 배제하는 것은 아니며, 참여민주주의론 역시 복잡하고 거대화된 오늘날 '말 그대로' 모든 국민이 모든 일에 참여해서 정책 결정이 이루어져야 한다고 주장하는 것은 아닐 것이다. 그것은 정도의 차이라고 할 수 있다.

(2) 달

이제 마지막으로 현대 민주주의이론의 대가(大家)인 로버트 달(Robert Dahl 1915~)의 이론을 살펴봄으로써 마무리하고자 한다. 미국의 달도 기본적으로 민주정치를 현실을 감안하여 정의하고자 한다. 그는 이상으로서의 민주정치와 현실로서의 민주정치를 구분하며, 이상(理想)적인 모습으로서의 민주정치는 현실세계에는 존재하지 않는다고 보았다. 그렇다고 현재의 미국, 영국, 프랑스, 독일과 같은 민주주의 정체(政體)와 후진국의 비민주주의 정체가 똑같이 '민주정체가 아닌 것'으로 취급받을 수는 없다고 보았다. 그래서 그는 이상적인 모습으로서의 민주국가와 현실적 모습으로서의 민주주의 국가를 구분하고, 후자를 '다두정(多頭政, polyarchy, 폴리아키)'이라는 새로운 용어로 부를 것을 제안한다.[15] 그러면서 한 정치체를 '다두정'이라고 부를 수 있으려면, 다음 7가지 요건을 갖추고 있어야 한다고 지적한다.

① 선출된 공직자
② 자유롭고 공정한 선거가 있을 것
③ 사실상 모든 성인에게 선거권이 부여될 것
④ 거의 모든 성인에게 피선거권이 부여될 것
⑤ 표현의 자유가 보장될 것. 정부, 지배적인 이데올로기에 대한 비판을 포함하여 모든 공적인 일에 대하여, 국민들은 처벌에 대한 두려움 없이 자신의 견해를 표명할 수 있을 것
⑥ 국민 각 개인은 여러 정보원(情報源)에서 정보를 찾을 수 있고, 이것을 법에 의해 보호받을 것
⑦ 결사의 자유가 있을 것. 국민 각 개인은 자신의 권리를 실현하기 위하여 정당, 이익단체 등 각종 결사체를 자유롭게 조직할 수 있을 것

그렇다면 구체적으로 달의 7가지 기준을 충족시키는 다두정(폴리아키)은 어떠한 나라들일까? 달은 세계 역사에서 민주화가 진행된 시기를 세 시기로 보았다. 첫째 시기는 미국 독립과 프랑스대혁명 때부터 제1차 세계대전이 끝난 후까지인 1930년까지이며(18세기 중 · 후반~1930), 둘째 시기는 제2차 세계대전 후의 시기로 1950년대이며, 셋째 시기는 1980년대다. 달은 제1차 시기의 민주국가(폴리아키)의 수는 18개국이라고 하는데, 그 대부분

〈표 3-4〉 역사상 세 차례의 민주화 물결

작 용	반작용
제1의 장기 물결(1826~1926) 〈제1차 세계대전 시기까지〉	—
—	제1차 역행기(1922~1942) 빈반동체제, 파시즘
제2의 단기 물결(1943~1962) 〈제2차 세계대전 이후〉	—
—	제2차 역행기(1958~1975) 각종 군사 쿠데타
제3의 물결(1974~) 〈1970년대 이후〉	—

은 유럽과 북아메리카, 그리고 오세아니아 국가들이다. 제2차 시기에는 36~40개국으로 늘어나며, 제3차 시기에는 약 50개국으로 늘어난다.[16)]

그런데 세계 역사상 민주화의 물결은 일직선으로 진행된 것이 아니라 작용과 반작용의 지그재그로 변화해 왔다고 볼 수 있는데, 〈표 3-4〉는 우리나라 학자가 표로 제시한 것이다.[17)]

3. 민주주의의 개념 및 가치

1) 민주주의의 개념

지금까지 필자는 '민주주의' 혹은 '민주정'이라는 말을 써 왔는데, 민주주의가 무엇이라고 딱 부러지게 정의하지는 않았다. '민주주의(democracy)'라는 말은 2500여 년 전에 처음으로 출현하여 오랫동안 별다른 주목을 받지 못하다가, 18세기 말부터 논의되기 시작하여 19세기에는 그 찬반을 둘러싸고 치열한 논쟁이 있었다. 일반적으로 제1차 세계대전 이후(1920년경)부터 '민주주의'라는 말은 '좋은 정치' '바람직한 정치 형태'라는 뜻으로 널리 쓰이게 되지만, 그 후 시기인 1930년대에도 나치즘은 민주주의를 타파해야 할 대상으로 규정하였다. 공산주의 국가나 민주주의를 전혀 실시하지 않은 국가들을 포함하는 모든 정치체에서 '민주주의'를 바람직한 정치체로 내세우게 된 것은 제2차 세계대전 이후다. 그런데 이렇게 '민주주의'가 '바람직한 정치체'를 가리키는 말로 인정되자, 이번에는 모든 정치체들이 자신의 정치체는 민주주의 정치체라고 주장하는 바람에—적어도 주장상(主張上)으로는—지구상의 정치체 중 민주주의 정치체가 아닌 것이 없게 되고 말았다. 그래서 구미 학자들은 '데모크라시'라는 용어는 이제 너도 나도 아무 정치체에나 가져다 붙이는 의미 없는 명칭이 되고 말았다고 한탄하고 있다.[18)]

'민주주의'라는 말이 처음 나왔을 때의 의미를 생각해 보면, 그것은 '인민에 의한 지배(demos+kratia)'였다. 그것은 '군주정' '귀족정'과 같은 정부형태의 하나를 가리켰으며, '다수'가 지배하는 것을 의미하였다. 여기서 주의할 점은 '민주주의'라는 용어가 가리키는 것은 사회생활 전반에 걸치는 어떤 원리를 가리키는 말이 아니라 정부형태를 가리키는 말이었으며, 그 정부형태도 이상적(理想的)인 그래서 현실에는 존재하지 않는 정부형태를 가리키는 것이 아니라 현실('고대 아테네')에서 실행되고 있는 정부형태를 가리켰다는 점이다. 이러한 의미의 '민주주의'라는 뜻은 오랫동안 사용되었다.

오늘날 우리가 사용하고 있는 '자유민주주의'란 용어는 앞에서 말한 '민주주의'에 '자유'가 덧붙여진 말이다. 여기서의 '자유'는 자유주의에서 온 것인데, 자유주의(liberalism)란 개인의 자유와 권리를 중요시하는 사상으로, 정치학 영역에서는 로크 · 밀 등이 그리고 경제학 영역에서는 애덤 스미스(Adam Smith) 등이 주장하였다. 자유주의에서는 개인의 자유를 최대한 보장하는 것을 목표로 삼기 때문에 '민주주의'와는 서로 상충될 때도 있다. 예를 들어, 민주주의는 '다수'의 뜻에 따라 주요 사항이 결정되기 때문에 경우에 따라서는 '소수'에 속하는 사람의 권리가 침해받을 수 있다. 그래서 자유주의에서는 정부의 권한이 커지는 것을 막기 위해 여러 가지 장치를 하는데 여기에는 입헌주의, 권력분립 등의 제도가 있다. 역사적으로는 주로 19세기에, 종전의 민주주의 개념에 자유주의 개념이 결합되어 가는 양상을 보인다. 이렇게 볼 때, 자유민주주의란 ① 개인의 기본권을 중요시하면서, ② 다수가 지배하는 정부형태라고 말할 수 있다.

민주주의가 아닌 정부형태로는 고대 페르시아와 같이 전제군주 국가를 들 수 있다. 자유주의 혹은 민주주의를 주장하는 사람들이 대항해서 싸웠던 절대주의 국가가 민주주의 국가가 아니었음은 말할 것도 없다. 16세기 종교개혁가 프로테스탄티스트 칼뱅(J. Calvin)이 통치했던 스위스 제네바(Geneva)에서의 엄격한 신정(theocracy, 神政)도 민주주의 정치가 아니었다. 프랑스의 공포정치 체제는 자유민주주의 체제가 나타나기 이전의 의미에서의 '민주주의' 정부였다고는 할 수 있겠으나 자유민주주의 정부였다고는 할 수 없다(전체주의적 민주주의, totalitarian democracy). 20세기에 들어와서 살펴보면, 이탈리아의 파시즘, 독일의 나치즘, 일본의 군국주의는 민주주의가 아니었다. 파시즘 국가들은 그들이 스스로 민주주의를 비판하고 공격했기 때문에, 이들 체제를 민주주의 국가가 아니라고 하는 데 별 어려움이 없다. 그런데 구소련과 동부 유럽의 공산국가들은 자신들의 체제가 민주주의라고 주장하였기 때문에 다소 복잡하지만, 그 국가들 역시 자유민주주의 국가가 아니었고 실상은 전체주의 국가였다. 소련의 스탈린(Stalin) 통치(1929~1953)하에서, 약 2,000만 명의 사람들이 강제노동수용소에서 죽었거나 처형되었으며, 국영농장에서 기근으로 인해 사망하였다.[19] 1989년 구 공산권의 국민들 스스로가 그 정부체제를 무너뜨리고 정치체제를 바꾸었다. 이에 미국인 후쿠야마(Fukuyama)는 마르크스주의가 그 종말을 고하고 자유민주주의가 최종적 승리를 거두었다는 의미에서 『역사의 종언』이라고 하였다.

현재 지구상에 있는 정치체를 살펴보면, 민주화 이행기 이전에 피노체트(Pinochet)가 지배했던 칠레와 같은 형태의 군사정부(軍事政府, junta)는 민주주의 정치체가 아니다. 제2차 세계대전 후 독립하였으나 권위주의적인 통치가 이루어졌던 체제(authoritarian regime)도 민주국가가 아니다. 비록 선거를 통해 '정부'가 구성되기는 하나 신의 율법에 따라 정치가 이루어지고 있으며, 국민의 권리가 보장되지 않는 나라(神政國家, theocracy)나, 지금도 왕이 절대적인 권한을 행사하는 국가도 민주국가가 아니다. 그러나 민주화의 '제3의 물결'을 탄 동남아시아, 동아시아, 라틴아메리카의 많은 나라들은 일단 종전의 권위주의 체제로부터 벗어나 폴리아키(현실의 민주주의 국가)로 진입했다는 평가를 받는다.

한 폴리아키 내에서 민주정치가 이루어지는 과정은 다원민주주의론(pluralist democracy)으로 설명할 수 있다. 한 정치체 내의 여러 구성원은 각기 이해관계나 사고방식 등에 있어서 서로 다르며, 그들은 각기 자신들의 주장을 정치에 반영시키려 한다. 모든 조직이 거대화된 현대사회에서 사람들은 개별적으로 행동하는 것이 아니라, 서로 뜻을 같이하는 사람들끼리 결사체(단체)를 만들어 자신들의 의사를 정치에 반영시키려고 한다. 그리하여 자유주의 사회에서 어떤 결정이 내려지는 과정을 보면, 여러 결사체들이 서로 경합을 하면서 이루어진다. 개인들은 결사체를 통하여 그들의 의견을 정치에 반영시키고 있는 것이며, 그런 의미에서 그것은 민주주의다. 또한 각 개인들은 하나의 결사체에만 속하는 것이 아니라 여러 결사체에 중복되어 가입하고 있으므로 어떤 결사체도 독점적 권력을 가지고 있다고 말할 수 없다. 권력이 사회구성원 여러 사람 혹은 여러 부문에 분산되어 있는 것이다. 그런 의미에서도 그것은 민주주의다. 달이 뉴헤이븐 시에서의 결정이 내려지는 과정에 대한 실증 조사를 통해 이것을 밝혀냈다는 것에 대해서는 앞에서도 언급하였다.

2) 민주주의의 가치

자유민주주의의 근본정신은 인간존중이며, 자유와 평등을 그 기본가치로 하고 있다. 다음에는 이에 대하여 언급하고자 한다.

(1) 자유

우리가 일상생활에서 "나는 자유롭다(free)." 고 할 때, 그것은 "내가 원하는 대로 할 수 있다."는 것을 의미한다. 내가 놀고 싶으면 놀 수 있고, 공부하고 싶으면 공부할 수 있을 때 나는 '자유롭다' 고 말할 수 있다. 이렇게 각자가 각자의 뜻(意志)대로 행동할 수 있는 상태를 '자유롭다' 고 말하며, 각자의 뜻대로 행동하는 것이 자유다. 일상생활의 차원을 넘어선 좀 더 거시적인 측면에서 살펴보면, 내가 남의 간섭을 받지 아니하고 나의 정치적 견해를 나타낼 수 있으면, 나는 자유로운 것이고(정치적 자유, political liberty), 내가 남의 간섭을 받지 아니하고 내 재산을 가지고 원하는 경제적 활동을 하여 돈을 벌 수 있으면 나는 자유로운 것이며(경제적 자유), 내가 남의 간섭을 받지 아니하고 나의 창의성을 발휘하여 예술작품을 만들 수 있다면 나는 자유로운 것이다(문화적 자유). 지금까지 든 사례를 보면, 모두 내가 내 뜻대로 하는 것을 못하게 방해하는 것이 없다. 다시 말하면, 나의 외부에서 나를 속박하는 것이 없다. 이런 의미에서 17세기 영국의 정치철학자 홉스는 자유를 '외적(外的) 속박의 부재(不在)' 상태라고 하였다.

이렇게 '남의 간섭을 받지 아니하고' '내 뜻대로' 행동하는 것이 '자유'

인데, 내가 내 뜻대로 행동할 수 없게 만드는 것이 있을 때가 있다. 어떤 학생이 어떤 과목의 강의 시간에 그 시간의 학업이 아닌 다른 것을 하려고 하자 교수가 눈총을 주어 그것을 못하게 하면, 그 학생은 자유가 없는 것이다. 어떤 사람이 자기가 원하는 것을 하려고 하는 데에 방해를 하는 대상으로는, 교사 · 부모 · 어른 혹은 선배 등이 있을 수 있다. 이 밖에도 종교나 전통, '동시대의 여러 사람의 생각'도 개인 자유에 대한 간섭물이 될 수 있다. 그런데 한 개인이 그 사람의 뜻대로 행동하는 것을 못하게 하는 것 중 가장 강력한 것은 '국가권력'이다. '국가권력'은 경우에 따라서는 물리력까지 사용하여 어떤 사람의 행동을 제지한다. 심지어 사람을 잡아 가둘 수도 있다. 자유민주주의에서는 각 개인의 자유를 보장하는 것을 중요시한다. 그래서 자유민주주의 사상에서는 개인의 자유를 억압할 가능성이 큰 국가권력을 제한하려 한다(제한국가론).

그러나 '자유'라는 것이 각 개인이 자신의 뜻대로 행동하는 것을 의미한다고 해서, 각 개인이 '무한정' 자신의 뜻대로 할 수 있는 것은 아니다. 아파트의 경우 한 집에서 그 집 사람들의 뜻대로 큰 소리로 음악을 즐긴다고 할 때, 그것은 아랫집 사람들에게 안면(安眠)을 방해하는 것이 될 수 있다. 어떤 집단이 정치적 의사를 표현한다고 할 때, 거리에서 불법적 폭력을 사용한다면 다른 사람들에게 피해를 줄 수도 있다. 그러한 행동은 '사유'가 아니라 '방종'(放縱, licence)이 된다. 그렇다면 '자유'와 '방종'의 구분점은 어디일까? 어느 선까지 행동하면 '자유'가 되고, 어느 선을 넘었을 때 '방종'이 될까? 한 사회에서 자유의 한계를 정하는 것은 구성원들 사이의 약속인 법(rule)이다.

한편, 고대 아테네에서의 '자유'란 지금까지 말한 의미에서의 자유와는 그 의미가 약간 달랐다. 그곳에서의 자유는 '개인적 자유'를 가리키는 것이 아니라, 사람들이 정치공동체를 형성하고, 그 의사결정에 참여하며 그 결정에 따르는 것, 즉 자치(自治, self-rule)를 의미하였다. 아테네의 자유민은 페르시아와 같은 전제국가의 백성들과는 달랐다. 페르시아의 백성들은 오로지 왕이 지시하는 대로만 움직이기 때문에 '자유'가 없었다. 그에 비해서 자유민으로 구성된 그리스군은 스스로 세운 국가의 법에 따라 정치공동체를 방어하기 위하여 스스로 전쟁에 참여했기 때문에 '자유'가 있는 사람이었다. 고대 아테네에서의 '자유'란 공동체를 형성하고 그것에 참여하는 것을 의미하였기 때문에 당시에는 공동체에 참여하지 않고 자신의 일에만 몰두하는 사람을 '백치'라고까지 불러 경멸하였다. 이러한 의미의 '자유'를 18세기 프랑스의 자유주의 정치학자 콩스탕(Constant)은 '고대인의 자유'라고 하여 '현대인의 자유'와 구분하여 부르기도 하였다(〈표 3-5〉 참조). 그가 말하는 '고대인의 자유'는 고대 아테네인의 자유, 즉 공동체에의 참여를 의미하고, '현대인의 자유'란 개인생활을 영위할 수 있는 자유를 의미하였다.

루소도 '고대인의 자유'와 비슷한 개념으로 자유를 이해하였다. 루소의 '자유' 개념을 쉽게 설명하면 다음과 같다. 구성원의 수가 9명인 한 단체(집단)가 있다고 하자. 이 9명이 모두 참여하여 어떤 일을 결정하였다고 하면, 그 9명은 자신들이 참여하여 남으로부터 간섭을 받지 아니하고 어떤 일을 결정하였으므로 그들은 '자유로운' 것이다. 여기에서는 '각 개인이 하고 싶은 대로 하는 것'이 '자유'가 아니라, '그 결정(법)에 따르는 것'이 '자유'가 된다.

루소의 '자유'와 비슷한 뜻의 '자유' 개념이 '적극적 자유'다. 자유주의에서는 각 개인이 가능한 한 자신의 뜻대로 행동할 수 있도록 허용하자고 하였는데, 이렇게 자유를 많이 허용한 결과 사람들 간의 차이가 많이 벌어지는 문제점이 나타났다. 어떤 색의 옷을 사든 그것은 옷을 사는 사람의 마음이며 그가 원하는 옷을 사는 것이 그 사람의 '자유'라고 하지만, 애초부터 돈이 없는 사람은 옷을 살 '자유'가 없다. 각자에게 최대한의 자유를 보장해 준 결과, 능력이 있는 사람은 점점 더 많은 것을 가지게 되어, 무엇을 할 수 있는 '자유'가 많아졌지만, 능력이 떨어지는 사람은 점점 더 못 가지게 되어 무엇을 할 수 있는 '자유'가 없게 되었던 것이다. 그래서 사람들이 각자가 원하는 대로 행동하도록 놓아 두는 것만을 '자유'라고 생각하지 말고, 그 사람이 무엇을 할 수 있도록 만들어 주자는 주장이 나타나게 되었다. 전자(前者)를 소극적 자유(negative freedom)라 하고, 후자를 적극적 자유(positive freedom)라고 한다. 그런데 '소극적 자유'와 달리 '적극적 자유'를 보장하기 위해서는 '국가권력'이 커지는 경향이 있고 개인의 자유에 간섭을 가하는 경향이 있다.

〈표 3-5〉 자유에 대한 구분

콩스탕의 구분	현대인의 자유	고대인의 자유
벌린의 구분	소극적 자유	적극적 자유
강조 시기	17, 18세기	19세기 중반 이후~20세기 초

대체로 18세기의 근대 민주주의에서의 '자유'란 주로 '소극적 자유'를 가리켰으나, 19세기 중후반 이후에는 '적극적 자유'도 주장되었다. 그러나 자유민주주의 사회에서는 어디까지나 소극적 자유가 주(主)가 된다. 각자가 외부로부터의 간섭을 받지 아니하고 자기 뜻대로 행동할 수 있다는 의미에서의 자유가 기본이 된다는 것이다.

(2) 평등

평등은 영어로 '이퀄리티(equality)'라고 하는데, 이 '이퀄리티'는 '이퀄(equeal)'의 명사형으로, '이퀄'은 '같다'는 뜻이다. 우리는 모두 인간으로서 같은 종(種)에 속해 있고 그런 의미에서 우리 모두는 '같다', 즉 평등하다. 인간은 미국독립선언서와 프랑스 인권선언에서 선언되었듯이 '태어나면서부터 평등'하다. 그러므로 우리 모두는 동등하게 대우받아야 한다. 인종이나 남녀나 그 재능에 상관없이 동등한 대우를 받아야 한다. 평등은 모든 인간이 인간이기 때문에 동등한 대우를 받아야 하는 원리를 말한다.

그런데 이 '동등 대우'의 원리에서는 모든 사람이 일률적으로 똑같아야 한다는 것을 의미하지는 않는다. 교실수업에서 교수가 학생을 대할 때, 모든 학생을 동등하게 대하여야 한다는 말이 곧 모든 학생에게 똑같은 등급의 학점을 주어야 한다는 것을 의미하지는 않는다. 그것은 모든 학생에 대한 대우를 똑같이 한다는 것이지, 똑같게 만들겠다는 것을 의미하지는 않는다. 그래서 이것을 그 '실질'에 상관없이 '똑같이 대우한다'는 의미에서 형식적 평등(formal equality)이라고 한다. 그에 비하여, 그 '실질'과 '결과'까지도 같게 하려는 것을 결과의 평등(equality of out put)이라고 한다. 여러 가지 경우가 있으나, 자유민주주의 이론에서는 '결과의 평등'이 아닌 '동등한 대우'를 기본원칙으로 한다. 그것은 '결과의 평등'을 가져오려고 하다 보면, 개인의 지유를 희생하는 수가 있기 때문이다.

평등 개념은 그 영역에 따라 정치적 평등과 경제 · 사회적 평등으로 나눌 수 있다(〈표 3-6〉 참조). 어떤 집단에서 그 구성원들이 집단의사를 결정할 때, 각 구성원들은 똑같은 결정권을 가져야 할 것이다. 그러므로 민주주의 사회에서는 모든 개인에게 1표씩 주는 보통선거제를 실시한다(정치적 평등). 정치적 평등만으로는 부족하다고 생각하는 사람들은 형식적으로 1인 1표제를 실시하였다고 해서 모든 사람이 실질적으로 동등한 영향력을 행사했다고는 볼 수 없다면서 사람들 사이의 경제적 격차가 가능한 한 없어져야 한다고 주장한다. 그러나 이 주장은 앞의 '결과의 평등론'과 같이 개인의 자유를 침해할 수 있다. 그래서 자유민주주의론에서는 경제적 평등도

〈표 3-6〉 평등에 대한 구분

성격에 따라	형식적 평등(동등 대우)	결과의 평등
영역에 따라	정치적 평등	경제 · 사회적 평등

추구하려고 하지만, 그보다는 정치적 평등에 더 무게를 둔다.

자유와 평등은 민주주의의 양대 가치이지만, 양자 간의 관계가 문제가 된다. 우리가 각자 자기가 하고 싶은 대로 하면, 각 개인의 능력에 따라 차이가 많이 날 수 있다. 그렇다고 모든 사람에게 '똑같은 결과'를 가져오게 하려면, 필연적으로 개인의 자유가 침해받기 쉽다. 거시적(사회적) 차원에서는 각 개인이 자유롭게 활동할 수 있도록 보장해 주고, 각자가 어떻게 하든 간섭하지 않는 정책을 취해 보기도 했다(자유방임주의, laissez-faire). 그랬더니, 각 개인 간의 격차, 특히 경제적 격차가 많이 벌어지는 문제점이 나타났다. 그래서 경제적 격차를 줄이기 위한 다시 말하면 '평등'을 강조하는 여러 정책을 사용해 보았는데(과도한 복지국가론), 그것은 그것대로 문제점을 가져와 재정의 악화, 국가권력의 비대화, 개인적 자유에 대한 국가 간섭의 증대 등이 나타났다. 이 양자는 어느 하나만 강조할 것이 아니라 상호 조화를 이루어야 하는 성질의 것이다.

(3) 민주주의의 딜레마 및 조화

마지막으로 시민교육(Education for Democratic Citizenship)에서 나타나는 딜레마에 대하여 언급해 보고자 한다. 입헌민주주의(자유민주주의)는 때로는 서로 충돌할 수도 있는 대립 가치로 이루어져 있다. 앞에서도 언급하였듯이 '자유'와 '평등'은 민주주의의 근간이 되는 이념에 해당하지만, 경우에 따라서는 양자가 충돌할 수도 있다. 제1장에서 필자가 소개한 패트릭(J. Patrick)은 민주주의의 딜레마로 다음 세 가지(①~③)를 제시하였는데[20], 필자는 여기에 한 가지(④)를 더하여 네 가지를 제시하고자 한다.

① 다수결(다수에 의한 지배) 대 소수자 보호
② 자유 대 평등
③ 자유 대 질서
④ 개인의 이익 대 공동선

첫 번째 딜레마를 보면, 한 집단에서 어떤 결정을 내릴 때—각자가 자신의 의견을 자유롭게 말하고, 또 말할 기회가 평등하게 주어졌다는 전제하에서—만일 전(全) 구성원들의 의견이 일치한다면 그것은 가장 바람직한 상태다. 이러한 상황은 어떤 개인도 자신의 자유나 평등을 훼손당하지 않았다고 볼 수 있다. 그런데 집단 구성원의 숫자가 많아지면, 만장일치(滿場一致)를 보기가 어렵다. 만장일치를 보지 못할 경우, 우리는 어떤 결정을 내리기 위해서 차선책으로 다수결이라는 방법을 쓴다. '다수결'을 택하는 이유는 각자는 '평등'하다고 생각하기 때문이다. 만약 어떤 사람의 의견의 값어치가 다른 사람의 의견의 값어치보다 더 많다면, 우리는 다수결 원칙을 택할 수 없을 것이다. 모든 사람의 의견의 값어치가 각각 같다고 가정하기 때문에 다수결 원칙에 따르게 된다. 그런데 우리가 다수결 원칙을 택하게 되면, 그곳에서는 필연적으로 자신의 뜻대로 하지 못하는 사람, 즉 자유를 침해당하는 소수가 나오게 된다. 그래서 다수결 원칙에는 소수의 권리가 침해될 가능성이 따른다. 미국 헌법 제정 시, 헌법을 기초했던 사람들이 우려했던 것이 바로 그것이었다.

그렇다고 소수의 의견대로 모든 일을 결정한다면, 그것은 소수자에게 특권을 주는 결과가 된다. 소수자는 사사건건 반대를 일삼으면서, 한 집단이 어떤 결정을 내리는 것을 방해할 수도 있다. 그렇게 되면 다수결의 원칙이 아니라 '소수결의 원칙'이 되고 말 수도 있다. 이 문제에 대한 하나의 해결책은 '토론'을 통해 다수자의 의견과 소수자의 의견의 차이를 최대한 좁히는 것이다. 여기에는 민주주의에서의 '토론'이 중요한 자리를 차지한다. 무슨 일이든지 다수의 힘만 믿고 무리하게 일을 처리하거나 소수가 반대만을 일삼기보다는 양자가 '토론'을 통하여 의견의 간격을 좁혀 가는 것이 필요하다. 물론 최종적으로는 소수의 권리를 '결정적으로 침해하는 일'은 일어나지 않도록 하면서 다수결 방식에 의하여 결정되는 것이 바람직할 것이다. 그러나 이는 말처럼 쉬운 것은 아니다. 그래서 민주주의에서는 이 양자를 어떤 상황에서 어떻게 조정할 것인가 하는 딜레마에 놓인다.

두 번째 딜레마인 '자유 대 평등'의 딜레마는 앞에서도 언급하였다. 유럽과 미국의 경우, 역사적으로는 17, 18세기에는 '자유'가 더 중요시되었고, 19세기 말에서 20세기 이후에는 '평등'이 더 중요시되는 시대적 분위기였으나, 20세기 후반에 들어와서는 다시 '자유'의 중요성이 부각되고 있다. 우리나라의 경우 1987년 민주화 이후의 경향을 보면, 일률적으로 말하기는 어렵지만 일반 사람들의 의식을 기준으로 하여 볼 때, '평등'이 더 부각되고 있다고 생각된다. 이것은 토크빌이 말하였듯이, '민주화'의 결과라고도 볼 수 있다. 그러나 지나친 평등화의 추구는 각 개인의 개성을 무시하고 획일화하는 부작용이 따른다. 평등 정책의 추구는 국가 재정을 어렵게 하는 측면도 있다. 우리나라 헌법상의 구조에서 보면(제4장 참조), 자유권 조항은 자유를 중요시하는 입장에서 나온 권리인 데 비하여, 생존권은 평등을 중요시하는 입장에서 나온 권리다. 따라서 양자의 대립을 '자유권 대 생존권'이라고 표현할 수도 있다.

세 번째 딜레마는 '자유 대 질서'인데, 자유민주주의는 무엇보다 '자유'를 중요시하는 정치사상임에는 틀림없다. 우리나라의 경우 '자유'가 심하게 억압된 사회 상태인 '유신헌법' 체제는 결코 민주주의였다고 할 수 없다. 뿐만 아니라 각 개인이 너무 자유롭게 행동하여, 즉 방종하여 사회질서가 무너진다면 그것 또한 민주주의라고 할 수 없다. 우리나라의 경우 논자에 따라 입장이 달라지겠지만, 4·19 혁명 이후 제2공화국에서의 사회 상태는 '자유'는 많았으나 '질서'는 확립되지 않았던 상태였다고 말할 수 있다. 미국 역사에서 본다면 미국의 독립 직후에는 영국의 압제에 대한 반발로 국민들이 '자유'만을 외쳤다고 볼 수 있으나 그런 상태가 10여 년간 계속되자 '질서'도 필요하다는 쪽으로 방향을 틀어 좀 더 강한 정부, 즉 연방정부의 수립으로 귀결되었다고 볼 수 있다.

'자유 대 질서'는 '개인 대 국가 권력'의 관계인데, 국가권력이 너무 강하면 '질서'는 유지될지 모르지만, 개인의 자유가 보장되지 않을 수 있으며, 그 반대로 너무 약하면 개인의 자유는 보장되는 것처럼 보이지만 사회질서가 무너져 자유 자체가 확보되지 못할 수도 있다. 이 양자 역시 적정한 선에서 조화되어야 하며, 민주시민교육을 할 때 그 '적정한 선'이 어딜지에 대하여 학생들이 지성적(知性的)으로 생각하고 판단할 수 있도록 해야 한다.

네 번째 '개인의 이익 대 공동선' 역시 우리가 직면하는 딜레마다. 원래 자유민주주의는 '개인'에 대한 자각에서 출발한다. '사회'라는 무리 속에 휩쓸려서는 안 되는 존재로서의 개인, 태어나면서부터 권리를 가지고 태어난 존재로서의 개인을 인정하고, 그 개인이 자신의 이익을 위해 활동하는 것을 인정하는 것이 자유민주주의의 출발점이다. 그런데 각자가 자신의 이익만을 추구하다 보면, 공동체의 이익은 설 곳이 없게 된다. 그래서 최근 미국에서는 지나친 자유주의를 경계하면서, 공동체주의(共同體主義)의 주장이 대두되기도 했다.

'개인의 이익 대 공동선'이라는 관점에서, 우리 문화(혹은 사회)를 보면, 우리 문화는 서양사회에 비하여, 전통적으로 공동체를 강조했다고 볼 수 있다. 이것이 일제강점기를 거치면서 근대적 의미에서도 공동체 중심주의로 기울었다고 볼 수 있다. 예를 들어, '멸사봉공(滅私奉公)'과 같은 구호가 있는데, 이는 말 그대로 '사'(개인)는 없고 '공'(공동체)만 있어야 한다는 것이다. 이것은 극단적인 공동체주의라고 할 수 있다. 이것은 '개인'의 말살을 가져올 수 있으며, 자유민주주의의 원리와는 맞지 않는 것이다.

그러나 문제가 간단하지 않은 것이 광복 이후 민주주의를 받아들이는 과정에서, 이번에는 우리 사회에 공동체의 이익은 아랑곳하지 않고 자신의 이익만을 추구하는 풍조도 만연하였다는 점이다. 이는 개인이 자신의 이익을 추구할 수 있는 터전인 공동체를 파괴할 수 있다는 위험성이 있으므로 역시 바람직하지 않다. 이렇게 우리들의 의식은 지나친 공동체주의에서 지나친 개인주의로 그 변화가 심했다고 생각된다. 자유민주주의 사회는 개인의 이익 추구를 인정하는 사회다. 그런데 그 개인의 이익 추구는 공동체가 존재하고 있을 때 비로소 가능하다. 각자가 자신의 이익을 추구하되 공동의 규범을 바탕으로 이루어져야 할 것이다. 이를 '계몽된(enlightened) 자기 이익 추구'라고 표현할 수 있다. 이러한 균형성 위에서 시민교육이 행해져야 할 것이다.

읽어 볼 자료

〈1〉

데이비드 비담, 캐빈 보일/이창호, 윤병순 역(1997). **민주주의를 이해하는 여든 가지 물음**. 서울: 오름.

조용상 편저(2005). **정치학의 이해**(제7장 민주주의와 정치참여). 파주: 법문사.

필립스 쉬블리/김계동 외 역(2010). **정치학 개론**(제7장 민주주의와 정치, 제8장 개인과 국가의 상호관계설정). 서울: 명인문화사.

진영제(2010). **정치학총론**(제7장 민주주의와 정치발전). 서울: 연세대학교출판부.

앤드루 헤이우드/조현수(2005). **정치학**(제4장 민주주의). 서울: 성균관대학교출판부.

윤만재(2006). **토크빌이 들려주는 민주주의 이야기**. 서울: 자음과 모음.
손기화(2009). **홉스 리바이어던(만화)**. 파주: 주니어 김영사.
손영훈(2009). **루소 사회계약론(만화)**. 파주: 주니어 김영사.
이온용(2009). **존 로크 정부론(만화)**. 파주: 주니어 김영사.
홍성자(2009). **존 S. 밀 자유론(만화)**. 파주: 주니어 김영사.

〈2〉
강정인 외 엮음(2007). **서양근대정치사상사**. 서울: 책세상.
(강정인, 알렉시스 드 토크빌).
(김용민, 페더럴리스트-미국 헌법과 새로운 정치학의 탄생).
(문지영, 자유주의의 사상적 토대).
(이종은, J. S. 밀 자유주의자인가 사회주의자인가).
스테파니 슈워츠 드라이버/안효상 역(2005). **세계를 뒤흔든 독립선언서**. 서울: 그린비.

인용 자료

1) 福田歡一(2010, 第一刷는 1977). **近代民主主義とその展望**. 東京: 岩破書店. p. 113.
2) 오영달(2004). "제9장 영국 정치제도 발전의 역사적 배경: 의회 및 정당을 중심으로", 유럽정치연구회 편. **유럽정치**. 서울: 백산서당.
3) 강정인(1997). **민주주의의 이해**. 서울: 문학과지성사. pp. 139-144.
4) 福田歡一(2010). **近代民主主義とその展望**. 東京: 岩波書店. pp. 59-66.
5) 알리스테어 쿠크/윤종혁(1995). **도큐멘타리 미국사**. 서울: 한마음사. pp. 139-144.
6) 福田 歡一(2010). **近代民主主義とその展望**. 東京: 岩波書店. pp. 46-59.
7) 中谷 猛 足立 幸男 編著(1994). **概說 西洋政治思想史**. 京都: ミネルヴァ書房. pp. 99-111.
8) Michael Saward(2003). Democracy. Cambridge: Polity Press. pp. 63-64.

9) 앤드루 헤이우드/이종은, 조현수 역(2004). 현대정치이론. 서울: 까치. pp. 173-174.

10) 藤原 孝(2000). 西歐政治思想史序說. 東京: Sanwa co., Ltd. pp. 102-116.

11) 藤原保信 飯島昇藏(2004). 西洋政治思想史. 東京: 新評論. pp. 33-43.

12) 캐럴 페이트먼(1986). 참여와 민주주의. 부산: 도서출판서당. pp. 39-76.

13) Joseph Hamburger, "Mill, John Stuart", Seymour Martin Lipset, Editor in chief(1995), Democracy. Washington, DC: Congressional Quanterly.

14) Michael Saward(2003). 같은 책. pp. 67-76.

15) 로버트 달/조기제(2004). 민주주의와 그 비판자들. 서울: 문학과지성사. pp. 419-424.

16) 로버트 달/조기제(2004). 같은 책. pp. 437-449.

17) 진영재(2010). 정치학 총론. 서울: 연세대학교출판부. p. 386.

18) Barry Holden(1993). Understanding Liberal Democracy. *Hemel Hempstead: Harvester Wheatsheaf.* pp. 1-4.

19) 로버트 달/김왕식 외(2006). 민주주의. 서울: 동명사. pp. 69-70.

20) John J. Patrick(1998). "Three Universal Problems of Democracy at the Core of Education for Democratic Citizenship"(ERIC ED 425 095).

참고 자료

강정인(1997). 민주주의의 이해. 서울: 문학과지성사.

강정인 외 엮음(2005). 서양근대정치사상사. 서울: 책세상.

김우태 외(2000). 정치학의 이해. 서울: 형설출판사.

데이비드 비덤/변경옥(2007). 민주주의. 서울: 유토피아.

어네스트 바커 외/강정인, 문지영 편역(1995). 로크의 이해. 서울: 문학과지성사.

앤드루 헤이우드/조현수(2005). 정치학. 서울: 성균관대학교출판부.

유홍림(2003). 현대정치사상연구. 고양: 인간사랑.

정경희(2001). 中道의 정치: 미국 헌법제정사. 서울: 서울대학교출판부.

조지 세이빈, 토마스 솔슨/성유보, 참남희 역(2005). 정치사상사 1, 2. 서울: 한길사.

진영재(2010). **정치학총론(제7장)**. 서울: 연세대학교출판부.

최한수(1994). **민주주의와 민주정치**. 서울: 대왕사.

폴슈마커, 드위트 키엘, 토마스 헤일케(2005). **정치사상의 이해**. 서울: 백산서당.

필립스 쉬블리/김계동 외 역(2010). **정치학 개론**. 서울: 명인문화사.

한국정치학회 편(2008). **정치학 이해의 길잡이(정치사상)**. 파주: 법문사.

한국정치연구회 사상 분과 편저(1992a). **현대 민주주의론 Ⅰ**. 서울: 창작과비평사.

한국정치연구회 사상 분과 편저(1992b). **현대 민주주의론 Ⅱ**. 서울: 창작과비평사.

日下 喜一(2006). **現代民主主義論**. 東京: 勁書書房.

Anthony Arblaster/이중호 역(1998). **민주주의의 이념과 역사**. 서울: 신아출판사.

Ball, Terrencee Daggr, Richard(2006). *Political Ideologies and the Democractic Ideals*(6th ed.). New York: Pearson Education Inc.

Michael Saward(2003). *Democracy*. Cambridge: Polity Press.

제 4 장

정부형태론과 입법부의 기능

제 4 장

정부형태론과 입법부의 기능

유구한 역사와 전통에 빛나는 우리 대한국민은 3 · 1 운동으로 건립된 대한민국 임시정부의 법통과 불의에 항거한 4 · 19 민주이념을 계승하고, 조국의 평화적 통일의 사명에 입각하여 정의 · 인도와 동포애로 민족적 단결을 공고히 했다. 모든 사회적 폐습과 불의를 타파하고, 자율과 조화를 바탕으로 자유민주적 기본질서를 더욱 확고히 하여 정치 · 경제 · 사회 · 문화의 모든 영역에 있어서 각인의 기회를 균등히 했다. 능력을 최고도로 발휘하게 하고, 자유와 권리에 따르는 책임과 의무를 완수하게 하며, 안으로는 국민생활의 균등한 향상을 기하고 밖으로는 항구적인 세계평화와 인류공영에 이바지함으로써 우리들과 우리 자손의 안전과 자유와 행복을 영원히 확보할 것을 다짐하였다. 1948년 7월 12에 제정되고 8차에 걸쳐 개정된 헌법을 이제 국회의 의결을 거쳐 국민투표에 의하여 개정한다.

앞의 내용은 우리나라 헌법의 전문이다. 헌법은 우리나라의 최고법으로서 앞 장에서 논한 자유민주주의가 구체적으로 구현된 문서라고 할 수 있다. 우리는 초등사회과를 가르쳐야 할 사람으로서, 자유민주주의의 기본이론도 알아야 하지만, 그것이 우리나라에서 구체적으로 어떻게 구현되고 적용되는지에 대해서도 기본적인 사항을 알고 있어야 할 것이다. 제4장에서는 광복 후의 정치사, 정부형태론과 국회의 기능에 대해서 설명할 것이다.

1. 우리나라 통치구조의 기초

1) 헌법 개정과 우리나라 정치사

1945년 8월 15일, 제2차 세계대전에서 연합국이 승리함으로써 우리나라는 일제(日帝)의 압제에서 벗어났다. 그러나 북위 38도선을 경계로 이남에는 미군이 주둔하고, 이북에는 소련군이 주둔함으로써, 남북은 분단이 되었다. 광복이 되던 그해(1945) 12월 미영소(美英蘇) 3국 외무장관은 모스크바에서 회담을 열고, 한반도를 5년간 신탁통치하기로 결정하였다. 이에 남한의 민족주의 진영은 총궐기하여 반탁운동(反託運動)을 벌였다. 미국과 소련은 신탁통치와 그에 따른 임시정부 수립을 협의하기 위하여 1946년과 1947년에 각각 '미 · 소공동위원회'를 열고 협상을 벌였으나 이미 양국 간에는 유럽에서 냉전(冷戰)으로 대결하기 시작하였던 터라, 협상은 결렬되었다. 미국은 정부 수립 문제를 유엔에 상정한 바, 유엔은 유엔 감시하의 총선거를 결정하였다. 그러나 소련은 유엔 한국임시위원단의 입국을 거부하였다. 이에 유엔소총회는 1948년 2월, 선거가 가능한 지역만이라도 선거를 실시하라는 결의안을 채택하였다.

이에 따라 1948년 5월 10일 남한에서는 유엔의 감시하에 역사상 처음으로 국민의 선거로 대표(국회의원)를 선출하여 제헌국회를 구성하였다. 제헌국회는 그해 7월 17일 대한민국의 첫 헌법을 공포하였고(制憲節), 대통령에 이승만을 선출하여, 동년 8월 15일 대한민국 정부가 수립되었다. 이로써 우리는 광복된 지 3년 만에 독립정부 수립을 선포한 것이다.

그러나 우리나라의 정치사는 험난하였다. 그것은 불과 60여 년 사이에 국가의 기본법인 헌법을 아홉 차례나 개정한 데서 잘 나타나고 있다. 앞 장에서 필자는 프랑스의 정치가 불안정했다고 말한 바 있는데, 우리의 경우도 험난한 여정을 거쳐 왔다(〈표 4-1〉 참조).

우리나라 헌법 개정의 역사를 보면, 한 개인의 장기집권(長期執權)이 주요 목적이었던 경우가 많다. 〈표 4-1〉을 보면, 제1공화국에서 두 번 헌법이 개정되었는데, 모두 당시 대통령의 당선 가능성을 확실히 하거나 집권을 연장하는 것과 관련이 있었다. 제1차 개헌(1952)은 헌법이 제정된 지 4년

〈표 4-1〉 우리 헌법의 개정사

차 수	시 기	주요 특징
제헌	1048. 7. 17.	대통령제, 제1공하국
제1차 개헌	1952. 7. 4.	발췌개헌(대통령 직선제)
제2차 개헌	1954. 11. 27.	사사오입 개헌(대통령 중임제한 철폐)
제3차 개헌	1960. 6. 15.	4·19 학생혁명, 제2공화국, 의원내각제
제4차 개헌	1960. 11. 26.	소급입법(반민주행위자 처벌)
제5차 개헌	1962. 12. 26.	5·16 군사 쿠데타, 제3공화국, 대통령제
제6차 개헌	1969. 10. 17.	3선 개헌
제7차 개헌	1972. 12. 27.	유신헌법, 제4공화국
제8차 개헌	1980. 10. 22.	5·18 민주화운동, 제5공화국 출범
제9차 개헌	1987. 10. 27.	6·10 민주항쟁, 대통령 직선제, 제6공화국 출범

이 지난 때로, 개정의 주요 내용은 '대통령 직선제'였다. 제헌헌법에 의하면, 대통령은 국회에서 간접선거로 선출하도록 되어 있었다. 초대 대통령 이승만(李承晩)은 제헌국회에서 압도적 다수로 당선되었으나, 점차 국회의 다수당과 사이가 벌어져, 제2대 대통령 선거에서는 당선을 장담하기 어려웠다. 이에 대통령을 국민이 직접 선출하는 것이 민주주의 원리에 더 맞다는 주장을 내세워 헌법 개정을 단행하였다. 그런데 당시에 야당도 내각책임제 헌법 개정안을 제출해 놓고 있었는데 통과된 안은 양측의 안에서 적절히 발췌(拔萃)하여 만든 것이었기 때문에, 이것을 통칭(通稱) '발췌개헌'이라고 부른다. 이때는 6 · 25 동란 중인 시기로 정부는 부산으로 피난을 가 있었는데, 당시 정부는 계엄령을 선포하고 병력을 동원하여 국회를 포위한 상태에서 기립(起立) 방식으로 개헌안을 통과시켰다(한편, 야당 의원들은 등원을 거부하고 있었다).

제2차 개헌(1954) 역시 제1공화국 시기에 이루어졌다. 제2차 개헌의 주요 내용은 '초대 대통령'에 한하여 대통령 중임조항(重任條項)을 철폐하는 것이었다. 대통령제를 최초로 만들어 낸 나라는 미국인데 미국의 초대 대통령이었던 워싱턴(G. Washington)은 두 번 임기까지만 하고 물러났기 때문에, 이후 대통령 중심제에서는 이것이 하나의 규범으로 되어 있었다. 우리나라도 이 규범에 따라 제헌헌법에서 대통령은 두 번까지만 할 수 있다고 규정하고 있었던 것이다. 이것을 '초대 대통령에 한하여' 적용하지 않는다고 한 것이다. 제2차 개헌은 그 내용도 문제였지만 그 절차도 문제였다. 즉, 의결정족수 문제에서 '반올림'을 하여 가결을 선포한 것이다. 이를 한자말로 표현하여 '사사오입(四捨五入)' 개헌이라 한다.

제3차 개헌(1960)은 4 · 19 학생혁명의 성과를 담은 것이었다. 1960년 3월 15일 정 · 부통령 선거가 실시되었는데, 당시의 집권 여당은 부정선거를 자행하였다. 이에 학생을 중심으로 한 국민이 궐기하여 4 · 19 학생혁명

이 발발하였다. 이승만 대통령은 하야(下野)하고, 제1공화국은 붕괴되었다. 제3차 개헌에서는 종전의 대통령제가 독재정치를 가져왔다는 판단에 따라, 대통령제를 의원내각제로 바꾸고, 국민의 기본권을 강화한 것이 주요 내용이다. 제2공화국에서는 종전의 야당이 집권 여당으로 바뀌었다. 새로 구성된 국회에서 대통령에는 윤보선(尹潽善)이 그리고 실질적으로 정치를 담당하는 국무총리에는 장면(張勉)이 선출되었다. 제4차 개헌은 부정선거 관련자 등을 처벌하는 소급입법(遡及立法)의 헌법적 근거를 마련하기 위한 것이었다.

제5차 개헌(1962)은 5 · 16 군사 쿠데타 이후 단행되었다. 4 · 19 학생혁명 이후 우리 사회는 각종 요구가 분출되었다. 대학생들이 국회의사당을 점거하는 일까지 일어났으나, 당시 정부는 효과적으로 대처하지 못하였다. 이러한 혼란을 틈타 일부 군인들이 쿠데타를 일으킨 것이다. 제5차 개헌에서는 의원내각제가 혼란만 가져왔다는 판단에 따라 다시 대통령제로 되돌아갔다(제3공화국). 박정희(朴正熙)가 대통령으로 선출되어, 이후 오랫동안 집권하게 된다. 제6차 개헌(1969) 역시 박정희 대통령 때 실시되었으며, 주용 내용은 대통령 중임 조항을 고쳐 '3선 연임'을 가능하게 한 점이다('3선 개헌').

제7차 개헌(1972)은 이른바 10월 유신(維新) 후 단행되었다(유신헌법)(제4공화국). 박정희 대통령은 1972년 국회를 해산하는 등 헌정(憲政)을 중단시켰다. 제7차 개헌은 지금까지의 개헌과는 비교가 되지 않을 정도로 민주주의의 원칙을 심하게 훼손하였다. 대통령을 간접선거로 선출하게 함으로써 사실상 1인의 영구집권을 가능하게 하였고, 국회의원의 1/3을 대통령이 추천하도록 하는가 하면, 대법원장을 포함한 모든 법관도 대통령이 임명하도록 하였다. 국민의 기본권 면에서도 국민의 '자유와 권리의 본질적 내용'은 침해할 수 없다는 조항이 삭제되는 등 기본권 보장이 약화되었다. 총체적으로 '현대판 집행부 권력 독점체제의 한 전형'[1]을 보여 주고 있다.

제8차 개정(1980)은 현직 대통령이 그 심복 부하에 의하여 시해되는 큰 정치적 사건으로 인해 이루어졌다. 대통령 시해 후, 유신체제는 무너지고 국민들은 대통령 직선제 등 민주화를 요구하였다. 많은 시민들이 거리로 쏟아져 나와 민주화를 요구하였으나('서울의 봄'), 신군부는 계엄령을 전국으로 확대하고 이를 탄압하였다. 이에 광주(光州)에서는 국민적 저항이 일어났다(5 · 18 민주화운동). 제8차 개정은 대통령의 임기를 7년으로 하되 단임제(單任制)를 택하고, 이 조항을 고치면 고친 내용이 그 당시의 대통령에게는 적용되지 않는다고 규정하여 1인 장기집권을 불가능하도록 하였다. 대통령 선거방식은 여전히 대표단에 의한 간접선거였다(제5공화국). 기본권 면에서는, '행복추구권'을 새로 넣은 등 유신헌법에 비해 강화하였다.

제9차 헌법 개정(1987)은 6 · 10 민주항쟁의 성과를 담은 것이었다. 제5공화국 시기에도 대통령 직선제를 요구하는 국민들의 노력은 계속되어 1987년 '6 · 10 시민평화대행진'[2](6 · 10 민주항쟁)으로 최고조에 달하였는데 범(凡)5공정부 세력은 국민의 요구를 수용하여 '6 · 29 민주화선언'을 발표하였다. 그 뒤 여야 합의로 헌법 개정안이 마련되어 제6공화국이 출범하였다. 주요 내용은 대통령의 임기를 5년 단임으로 하였으며, 국민의 기본권을 보강하였다. 1987년 현행 헌법의 시행으로 우리나라는 비로소 구미의 정치학자들로부터 '폴리아키'로 진입했다는 평을 듣게 되었다.

1987년 헌법 개정 이후, 우리나라는 다섯 번째의 대통령까지 선출하였고, 그간에 '평화적 정권교체' '수평적 정권교체' '제2의 평화적 정권교체[3](two turnover)'를 이룩하는 등 일정한 성과를 보이고 있다. 그러나 현직 대통령에 대한 탄핵안이 의결되는 등 여야 간의 정치적 대립이 심각함을 보여 주고 있다. 또한 국회에서 여야 간의 물리적 충돌도 적지 않아 더 수준 높은 의회정치, 민주정치가 필요한 실정이다. 민주화 이후, 국민 중에는 '떼'를 쓰거나 '목청을 높이면' 법에 어긋나는 것, 원칙에 어긋나는 것도 얻어 낼 수 있다는 듯이 행동하는 모습도 종종 나타나 시민의식의 성숙이 요구되었다. 패트릭(Patrick)의 '민주주의의 딜레마'에서도 논하였듯이, 민주화되고 '자유'가 주어졌다고 하여, 무엇이든 큰 소리를 내면 내 이익을 얻을 수 있다는 식이어서는 성숙한 민주주의의 모습이라고 할 수 없다. 이에 시민교육이 중요하다고 말할 수 있다.

2) 정부형태론

민주주의는 국민주권을 원리로 하는 정체(政體)이지만, 국민주권을 실제 통치에서 어떤 형태로 실현할 것인가 하는 것이 정부형태의 문제다. 서구 민주주의 국가에서 정부형태는 보통 대통령제와 의원내각제 그리고 이원정부제(二元政府制)의 세 유형으로 분류된다.

(1) 대통령제

대통령제는 행정부, 입법부, 사법부의 3권을 엄격히 분립하는 것을 주요 특징으로 하며, 미국에서 최초로 시작되었다. 일찍이 로크는 2권 분립을 주장하였으며, 몽테스키외는 3권 분립을 주장하였다. 그들이 이렇게 국가 권력을 나누려고 한 이유는 한 사람(혹은 한 部)에게 권력이 집중되어 있으면, 개인의 권리가 침해받을 우려가 있다는 것 때문이었다. 영국 식민지 시절 총독(總督)의 지배에 시달렸던 미국인들은 기본적으로 3권 중 의회의 권한을 더 크게 하고, 단지 의회에서 제정된 법을 집행하는 부서로서의 대통령제를 고안하였다. 그래서 미국은 헌법상으로는 대통령보다 의회가 더 우위로 되어 있다. 미국식을 원형(原型)으로 하는 대통령제의 특징은 다음과 같다.[4]

첫째, 미국의 대통령제에서 행정부와 입법부, 그리고 사법부는 엄격히 분립되어 상호 간에는 견제와 균형을 유지한다. 미국의 대통령은 의회에 법률안을 제출할 권한이 없다. 이에 비해 의원내각제에서는 내각의 장관들이 의회 의원 중에서 선임되므로 행정부와 의회는 서로 밀접하게 연결되어 있다.

둘째, 대통령제에서 대통령은 국민에 의해 선출된다. 그러므로 대통령은 의회 의원과 마찬가지로 '민주적 정당성'을 확보하고 있으며, 임기 동안은 의회의 지지 여부와 상관없이 직무를 수행할 수 있다. 그러므로 임기 동안에는 안정적으로 직무를 수행할 수 있으며 정책의 일관성도 유지할 수 있다. 이에 비해, 의원내각제가 모두 그런 것은 아니지만, 유럽의 고전적 의원내각제에서는 내각에 대한 의회의 잦은 불신임으로 인하여 내각이 자주 교체되어 정권이 불안정하였다.

셋째, 대통령은 행정부의 장(長)이자, 국가원수다. 일반적으로 의원내각제에서는 국가원수와 행정부의 장이 서로 분리되지만, 대통령제에서는 대통령이 두 직을 겸한다.

넷째, 대통령은 원칙적으로 내각의 장관을 마음대로 임면(任免)할 수 있다. 내각의 장관들은 기본적으로 대통령의 보좌기관(補佐機關)이므로, 그들의 임명에 의회의 동의를 받을 필요는 없다.

다섯째, 확대된 인물군에서 대통령 후보를 고를 수 있으며, 개혁과 쇄신에 대해 더 개방적인 인사를 할 수 있으며, 의원내각제에서의 총리보다 더 많은 권위를 갖는다.

대통령제에는 다음과 같은 단점이 있다.[5)]

첫째, 고정된 임기를 보장받기 때문에, 비탄력적이고 경직되어 있다. 대통령에게 건강상 문제가 생겨도 쉽게 교체할 수 없다.

둘째, 행정부와 입법부가 각각 국민의 선거로 선출되기 때문에 두 기관 모두 민주적 정당성을 가지게 되는데, 양자가 대립하는 경우 그 어느 쪽이 더 정당한지를 판정하기 어렵다.

셋째, 임기 말에는 권력누수 현상(레임덕, lame duck)이 나타나기 쉽다. 이는 대통령 단임제의 경우 더욱 심하다.

넷째, 당선된 측이 모든 권력을 가지게 되기 때문에, 국민 상당수의 의사가 국정에 반영되지 못한다.

앞에서도 언급하였듯이, 대통령제는 원래 미국에서 실시되었고 유럽에서는 의원내각제를 채택하고 있었는데, 그 후 미국의 영향을 많이 받는 중남미(中南美) 국가와 제2차 세계대전 후 새로 독립한 아시아 · 아프리카의 많은 나라들이 대통령제를 채택하였다. 아시아의 경우, 우리나라를 비롯하여 인도네시아, 필리핀, 말레시아, 타이완, 홍콩 등이 대통령제를 택하였다(타이완과 중국에 반환되기 전의 홍콩은 '총통제'라고 불리지만, 넓은 의미에서 대통령제라 할 수 있다). 이렇게 미국 이외의 다른 나라에서 대통령제가 실시되면서 미국 독립 당시의 대통령제의 취지라 할 수 있는 엄격한 3권 분립이 이루어지지 않고 오히려 대통령의 권력이 절대화하는 현상이 나타났는데, 독일의 뢰벤스타인(Loewenstein)은 이러한 대통령제를 가리켜 '신(新)대통령제'라 하였다.

(2) 의원내각제

의원내각제는 대부분의 구미(歐美) 선진 민주국가들이 실시하고 있는 정부형태로 영국에서 시작되었다. 영국에서는 17세기부터 군주의 절대권력에 의회가 제동을 걸면서 점차 의회 권력이 확대되어 갔고, 그에 따라 의회에서 선출된 수상이 통치를 하며, 그 수상은 자신을 뽑아 준 의회에 대하여 책임을 지는 관행이 생기게 되었다. 의원내각제란 국민은 의회 의원을 선출하고, 의원들이 동료 중에서 수상을 선출하고, 선출된 수상이 각료를 선정하여 내각을 구성하는 정부형태다. 이때 왕 혹은 대통령은 총리 · 각료에 대하여 형식적 임면권을 갖는다.

국정을 이끌어 가던 도중 정책상의 의견 차이 등이 생겨 의회가 내각을 불신임(不信任)하면, 내각은 총사퇴를 하든지, 의회를 해산(議會解散)하고 총선거(總選擧)를 다시 실시하여 국민의 뜻을 묻게 된다. 의원내각제는 다음과 같은 특징이 있다.[6)]

첫째, 의회의 의원 중에서 총리(수상) 및 각부 장관이 선출됨으로써 입법부와 행정부가 일체(一體)가 된다. 대통령제에서 행정부와 입법부가 분립되는 것과는 달리, 의원내각제에서는 양자가 상호의존적이다.

둘째, 내각은 '집합적 의사결정 구조'로 되어 있다. 대통령제에서 각 부 장관은 각자가 대통령에 대하여 책임을 지는 구조로 되어 있지만, 의원내각제에서 내각은 의회에 대하여 공동으로 책임을 지는 구조로 되어 있다. 내각에서 총리는 '동등한 사람들 중 첫 번째(first among equals)'일 뿐이다.

셋째, 의원내각제에서는 총리와는 별도로 왕이나 대통령 등 상징적 존재가 있다. 왕이나 대통령이 의회에서 선출된 총리를 임명하는 것으로 되어 있지만 그 권한은 실질적인 것이 아니라 형식적인 것이다.

의원내각제의 장단점에는 다음과 같은 점이 있다.[7)] 먼저, 장점은 다음과 같다.

첫째, 의회(입법부)와 내각(행정부)이 일원화되어 있어, 양 기관의 대립과 마찰을 최소화할 수 있다.

둘째, 의회는 검증된 정치인들로 구성되어 있다고 볼 수 있기 때문에, 정치를 잘못할 가능성이 적다고 할 수 있다.

셋째, 의회와 내각이 서로 의견을 달리하는 경우, 총선거를 실시하게 되는 바, 총선거를 통해서 국민의 뜻이 밝혀지므로 대통령제보다 더 민주적 책임성을 확보하고 있다고 볼 수 있다.

의원내각제의 단점으로는 다음과 같은 점이 있다.

첫째, 정치논리를 기반으로 국정이 운영되어, 일관된 국정운영이 안 될 수 있다.

둘째, 임기보장이 없어 잦은 정권교체로 정치가 불안정해질 수 있다.

셋째, 성숙한 정당정치가 전제되어야 한다. 군소정당(群小政黨)이 난립한 경우에는 정치가 불안정해질 수 있다.

의원내각제에도 '영국형'과 '대륙형'의 두 세부 유형이 있는데, 영국형에서는 내각이 의회에 대하여 우위에 있고 강력한 정치를 펼쳐 나아간다.[8) 앞에서 의원내각제는 '정치가 불안정해질 수 있다'고 하였는데 이것은 영국의 의원내각제에는 해당되지 않는다. 이는 영국의 선거제도가 단순다수제(單純多數制)이며, 두 개의 큰 정당(保守黨과 勞動黨)이 발달해 있어 선거를 하면, 의회에서 안정적인 다수가 형성되기 쉬운 구조로 되어 있기 때문이다. 또한 영국에서는 정당의 기율(紀律)이 강한 것도 수상의 권력이 강한 이유로 꼽힌다. 그리하여 '영국형' 의원내각제에서는 형식적으로는 '의회'가 강한 것으로 되어 있지만, 실제로는 수상(내각)이 더 강한 현상이 나타나고 있다. 그래서 영국의 정부형태를 '수상정부제' '수상내각제'라고도 하는데, 1980년대에 집권보수당을 이끌면서 10년간이나 강력한 통치를 하였던 '철(鐵)의 여인' 마거릿 대처(Margaret Hilda Thatcher)의 사례는 이를 잘 보여 주고 있다. 이렇게 수상이 강력한 권력을 행사하면서도 독재정치에 흐르지 않는 이유는 수상의 자제(自制), 소수파 존중, 여론 중시 등의 정치적 관행과 더불어 관용과 타협을 중시하는 정치문화가 있기 때문이다.

'대륙형'은 의회가 우월하여 내각(행정부)은 무기력한 형태를 말하는데, 영국을 제외한 대부분의 유럽 국가들이 이에 해당되고, 프랑스의 제3, 4공화국의 의원내각제에서 특히 정치가 불안정하였다. 이런 나라는 정당 면에서 여러 군소정당(群小政黨)이 난립해 있어, 선거를 해도 어느 한 정당이 의회에서 다수당이 되지 못하고, 여러 정당이 연립하여 내각을 구성하는 경우가 많은데(聯立內閣, coalition government), 이념이 서로 다른 정당들이 연합을 하다 보니, 서로 대립하고 정치가 불안정해지는 경우가 많아지게 된다. 우리나라에서 의원내각제의 단점을 말할 때는 보통 이 '대륙형'을 가리키는 경우가 많다.

(3) 이원정부제

대통령제와 의원내각제의 중간 형태로 이원정부제(二元政府制)가 있다. 이원정부제는 대통제에 있는 대통령과 의원내각제에 있는 총리가 동시에 있어서 대통령은 국방 · 외교 등 외치(外治)를 담당하고, 총리는 내치(內治)를 맡는 정부형태다. 여기서는 현재의 프랑스(제5공화국)에서 보듯이, 대통령이 국민으로부터 직접 선출되어 민주적 정당성(accountability)을 확보하고 있으며, 총리도 의회에서 선출되어 대통령과 똑같이 민주적 정당성을 확보하고 있기 때문에 '이원적(二元的)'이라 한다. 평상시에는 의원내각제적으로 운영되다가, 위기 시에는 대통령이 강력한 권한을 행사할 수 있도록 되어 있다.[9]

이원정부제는 통치권이 대통령과 총리에게 분산되어 권력이 한곳으로 집중되지 않는다는 특징이 있지만, 대통령과 총리가 서로 다른 정당 출신이어서 서로 갈등을 일으킬 수 있고(同居政府, 현 프랑스에서 가끔 이런 현상이 나타났다), 대통령이 위기를 빙자하여 비상 대권을 행사하는 경우, 독재화될 우려가 있다.

(4) 우리나라에서의 정부형태 논의

한 국가에 있어서 정부형태를 어떻게 하느냐 하는 것은 중요한 문제다. 우리나라에서는 제헌헌법 제정 시부터 의원내각제와 대통령제를 놓고 정파 간에 대립이 있었다. 제헌헌법 초안을 작성하였던 유진오(兪鎭午)는 의원내각제로 하였으나 당시 유력한 대통령 당선 예상자였던 이승만(李承晩)은 대통령제를 주장하였는데 최종적으로 성립된 헌법은 대통령제를 중심으로 하고 여기에 의원내각제를 가미한 형태가 되었다. 이에 대해 이승만 개인이 고집을 부려 대통령제로 바뀌었다는 식의 해설이 많으나, 유진오안도 당시 국회의 유력 정당의 의중을 반영한 것이었다는 지적도 있다.

1960년 4 · 19 학생혁명 후 성립한 제2공화국에서는, 제1공화국의 대통령제에서 대통령이 독재정치를 했다는 비판 위에서 의원내각제를 채택하였다. 그 후 1961년의 5 · 16 군사 쿠데타 후 성립한 제3공화국에서는 제2공화국의 의원내각제에서 대통령과 국무총리가 서로 대립하여 정치가 사회적 혼란에 제대로 대처하지 못하였다는 비판 위에서 다시 대통령제로 되돌아갔으며, 그 후 계속 대통령제를 유지해 오고 있다. 다만, 같은 대통령제라고 하더라도 1972년의 10월 유신 후에 성립한 제4공화국에서는 이른바, '신대통령제'를 채택하였다.

우리나라에서는 주로 대통령제와 의원내각제의 두 정부형태만 놓고 논란을 벌여 오다가, 1980년에 헌법을 개정할 때 행정부 측에서 '2원정부제'

라는 새로운 정부형태를 거론하였고, 이때부터 우리나라의 정부형태로 대통령제, 의원내각제 그리고 이원정부제 중 어떤 것을 택할 것인가 하는 문제로 확대되어 왔다.

현행 헌법(1987)에 대해서는 '2원정부제'로 해석하는 학자도 있으나,[10) 여기서는 편의상 대통령제에 의원내각제가 가미된 것으로 보고, 간단히 언급하겠다. 우리나라 헌법에 들어 있는 대통령제적 요소에 대해서는 새삼 말할 것도 없다. 대통령은 국민의 직접선거로 선출되어 행정부의 수반으로서 내각을 통솔한다. 또한 국가의 원수이기도 하다. 그렇다고 우리나라 헌법이 미국식의 순수한 대통령제라고는 할 수 없고 의원내각제적인 요소도 들어 있는데 그것들을 보면, 첫째 국무총리제를 두고 국무총리 임명에 대해 국회가 동의권을 가지고 있는 점, 둘째 국무총리와 국무위원에 대해 국회가 해임건의권을 가지고 있는 점, 셋째 정부가 법률안 제출권을 가지고 있는 점, 넷째 국회의원과 국무위원의 겸임이 허용되어 있는 점을 들 수 있다.[11)]

현재(2010)에도 개헌론이 제기되고 있고 그 바탕에는 권력구조 개편이 깔려 있다고 볼 때, 우리들 각자는 국민의 한 사람으로서 과연 어떤 정부형태가 우리나라에 적합할 것인지에 대해 생각해 볼 필요가 있다.

2. 국 회

1) 입법부의 발달과 원 구성

(1) 입법부의 발달 및 그 지위

유럽에는 중세 때부터 각 신분별(身分別) 회의체가 있었다. 프랑스의 경우 성직자, 귀족 그리고 평민의 대표로 구성된 '3부회'가 있었으며, 영국에서도 이미 13세기경 의회가 있어 왕권을 견제하였다(대헌장). 근대 의회의 발달은 영국에서 이루어졌다. 영국에서 의회는 청교도혁명과 명예혁명을 통하여 왕권을 제약하고 그 위상을 강화해 갔는데 이러한 영국 의회 제도의 발전은 당시 유럽 지성계의 동경의 대상이었다. 그 뒤 미국의 독립혁명과 프랑스의 대혁명은 근대적 의회제의 본격적 정립을 알렸다.[12)]

국회는 ① 국민의 대표기관, ② 입법기관, ③ 국정 통제기관으로서의 지위를 갖는다. 첫 번째로, 근대 대의제에서 의회는 국민을 대표(represent)하는 기관이다. 그런데 이 '대표한다'는 말의 뜻이 무엇인지에 대해서는 크게 2가지 견해가 있다. 그 하나는 의원들은 그를 뽑아 준 지역주민들의 뜻에 속박되어야 하며 그것이 바로 '민주주의'라는 주장이다. 앞 장에서 언급하였던 영국의 벤담은 이러한 입장에서 의원의 임기는 될수록 짧은 것이 좋다고 하여, 1년으로 해야 한다고 주장하였다. 미국에서도 독립 직후에 가능한 한 임기를 짧게 하여(1년) 의원들이 주민들의 뜻을 거스리지 못하도록 하는 것이 좋다는 주장이 있었고, 이러한 주장이 반영되어 하원 의원의 임기를 2년으로 정했다. 이에 대해 의원들은 국민 전체의 대표이므로 자신이 좋다고 판단하는 대로 활동하여야 한다는 주장을 펼쳤다. 이 입장에서는 의원들이 자유롭게 판단할 수 있어야 한다는 것을 강조한다. 이러한 견해는 17세기 영국 의회의 의원이었던 버크(E. Burke)가 유세에서, "여러분이 나를 뽑아 주더라도 나는 우리 지역구를 위해서 일하지는 않겠습니다. 만일, 여러분이 내가 지역구만을 위해서 일하기를 바란다면 나를 뽑지 말아 주십시오."라는 취지의 말을 한 데서 극명하게 드러난다. 이상적으로는 당연히 후자, 즉 국민의 대표이므로 국회의원은 자유재량권을 가지고 활동할 수 있어야 한다. 그러나 현실에서의 의원들은 지역구의 대표로 되어 가는 경향이 있다. 이상적으로 말한다면, 의원(국회)은 일일이 주민들의 뜻에 얽매일 것이 아니라 국가 전체를 생각하고 활동해야 한다.

두 번째 지위인 '입법기관'으로서의 성격은 우리 헌법에도 규정되어 있듯이(제40조), 국가를 운영하는 데 필요한 법률을 만드는 권한이 국회에 있다는 것이다. 원래는 국민의 대표기관인 국회가 적극적으로 법안을 만들어 내고 그것에 대해 토의하여 법률로 확정해 놓으면, 집행기관인 행정부가 그 법에 따라서 세부적인 것만 집행하면 된다는 관념에서 출발하였다. 그러나 오늘날에는 국회의원들이 스스로 법안을 생각해 내고 만들기보다 행정부에서 만든 법률안을 심의 · 의결하는 기관으로서의 성격(通法部)이 더 많이 나타나고 있다.

세 번째 지위인 '국정통제기관'으로서의 성격이란 주로 행정부가 하는 일을 감시하고 그 잘잘못을 따지는 것을 말하는데, 오늘날 국회의 이 성격은 매우 중요시되고 있다.

(2) 의회의 구성

의회를 구성하는 방식에는 양원제(兩院制, bicameral legislature)와 단원제(單院制, unicameral legislature)가 있다. 양원제는 영국의 상원과 하원에서 보듯이, 유럽에서 의회가 귀족의 대표와 평민의 대표로 나뉘어 있었던 데서 유래한다. 미국의 경우에는 연방국가여서 상원은 각 주(州)를 대표하고 하원은 지역구를 대표하는 것으로 그 기능이 나누어져 있다. 일본의 경우도 미국 · 영국과 그 성격이 똑같은 것은 아니지만, 상원에 해당되는 참의원(參議員)이 하원 격인 중의원(衆議院)에 비하여 좀 더 넓은 지역을 대표한다.

양원제와 단원제는, 각각 그 장단점이 있다. 양원제는 하원에서 심사한 것을 상원에서 다시 심사하게 되므로 국정을 신중하게 할 수 있다는 것과 권력이 분산된다는 것, 그리고 상원에 직능(職能)대표제적 성격을 부여할 수 있다는 장점이 있다. 그 반대로 국정을 신중하게 하는 것은 좋은데 할 일이 많은 현대국가에서 국정이 지체된다는 단점이 있다. 또한 하원과 상원의 의견이 서로 다른 경우, 양원 간에 마찰이 일어날 수도 있다. 최근 일본에서는 양원의 의견이 서로 달라 국정이 지체되는 등의 문제점이 노출되고 있다. 양원 간에 마찰이 일어날 경우, 영국은 하원이 절대적으로 우월하지만, 미국의 경우는 상원이 임기도 6년으로 길고 그 권한도 더 강하다.

우리나라는 제2공화국 시기를 빼고는 줄곧 단원제를 실시하여 오고 있다. 우리나라는 단원제이기는 하지만, 그 원(院)이 모두 지역구 출신 의원만으로 구성되는 것이 아니라 비례대표제(比例代表制) 의원으로도 구성되어 있어 어떻게 보면, 단원제를 취하고 있으면서도 일부 양원제적 성격이 가미되어 있다고 볼 수 있다. 현재, 우리나라 국회의원 정수는 300명이며 이 중 지역구 의원 정수는 246명이고, 비례대표 의원 정수는 54명이다.

* 국회의원 정수(定數)(300명) = 246명(지역구) + 54명(비례대표)

(3) 국회의 조직

의장과 부의장 국회에는 의장 1인과 부의장 2인을 둔다(헌법 제48조). 의장은 "국회를 대표하고, 의사(議事)를 정리하며, 질서를 유지하고, 사무를 감독한다"(국회법 제10조). 그런데 여기서 보면 '질서를 유지한다'고 되어 있는데(질서유지권), 여야가 국회에서 물리적 충돌을 벌이는 경우, 국회의장이 질서유지권을 발동하는 경우가 있다(다음의 박스 문장 참조).

경호권과 질서유지권

"2008년 12월 국회 외무위원회 위원장이 '질서유지권'을 발동함"

국회의장의 경호권

- 국회 경위(警衛)와 일반 경찰: 전자는 국회 내에서 국회의장을 경호할 수 있지만 후자는 국회 밖에서만 활동할 수 있다.
- 실(實) 병력: 경위 64명 + 방호원 90여 명 = 150여 명
- 최근 2004년 대통령 탄핵 시 국회의원을 끌어내린 적이 있었고, 그것은 당시 국회의장의 질서유지권으로 정의된다.
- 경호권은 국회의장만 발동할 수 있고, 질서유지권은 상임위원장도 할 수 있다.
- 의원들이 의사당을 점거하는 이유 중 하나: 현재 안건 처리는 '의장석에서만' 할 수 있도록 되어 있다(그런데 이 제도는 이른바 '날치기' 통과를 막기 위하여 만들어진 것).

○○일보 2008년 12월 23일자(화)

상임위원회 의회는 원래 '하나의 기관'으로서의 성격이 강해서 의원 전원이 참석하여 회의를 하는 본회의 위주로 운영하였다. 그러나 행정국가화의 경향에 따라 국정이 세분화되고 행정부 각부의 전문성이 높아짐에 따라 이에 대응하기 위하여 의회도 각 상임위원회(常任委員會, standing committee)를 두게 되었다. 상임위원회제도는 미국에서 발달하였으며, 영국은 지금도 본회의 중심으로 운영하고 있다. 우리나라는 제헌의회에서 본회의 중심으로 운영하였으나, 현재는 상임위원회의 활동이 중요해지고 있다.

현재(2010) 우리나라 국회에는 ① 운영위, ② 법제사법위, ③ 정무위, ④ 재정경제위, ⑤ 통일외교통상위, ⑥ 국방위, ⑦ 행정자치위, ⑧ 교육위, ⑨ 과학기술정보통신위, ⑩ 문화관광위, ⑪ 농림해양수산위, ⑫ 산업자원위, ⑬ 보건복지위, ⑭ 환경노동위, ⑮ 건설교통위, ⑯ 정보위, ⑰ 여성위의

17개 상임위원회가 있다. 법안은 먼저 상임위원회에서 의결된 뒤, 본회의에 회부된다.

상임위원회 외에도 국무총리 등을 임명할 때 국회에서 그 자질(資質)을 심사하는 '인사청문특별위원회(人事聽聞特別委員會)', 예산안 및 그 결산을 심사하는 '예산결산특별위원회(豫算決算特別委員會)'가 있다.

* 상임위원회: 17개 위원회
* 특별위원회: 예산결산특별위원회, 인사청문특별위원회, 윤리특별위원회, 본회의의 의결로 만들어지는 특별위원회

원내교섭단체 상임위원회와는 별도로, 우리나라에는 원내교섭단체(院內交涉團體)라는 것이 있다. 국회의원 299명은 한 명 한 명 각각이 서로 의논(교섭)하는 것이 아니라, 몇 명이 모여서 '단위'를 이루는데, 이것이 '원내교섭단체'의 개념이다. 이 제도는 영국과 미국에는 없는 제도이며, 일본의 경우에는 있으나, 2명 이상이면 원내교섭단체를 구성할 수 있다. 우리나라는 20명 이상이 되어야 원내교섭단체를 구성할 수 있는데 이렇게 많은 수가 있어야 교섭단체를 구성할 수 있는 제도를 가지고 있는 나라는 우리나라뿐이며, 이는 제헌국회 때부터 관행적으로 이루어지고 있다.[13] 그런데 일반적으로 하나의 '○○정당'이 하나의 교섭단체를 구성하게 된다. 그러나 그 수가 20명에 못 미치면, 두 개 이상의 정당이 연합하여 하나의 교섭단체를 구성할 수도 있고, 무소속 의원들이 모여 구성할 수도 있다. 한 정당이 교섭단체를 구성할 수 있는가 그렇지 못한가 하는 것은 현실적으로 국회 운영에서 중요한 의미를 갖는다. 왜냐하면 의원 수가 20명이 못 되어, '교섭단체'를 구성하지 못한 정당은 의제를 정한다든지 할 때 말 그대로 '교섭'할 자격이 주어지지 않기 때문이다. 각 원내교섭단체의 대표를 원내

대표(院內代表)라 한다. 현재, 주요 정당에서는 원내대표를 각 정당 의원들의 투표로 선출하고 있다.

청문회와 공청회[14] 현재 우리나라는 '청문회'와 '공청회' 제도를 운영하고 있다. 청문회제도는 미국의 조사청문회(investigative hearing)에서 유래하며, 일본과 독일에서는 공청회제도를 실시하고 있는데 우리나라는 1988년 정식으로 청문회제도를 도입하여 공청회제도와 청문회제도를 함께 운영하는 유일한 나라가 되었다. 공청회는 의안(議案)에 대하여 널리 국민들의 뜻을 듣는다는 취지로 이해관계인이나 학식 · 경험이 있는 자를 출석하게 하여 그 의견을 듣는 제도다. 그에 비해 청문회는 불이익처분을 받는 상대방을 불러 증언을 청취하는데, 1988년 '오공비리(5共非理)' 청문회가 최초의 청문회다.

의원보좌진 우리 국회에는 의원 외에도 의원들의 전문성을 보강하기 위하여 '전문위원' '의원보좌직원'을 두고 있다. 세헌국회에서 헌법 초안을 작성하였던 유진오도 '전문위원'으로 활동하였다. 현재 각 의원 당 보좌관 2명, 비서관 2명, 비서 3명 등 총 7명의 보좌진을 두고 있다(인턴 2명 별도). 이들은 국회의원들이 입법활동을 하는 데 필요한 자료를 수집하고, 법률안의 초안을 만들고, 연설문을 작성하는 등 의원 보좌업무를 수행한다. 또한 홍보활동, 선거구민들의 민원처리활동 등도 이들이 담당한다.[15]

2) 국회의 권한 등

(1) 입법권

우리 헌법은 "입법권은 국회에 속한다"(헌법 제40조)고 규정하고 있다.

앞에서도 언급한 바와 같이 입법권, 즉 법률을 제정할 수 있는 권한은 국회의 고유 권한이다. 오늘날 대부분의 법률안이 행정부에 의하여 입안 제출된다고 하지만, 제출된 법률안을 심의하고 수정하여 의결하는 권한은 여전히 국민의 대표기관인 국회의 몫이다. 법률은 때에 따라서 국민 개개인에게 의무와 부담을 지우는 것이므로, 그것을 국민의 대표들이 모인 국회에서 정하도록 하고 있는데, 이는 민주주의의 기본원리다.

우리나라는 미국과 달리 국회의원뿐 아니라 정부도 법률안을 제출할 수 있다. 제출된 법률안은 먼저 해당 상임위원회에서 심의하며, 그곳에서 의결된 법률안은 법제사법위원회를 거쳐 본회의에 상정된다. 본회의에서 의결된 법률은 정부에 이송되고 이를 대통령이 공포하면, 그 효력이 발생한다([그림 4-1] 참조).

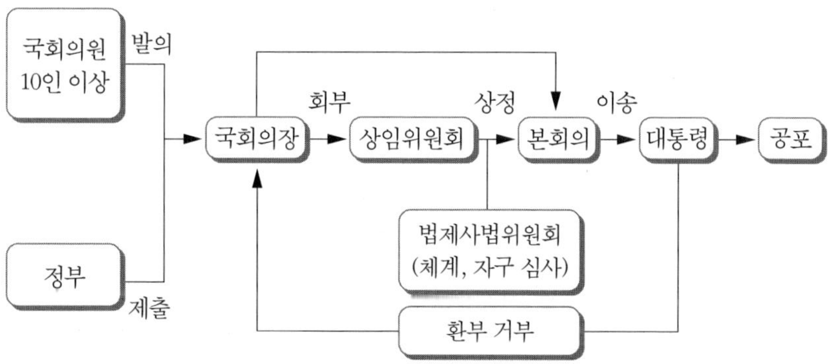

[그림 4-1] **국회에서 법률이 제정되는 과정**

(2) 재정권

국회는 "국가의 예산안을 심의 · 확정한다"(헌법 제54조 제1항). 예산이란 정부에서 다음 연도에 사용할 돈에 대한 계획을 말하는데, 이 예산은 국민의 세금으로 충당되기 때문에 국민의 대표기관인 국회에서 심의 · 확정하도록 하고 있다. 예산안을 편성하는 기관은 행정부다. 예산은 세금과 관련되는 만큼 국민들이 관심을 가질 필요가 있는데, 2010년도 예산액은 총액이 292조 8,000억 원에 달하였다.

예산안 집행 등 정부에서 돈을 쓰기 위해서는 국민들로부터 세금을 징수하여야 하는데, 이때 역시 국민의 대표기관인 국회에서 정한 법률에 의하도록 하고 있다(조세법률주의). 일찍이 아메리카 식민지인들은 본국 영국에 "대표 없이 과세 없다."는 논거를 내세워 항거하였다.

(3) 국정통제권

원래 의회는 국민의 대표로서 법을 제정하는 것(입법권)이 중요 기능이었으나, 20세기 초부터 입법기능보다 행정부를 통제하고 견제하는 기능이 더 강화되고 있다. 특히, 이 권한은 여당(與黨)보다는 야당(野黨)에 의하여 더 많이 수행되고 있는 것이 현상이다.

국정통제권으로는 첫째, 대통령이 어떤 사람을 중요 직(職)으로 임명할 때, 국회의 동의를 받도록 하고 있다. 즉, 대통령은 국무총리(제86조 제1항), 대법원장 및 대법관(제104조 제1항 및 제2항), 헌법재판소장(제111조 제2항), 감사원장(제98조 제2항)을 임명할 때, 국회의 동의를 얻어야 한다. 이때, 국회는 해당 공직후보자에 대하여 인사청문회를 실시한다. 인사청문회는 앞의 직 이외에도, 국무위원(장관), 방송통신위원회위원장, 국가정보원장, 국세청장, 검찰총장, 경찰총장, 합동참모회의장 후보자 등에 대해서도 실시된다. 국회의원들은 국민의 대표로서 과연 이들이 해당 직에 걸맞은 식견과 능력을 갖추고 있는지 흠결(欠缺)은 없는지 등을 청문(聽聞)을 통해 밝혀낸다.

둘째, 국회는 국무총리, 국무위원을 국회에 출석시켜 질문할 수 있다. 국회의 요구가 있는 경우, 국무총리 국무위원은 국회에 출석하여 답변하여야 한다(제62조). 그뿐 아니라 국회는 국무총리 또는 국무위원의 해임을 대통령에게 건의할 수 있어, 대통령(행정부)을 견제할 수 있다(제63조). 이 해임건의권은 의원내각제하에서의 불신임권과 비슷한 성격이 있다고 볼 수 있다.

셋째, 국회는 대통령을 포함한 고위 공직들에 대하여 탄핵소추권(彈劾訴追權)을 갖는다(제65조). 탄핵이란 고위 공무원이 그 직무집행에 있어서 헌법이나 법률을 위배했다 하여 재판에 회부하여 파면시킬 수 있는 제도다. 이것 역시 유럽에서 국왕을 견제하기 위하여 국왕이 임명한 고위 공무원을 파면하라고, 의회가 요구한 데서 연원(淵源)한다. 여기서 '소추'(訴追)란 재판에 회부하는 것을 말하는데 이 '소추권'은 국회가 가지지만, 실제 파면할 것인가 말 것인가의 권한, 즉 '심판권'은 헌법재판소가 갖는다. 대통령에 대한 탄핵소추는 매우 정치적인 결정으로 미국에서는 단 한 차례 있었으며, 우리나라에도 한 차례 있었다. 국회가 행정부를 견제할 수 있는 강력한 수단이라고 하겠다.

넷째, 국회는 국정감사권과 국정조사권을 가진다. 국정감사는 지난 1년간 국가기관(주로 행정부)이 국정을 올바로 수행했는지를 조사하고 따지는 것으로 행정부를 견제하기 위한 국회의 중요 기능인데, 외국에는 없고 우리나라에만 있는 독특한 제도다. 국정감사(國政監査)는 매년 정기국회 때 열리지만, 국정조사는 사안이 발생할 때 국회의 결정으로 행해진다. 국정감사권은 제헌헌법 때부터 국회에 부여된 권한이며, 국정조사권이 정식으로 제도화된 것은 1987년 민주화 이후부터다.[16)]

다섯째, 국회는 앞에서 말한 고위 공무원에 대한 임명동의권 이외에도 대통령이 가지고 있는 각종 권한에 대한 동의권이 있다. 즉, 국회는 중요조약에 대한 비준동의권(제60조 제1항), 선전포고 및 국군의 해외파견, 외국군대의 국내 주류(駐留)에 대한 동의권을 갖는다(제60조 제2항).

(4) 국회의원의 특권

면책특권 국회의원은 "국회에서 직무상 행한 발언과 표결에 관하여 국회 외에서 책임을 지지 아니한다"(제45조). 여기서 '책임을 지지 아니한다'는 것은 민형사상 범죄나 책임을 구성한다 하더라도 이를 면제한다는 것으로, 이는 국회의원이 국민의 대표로서 자주적 독립성을 확보한 가운데 임무를 수행할 수 있도록 하기 위함이다. 영국의 명예혁명 이후 의원들에게 보장된 특권으로 오늘날 세계 각국의 헌법에서 이를 보장하고 있다.[17] 또 국회의원은 현행범인 경우를 제외하고, 회기 중에 국회의 동의 없이 체포 또는 구금되지 아니하는 불체포특권(不逮捕特權)이 있다(제44조).

3) 국회의 운영과 의사(議事) 절차

국회의 회의에는 정기회(定期會)와 임시회(臨時會)가 있다. 그리고 국회에서 한 번 결정된 것은 같은 회기 내에는 다시 논의하지 못하도록 되어 있다(一事不再議). 한 번 결정된 것을 다시 논의하는 것을 허용하면, 국회 회의는 매우 비능률적인 것이 될 것이다.

* 일사부재의(국회)와 일사부재리(재판)는 다름

의사정족수 국회에서 회의를 시작하기 위해서는 재적의원 1/5 이상의 출석이 있어야 한다(議事定足數). 이는 재적의원의 20%만 출석하면, 개의(開議)를 할 수 있다는 것이니 그 수가 적은 감도 없지 않다. 회의에서는 다수결 원칙에 따라, 일반적으로 재적의원 과반수의 출석과 출석의원 과반수의 찬성으로 의결한다(一般議決定足數). 가부동수(可否同數)인 때에는 부결된 것으로 본다. 특별히 신중히 결정해야 필요가 있는 사항에 대해서는 더 엄격한 의결정족수를 규정하고 있다(特別議決定足數). 헌법 개정안을 의결하기 위해서는 재적의원 2/3 이상의 찬성이 있어야 한다. 이러한 국회에서의 의결정족수 원칙은 학교의 운영이나 학급어린이회 등 회의에서도 준용되는 경우가 많다.

읽어 볼 자료

김명주(2010). 헌법사산책. 서울: 산수야.

이완범(2006). 해방 전후사의 재인식, 박지향 외 엮음. 해방 전후사의 재인식. pp. 57-102. 서울: 책세상.

조한상(2010). 대한민국헌법의 기본 줄기. 서울: 범한.

차병직 외(2009). 안녕 헌법. 서울: 지안.

인용 자료

1) 성낙인(2010). 헌법학(제10판). 파주: 법문사. p. 77.

2) 권영성(2010). 헌법학원론(2008년판). 파주: 법문사. p. 97.

3) 성낙인(2010). 같은 책. p. 80.

4) 아랜드 아리파아트 편/조혜경(1999). 내각제 대 대통령제. 서울: 이진출판사. pp. 57-72.

5) 조용상(2005). 정치학의 이해. 파주: 법문사. pp. 112-114.

6) 조용상(2005). 같은 책. pp. 114-118.

7) 조용상(2005). 같은 책. pp. 119-120.

8) 강원택(2008). 대통령제, 내각제와 이원정부제. 고양: 인간사랑. pp. 117-123; 권영성(2010). 같은 책. pp. 764-765; 성낙인(2010). 같은 책. p. 841.

9) 김철수(2008). 헌법학신론. 서울: 박영사. pp. 927-928.

10) 성낙인(2010). 같은 책. pp. 869-881.

11) 김철수(2008). 같은 책. p. 931.

12) 성낙인(2010). 같은 책. pp. 886-887.

13) 김현우(2001). **한국국회론**. 서울: 을유문화사. pp. 616-628.

14) 김현우(2001). 같은 책. pp. 449-454.

15) 김현우(2001). 같은 책. pp. 736-739.

16) 김현우(2001). 같은 책. p. 423.

17) 성낙인(2010). 같은 책. p. 920.

참고 자료

김도균, 최병조, 최종고(2006). **법치주의의 기초: 역사와 이념**. 서울: 서울대학교출판부.

서병훈(2008). **포퓰리즘**. 서울: 지안.

최종고(2010). **법학통론**. 서울: 박영사.

제 5 장

행정부와 사법부의 기능

1. 행정부
2. 법 원
3. 형사소송과 국민참여재판제도
4. 헌법재판소
5. 지방자치

제 5 장

행정부와 사법부의 기능

"나는 헌법을 준수하고 국가를 보위하며, 조국의 평화적 통일과 국민의 자유와 권리 증진 및 민족문화 창달에 노력하여 대통령으로서의 직책을 성실히 수행할 것을 국민 앞에 엄숙히 선서합니다."

"본인은 법관으로서, 헌법과 법률에 의하여 양심에 따라 공정하게 심판하고, 법관윤리강령을 준수하며, 국민에게 봉사하는 마음가짐으로 직무를 성실히 수행할 것을 엄숙히 선서합니다"(블로그, http://kr.blog.yahoo.com/buy2all2002/93, 2011. 7. 8).

두 인용문 중 앞의 것은 대통령이 취임식 때 하는 선서문이며, 다음의 것은 법관이 임용시 하는 선서문이다. 대통령은 국가의 원수이자 행정부의 수장으로서 우리나라에서 가장 많은 권력이 부여되어 있는 직책이다. 국민은 그런 막강한 자리에 어떤 사람을 뽑을지 심사숙고해서 결정해야 한다.

한편, 법관은 국민 권리보호의 마지막 보루라고 한다. 이 장을 통하여 사법부의 중요성에 대해서도 생각해 보자.

1. 행정부

1) 대통령

(1) 대통령의 지위

한 국가의 대통령의 지위는 정부형태에 따라 달라진다. 의원내각제에서의 대통령은 상징적 지위에 있고, 보통 의회에서 선출되며, 국민이 직접선거하지는 않는다. 대통령제에서는 국가의 원수이자 행정부의 수반으로 실질적인 권한을 행사하며, 일반적으로 국민의 선거로 선출된다. 우리나라가 전형적인 의원내각제를 실시한 제2공화국 시기에 대통령은 상징적인 지위에 머물렀다. 그 외의 시기에는 모두 실질적 권한을 행사하는 지위다. 우리나라의 대통령을 지낸 분들을 나열하면, 제1공화국에서는 이승만, 제2공화국에서는 윤보선, 제3, 4공화국에서는 박정희, 최규하다(사망한 지 상당 기간이 지난 분들만 열거하였다). 이 중 윤보선은 의원내각제하에서 상징적 지위에 있었다.

(2) 대통령의 선거, 신분

미국의 대통령 선거는 선거인단에 의한 간접선거의 형식을 띠고 있지만, 실질적으로는 직접선거나 마찬가지라고 일반적으로 평가된다. 미국이 대통령을 국민의 직접선거로 선출하지 않고 간접선거 제도로 마련한 것은 교통·통신이 발달하지 못했던 점도 있지만, 당시 지도층이 일반 국민들을 미덥지 못하다고 생각한 탓도 있었다.

대통령제에서는 대통령을 국민이 직접선거로 뽑는 것이 원칙이나, 우리나라는 초대 대통령을 선출할 때 국회에서 선출하였는데 이는 당시 건국(建國)이 시급하였기 때문이다. 그리고 유신헌법이 시행된 제4공화국 시기 및 제5공화국 시기에는 통일주체국민회의를 통해 간접적으로 선출하였다. 그러다가, 1987년 이후의 제6공화국에서는 국민직선제를 쟁취하여 오늘에 이르고 있다. 현행 헌법에서 대통령은 국민의 보통 · 평등 · 직접 · 비밀선거에 의하여 선출된다(제67조 제1항). 대통령 직선제는 국민이 대통령을 직접선거를 통해 선출함으로써 대통령이 통치를 함에 있어서 국민적 · 민주적 정당성을 확보하는 데 그 의의가 있다. 대통령이 실권을 가지고 통치하는 정부형태에서 국민직선제가 실시되지 않는다면, 그것은 민주정부가 갖추어야 할 중요한 절차를 결(缺)한 것이라고 하지 않을 수 없을 것이다. 국민적 정당성을 더 확실히 확보하기 위하여 프랑스에서는 결선(決選)투표제를 채택하고 있다. 결선투표제란 제1차 투표에서 어느 후보도 투표자 과반수의 찬성을 얻지 못할 경우, 상위 득표자 2인을 상대로 제2차 투표를 실시하는 것인데, 이 같은 복잡한 절차를 두고 있는 이유는 될 수 있는 대로 많은 투표자의 득표로 당선자를 내기 위해서다.

우리나라에서 대통령으로 당선될 수 있는 자는 국회의원 피선거권이 있고, 선거일 현재 40세 이상에 달하여야 하며(제67조), 5년 이상 국내에 거주하고 있는 자라야 한다. 대통령의 임기는 5년이며 중임(重任)할 수 없다(單任制)(제70조). 대통령의 임기와 관련하여, 전형적인 대통령제 국가인 미국에서는 초대 대통령인 워싱턴이 대통령직을 두 번까지만 역임하고 그만두었기 때문에, 한 특정인은 대통령직을 8년까지만 하는 것으로 제도화되었다(단, 미국도 프랭클린 루스벨트(Franklin Delano Roosevelt) 대통령은 4번 출마하여 당선되었으며, 그 뒤에는 2번까지만 하는 것으로 바꾸었다). 우리나라도 당초 미국의 이 제도를 따라 1인에 의한 독재와 장기집권을 막기 위하여 중임(重任)까지만 허용하고 있었는데, 제1공화국, 제3 · 4공화국 시기의 대통령들이 이를 어기고 무리하게 개헌하여 헌정이 중단되고 국민이 고통받는 사태가 있었다. 이에 현행 헌법에서는, 앞과 같이 단임제를 규정하게 된 것이다. 그뿐 아니라 어떤 대통령이 임기를 연장한다든가 하는 것을 미연에 막기 위하여 임기 규정을 바꾸면 그 당시의 대통령에게는 바뀐 새 임기 규정을 적용받지 못하도록 하여, 임기 연장을 위한 개헌을 원천적으로 막는 규정까지 두고 있다(제128조 제2항).

대통령은 "내란 또는 외환의 죄를 범한 경우를 제외하고는 재직 중 형사상의 소추를 받지 아니" 하는(제84조) 특권이 있다. 그러나 대통령이라 할지라도 그 직무 집행에 있어서 헌법이나 법률을 위배한 때에는, 탄핵을 당할 수 있다(제65조). 탄핵소추권을 국회가 가지고 있다는 것은 앞에서 언급하였는데, 탄핵심판권(彈劾審判權)은 헌법재판소가 가지고 있다(제111조 제2항).

대통령이 "궐위(闕位, 지위가 빔)되거나 사고로 인하여 직무를 수행할 수 없을 때에는 국무총리, 법률이 정한 국무위원의 순으로 그 권한을 대행한다" (제71조). 우리나라에서는 고(故) 박정희 대통령이 시해(弑害)를 당하였을 때, 그리고 고 최규하 대통령이 사임하였을 때 국무총리가 권한을 대행하였다. 또한, 고 노무현 대통령이 탄핵소추를 당했을 때에도 국무총리가 그 권한을 대행하였다.

(3) 대통령의 권한

우리나라의 대통령은 대통령제의 대통령으로서 막강한 실질적 권한을 갖는다. 대통령의 권한을 ① 국가원수로서의 권한, ② 국가 수호자로서 권한, ③ 행정부 수반으로서의 권한으로 나누어 볼 수 있다(〈표 5-1〉 참조).[1)]

〈표 5-1〉 대통령의 권한

지 위	역 할	권 한
국가원수	최고 외교관	외교권(제73조)
	국정지도자	헌법기관 조직권(제98조 감사원, 제104조 대법원, 제111조 헌법재판소) 헌법개정안 제안권(제128조) 국회출석발언권(제81조) 국회임시회의 소집요구권(제47조) 사면권(제79조) 국민투표부의권(제72조)
국가 수호자	헌법 및 국가 보위	긴급명령, 긴급재정경제처분 · 명령권(제76조) 계엄선포권(제77조)
행정부 수반	행정 최고책임자	국군통수권(제74조) 공무원 임면권(제78조) 국무회의 의장(제88조)
	정부 최고입법가 -의회에 정부 법률안 제출 -의회통과 법안의 비준 · 거부	행정입법권(제75조) 법률안 제안권(제52조) 법률안 공포권과 거부권(제53조)

국가원수로서의 권한 첫째, 대통령은 외교에 관한 권한을 갖는다. "대통령은 외국에 대하여 국가를 대표한다. 이에 따라 대통령은 조약을 체결 비준하고, 외교사절을 신임 · 접수 또는 파견하며, 선전포고와 강화를 한다" (제73조).

둘째, 대통령은 헌법기관 조직권을 갖는다. 대통령은 대법원장(제104조 제1항), 헌법재판소장(제111조 제3항), 감사원장(제98조 제2항)을 국회의 동의를 얻어 임명한다. 또한 중앙선거관리위원회 위원을 임명한다(제114조 제2항).

셋째, 대통령은 헌법개정안 제안권(제128조)을 가진다.

넷째, 대통령은 국회출석발언권(제81조)과 국회임시회의 소집요구권(제47조)을 가진다.

다섯째, 대통령은 사면권을 가진다(제79조). 사면이란 왕의 은사권(恩赦權)에서 유래하는데, 재판에서 형(刑)의 선고를 받은 사람을 용서해 주는 것을 말한다. 사면에는 형의 양을 줄여 주는 감형(減刑), 박탈당하였던 권리를 회복시켜 주는 복권(復權)이 포함된다. 사면은 재판에서 유죄 판결을 받은 사람을 석방하거나 감형하는 등의 조치를 하는 것으로 법원의 사법권을 침해하여 일견(一見) 부당한 것 같이도 생각되지만, 형사 사법제도의 경직성을 완화하고 나아가서 형의 집행에 있어서 인간적이고 정치적인 요소를 고려할 수 있는 제도이기도 하다.[2] 대통령의 사면권 행사는 대통령 취임식 때, 종교적 축일, 광복절 등을 경축하기 위하여 자주 실시되고 있으며 매스컴을 통해 보도되고 있다. 사면권은 필요한 제도이지만 그것이 자주 행사되고, 그 형평성에 의아심을 품게 만드는 경우도 있어 그 행사의 공정성이 요구된다. 사면에는 일반사면과 특별사면이 있는데, 전자를 명(命)할 때에는 국회의 동의를 얻어야 한다(제79조 제2항).

여섯째, 대통령은 "외교 · 국방 · 통일 기타 국가안위에 관한 주요 정책을 국민투표에 부칠 권한을 가지고 있다"(제72조). 우리나라에서 이 조항을 직접적으로 적용하여 국민투표를 실시한 적은 없다. 다만, 고 박정희 대통령이 개헌을 하면서, 그 개헌안이 부결되면 대통령직을 사임하겠다는 조건을 내걸은 적이 있었는데, 이는 넓은 의미에서 국민투표(정확히는 信任投票, 플레비시트)의 성격을 갖는다. 또한 세종시(世宗市) 건설 수정이 논란되었을 때, 이를 국민투표에 부쳐 결정하자는 주장이 일부에 있었으나 실시되지는 않았다. 유럽 근대사에서는 나폴레옹(Napoleon)과 그의 조카 나폴레옹 3세가 국민투표를 거쳐 황제의 위(位)에 오른 적이 있어서, 진정으로 국민의 뜻을 묻기 위한 것이라기보다 통치자들이 '국민의 뜻'을 빌려 자신의 정책을 합리화하기 위한 제도로 전락(轉落)하였다는 지적도 있다.

민주주의 이론에서 볼 때, 국민투표는 직접민주정치 방식에 해당된다. 근현대 민주주의에서는 대의민주주의를 원칙으로 하지만, 국가의 중대사에 대해서는 국민의 의견을 직접 물어 결정하는 것도 필요하다는 취지에서 마련한 제도라고 할 수 있다. 헌법을 개정할 때에 최종적으로는 '국민투표'에 부쳐 확정하도록 되어 있는 것도 같은 취지다. 직접민주정치 방식인 국민투표제도가 요식 행위로 전락하지 않도록 국민 개개인이 해당 사안에 대하여 잘 판단하여 투표에 임하는 것이 필요하다.

국가의 수호자로서의 권한 전쟁 등 국가비상사태에는 대통령은 국가를 수호하기 위하여 국가긴급권(國家緊急權)을 가진다. 국가긴급권이 발동되면 대통령의 권한은 매우 커지고 국민의 권리가 심대하게 제한받게 되지만, 자유주의 국가에서도 일반적으로 인정되는 제도다. 국가긴급권에는 첫째, 계엄선포권(戒嚴宣布權)이 있다. 대통령은 "전시 · 사변(事變) 또는 이에 준하는 국가비상사태에 있어서 병력(兵力)으로 군사상의 필요에 응하거나 공공의 안녕질서를 유지할 필요가 있을 때에는 법률이 정하는 바에 의하여 계엄을 선포할 수 있다"(제77조 제1항). 예를 들어, 1980년 '서울의 봄' 때, 고 박정희 대통령이 시해를 당했을 때, 5 · 16 군사 쿠데타 때, 4 · 19 혁명 때, 6 · 25 동란 때 계엄령이 선포된 바 있다. 계엄이 선포되면 언론 · 출판 · 집회 · 결사의 자유 등 국민의 권리가 심하게 제한을 받으므로, 계엄의 선포는 국민의 대표기관인 국회의 통제를 받을 필요가 있다. 이에 헌법에서는 계엄을 선포하면 대통령은 이를 지체 없이 국회에 통고하도록 되어 있다(제77조 제4항). 그리고 국회가 계엄 해제를 요구한 때에는, 대통령은 이를 해제하여야 한다(제77조 제5항).

둘째, 계엄권 이외에도 대통령은 비상대권(非常大權)으로 긴급명령권(제

76조 제2항), 긴급재정경제처분권 및 긴급재정경제명령권(제76조 제1항)을 가지고 있다. 예를 들어, 정부는 1993년 금융실명제(金融實名制)를 전격 실시하였는데, 이때 긴급명령이 발포된 바 있다. 이 경우 금융실명제를 한다고 국민들에게 미리 알리고 국회에서 심의를 하는 등의 통상적인 절차를 밟으면, 가차명(假借名)으로 예금계좌를 가지고 있던 법인(회사)이나 개인들이 예금을 빼돌렸을 것이다. 그러므로 이런 경우에는 먼저 긴급명령이란 비상조치를 하고, 사후에 국회에서 입법절차를 거치도록 한다. 긴급명령에 대해서는 사후(事後)에 국회의 승인을 얻어야 하며, 그 승인을 얻지 못한 때에는 효력을 상실한다(제76조 제3항, 제4항). 방금 언급한 금융실명제에 관한 긴급조치는, 사후(事後)에 국회에서 승인을 받아 법률로 확정되어 오늘에 이르고 있다.

행정부 수반으로서의 권한 대통령은 행정부의 수반으로서 국군통수권(제74조)*, 공무원임면권(제78조)을 가지며, 국무회의의 의장(제88조)이 된다. 국군통수권과 관련해서는 문민통제(文民統制)의 원칙이 있다. 이는 군대를 군인이 아닌 민간인의 통제하에 두어야 한다는 원칙을 말한다. 이와 관련하여 헌법에서는 현역 군인은 국무위원으로 임명될 수 없도록 하고 있다(제87조 제4항). 또한 군은 '정치적 중립성'을 지켜야 한다(제5조 제2항). 이는 제3, 4, 5공화국에서 보듯이 군이 정치의 전면에 나서서 빚어진 쓴 경험 때문에 마련되었으며, 6월 항쟁 이념의 헌법적 표현이다.[3)]

대통령은 행정부의 수반으로서 부하 공무원을 임면(任免)하는 권리를 가진다(제78조). 공무원 중 5급(사무관) 이상은 대통령이 직접 임명하며, 그

---

* 국군통수권에 대해서는 그것이 대통령의 국가원수로서의 지위에서 나온 것이라는 설도 있다(권영성(2008). 『헌법학원론』. p. 991).

이하의 공무원은 각부 장관에게 그 임명권을 위임하고 있다. 참고로 조선시대에 '당상관(堂上官)'이라는 개념이 있었는데, 이는 임금과 같은 자리에서 정치를 논할 수 있는 일정 품계 이상의 벼슬을 가리키는 것이었다. 오늘날 사무관 이상을 조선시대의 당상관에 비유할 수 있다.

대통령은 입법에 관한 권한도 갖는다. '입법에 관한 권한'이라고 하면, 국회만 가지고 있는 것으로 생각하기 쉬우나 대통령도 입법에 관한 권한을 많이 가지고 있다. 먼저, 대통령은 행정입법(行政立法)에 관한 권한(제75조)을 갖는다. 행정입법이란 국회에서 제정한 법률을 시행하기 위하여 정하는 시행령(施行令)을 말하는데, 예를 들어, 교육에 관해서는 대통령령인 '초·중등교육법 시행령이 있다.

초·중등교육법(법률, 국회 제정) > 초·중등교육법시행령(대통령령) > 초·중등 교육법 시행규칙(교육과학기술부 장관)

현대 국가에서는 대통령(넓게는 행정부)이 가지고 있는 이 행정입법권이 국민생활에 미치는 영향이 크다. 즉, 국회에서 제정한 법률은 대강만을 정하고, 그 세부적인 것을 시행령에서 정하므로 국민생활에 실질적으로 영향을 미치는 것은 시행령이기 때문이다. 교육대학생들이 졸업을 하고 교사 임용고사를 치르고 합격하면 초등교사가 될 수 있는데, 이때 '지역가산점' '시험과목' 등의 구체적인 것은 시행규칙보다도 더 하위 법령인 교육감의 고시(告示)로 결정된다. 그럼에도 현대 국가에서는 행정입법이 필요하다. 사회가 시시각각으로 변하므로 국민들이 그때그때의 수요에 부응하기 위해서는 '법률'에 모든 것을 다 정해 놓을 수 없기 때문이다. 그러나 그것이 국민의 권리를 침해하거나 '법률'에 위반되는 것이어서는 안 되며, 대법원

에서 그 위법 여부를 심사하도록 하고 있다.

이 밖에 입법에 관한 권한으로 대통령은 법률안을 제안할 수 있는 권한(제52조)과 공포하는 권한이 있다(제53조 제1항).

이와 같이 대통령은 막강한 권한을 가지고 있으므로, 이를 혼자서 처리하는 것이 아니라, 국무총리와 장관 이외에도 대통령실(大統領室)의 많은 직원들의 보좌를 받고 있다. 대통령실의 직원들은 '장관' 등과 같이 겉으로 두드러지는 직(職)은 아니지만, 실제에서는 정책 결정에 많은 영향력을 행사하고 있다.

2) 국무총리와 행정 각부

미국식 대통령제에서는 부통령이 있고, 우리나라와 같은 국무총리제도는 없다. 그래서 우리나라의 국무총리제도는 우리나라만의 독특한 제도다. 국무총리의 지위를 보면,[4] 첫째 국무총리는 대통령과 국회의 이중(二重)의 신임에 기초한다. 국무총리는 대통령이 임명하므로 당연히 대통령의 신임(信任)에 기초하고 있지만, 그러면서도 국회의 동의도 받아야 하므로, 국회의 신임에도 기초하고 있다고 볼 수 있다. 둘째, 국무총리는 대통령 유고시 제1순위로 대통령 권한을 대행하는 지위에 있다(제71조). 셋째, 국무총리는 집행권의 제2인자로서 대통령을 보좌하는 지위에 있다. 국무총리는 국무회의 부의장이며(제88조 제3항), 대통령의 명을 받아 행정 각부를 통할하고(제86조 제2항), 국무위원과 행정 각부의 장에 대한 임명제청권을 가지며(제87조 제1항, 제94조), 국무위원 해임건의권을 가진다(제87조 제3항). 또한, 대통령의 모든 국법상 행위에 대하여 부서(副書)한다.

이 밖에도 행정부에는 국무회의와 국무위원 그리고 각부(各部) 장관이 있다. 국무회의는 대통령이 의장이 되고, 국무총리가 부의장이 되는 회의체(會議體)이며, 정부에서 하는 대부분의 일은 이 회의를 통하여 결정하도록 되어 있다. 헌법에는 17가지가 제시되어 있다(제89조). 예를 들어, 정부가 사면을 실시하기 위해서는 법무부 장관이 사면안을 국무회의에 상정(上程)하고, 국무회의의 심의를 거쳐 그곳에서 결정하는 것이다. 국무회의에 참가하는 사람을 국무위원이라 하는데, 국무위원 중 특정 부를 맡지 않은 국무위원을 특임(特任) 장관이라 한다. 현재(2011년) ① 기획재정부, ② 교육과학기술부, ③ 외교통상부, ④ 통일부, ⑤ 법무부, ⑥ 국방부, ⑦ 행정안전부, ⑧ 문화체육관광부, ⑨ 농림수산식품부, ⑩ 지식경제부, ⑪ 보건복지부, ⑫ 환경부, ⑬ 고용노동부, ⑭ 여성가족부, ⑮ 국토해양부의 15개 부가 있다. 각 부에서 할 일이 많은 경우 외청(外廳, 밖에 있는 관청이라는 뜻)을 두고 있는데, 기획재정부의 경우 ① 국세청, ② 관세청, ③ 조달청, ④ 통계청의 4개 외청이 있다. 각부(各部) 이 외에도 ① 법제처, ② 국가보훈처의 2처와 ① 공정거래위원회, ② 금융위원회, ③ 국민권익위원회의 3위원회가 있다.

이 밖에 대통령 직속기관으로 감사원이 있는데 감사원은 헌법기관이다.

2. 법 원

1) 기능과 조직

'사법부'에서 사법(司法)이란 구체적인 쟁송(爭訟)에서 법관이 헌법과 법률에 따라 무엇이 법의 내용인가를 선언하는 작용이다. 사법은 정치적 영역인 입법이나 행정과는 그 성격이 다르다. 사법 작용은, 첫째 개인(국민)의 자유와 권리보장을 위한 최후의 보루 기능을 하며, 둘째 법질서를 유지

하는 기능을 가진다.[5)]

사법권은 법원에 속한다(제101조 제1항). 우리나라의 법원은 대법원, 고등법원, 지방법원 등으로 조직된다. 대법원은 서울에 있으며, 대법원장을 포함하여 15명의 대법관으로 구성된다. 고등법원은 서울, 대구, 광주, 부산, 대전의 5곳에 있다. 지방법원은 각 지방의 주요 도시에 자리 잡고 있는데, 대전 · 충남북 지방의 경우, 대전고등법원 산하에 대전지방법원과 청주지방법원이 있다. 각 지방법원의 산하에는 지원(支院)이 있는데, 대전지방법원 산하에는 공주지원, 홍성지원, 서산지원, 논산지원, 천안지원이 있다. 또한 지원이 없는 시 · 군 사람들의 편의를 위하여 지원이 없는 시에 시 · 군(市郡) 법원이 설치되어 있다([그림 5-1] 참조).

공주지원: 청양군법원

홍성지원: 예산군법원, 보령시법원, 서천군법원

서산지원: 태안군법원, 당진군법원

논산지원: 부여군법원

천안지원: 아산시법원

대전지방법원 본원: 연기군법원, 금산군법원

'시 · 군 법원'에서는 주로 경미한 사건을 다루는데, 민사사건의 경우 소액심판사건(少額審判事件), 그리고 형사사건의 경우 즉결심판사건(卽決審判事件)을 다룬다. 소액사건이란 2,000만 원을 초과하지 않는 금액을 지급할 것을 목적으로 하는 민사사건을 말하며, 즉결심판이란 20만 원 이하의 벌금 등에 해당하는 경미한 범죄사건을 다루는 것을 말한다.

[그림 5-1] **대전 · 충남 지역법원 관할구역도**

출처: 대전지방법원 홈페이지

2) 공정한 재판과 사법권의 독립

법원의 주 권한은 재판권이다. 재판에는 민사재판, 형사재판, 행정재판, 특허재판, 선거재판 등이 있다.

법원은 국민의 자유와 권리를 지켜야 할 기관이므로 행정권이나 입법권으로부터 독립될 필요가 있다. 특히, 전제군주제하에서는 왕이 멋대로 사람을 구속하고 하였으므로 왕권에서 재판권을 분리하는 것은 근대 민주주의의 중요한 원칙으로 확립되었다. 우리나라에서는 법관(法官)이 다른 국가기관 등의 눈치를 보지 않고 재판할 수 있도록 그 신분을 헌법에서 보장하고 있다. 즉, “법관은 탄핵 또는 금고 이상의 형의 선고에 의하지 아니하고는 파면되지 아니……한다"(제106조 제1항). 또한 헌법에서는 "법관은 헌법과 법률에 의하여 그 양심에 따라 독립하여 심판한다"(제103조)고 규정하여, 법관의 재판상의 독립을 보장하고 있다.

공정한 재판을 위하여 우리나라는 3심4급제를 채택하고 있다. 3심제란 재판을 세 번까지 받을 수 있도록 한 제도다. 세 번의 재판 중 제1심은 지방법원에서, 제2심(항소심)은 고등법원에서, 제3심(상고심)은 대법원에서 하는 것이 기본이다. 그러나 경우에 따라서는 제1심을 지방법원 지원에서, 제2심은 지방법원(항소부)에서, 그리고 제3심은 대법원에서 하는 수도 있다. 여기서 '지원'이라는 한 단계가 더 있기 때문에 '4급제'라는 표현을 쓴다. '4급제'라고 하여 재판을 네 번까지 받는 것은 아니며, 세 번까지 받을 수 있다. 그리고 앞의 어떤 경우든 최종심은 대법원이다.

3. 형사소송과 국민참여재판제도

우리나라는 2008년부터 일반인이 재판에 참여하여, 유무죄와 그 형량에 대하여 토의하는 제도인 국민참여재판제도(國民參與裁判制度)를 실시하고 있다. 이 제도는 일명 배심제(陪審制)라고도 불리는 것으로 지금까지는 미국 드라마나 영화 속에서만 등장하던 제도였으나, 우리나라도 이 제도를 도입하게 되었다. 참고로 일본도 '재판원'(裁判員) 제도라는 비슷한 제도를 2008년부터 실시하고 있다. 배심제가 실시됨으로써 지금까지는 일반인들과는 거리가 먼 것으로 느껴졌던 '재판'에 일반인들이 관여하게 되었다.

배심제도는 일반인이 직접 재판에 참여하는 것이 민주주의의 원리에 맞다는 취지에서 나온 것이다. 배심제가 실시됨으로써 국민 개개인은 형사절차의 기초적인 내용을 알아야 할 필요성이 더 커졌다. 수사와 형사재판의 절차에 대하여 알아보자.

수사에서 기소까지[6] 범죄의 혐의가 있다고 생각되는 때에는, 수사기관은 범인의 범죄사실과 증거를 수사하여야 한다. 보통 고소(告訴)나 고발(告發)이 있는 경우, 어떤 사람에 대한 범죄의 혐의가 발생한다. 고소는 범죄 피해를 당한 당사자가 수사기관에 수사를 요청하는 것을 말하며, 고발은 당사자가 아닌 제3자가 수사를 요청하는 것을 말한다. 불량배들에게 어떤 사람이 맞고 있는 것을 보고 지나가던 행인이 경찰서에 신고를 한 경우, 그것은 고발이다. 만약 맞은 사람 당사자가 신고를 하면 그것은 고소다.

수사기관은 수사의 단서(端緖)를 통해 범인을 찾고 증거를 수집한다. 이 과정에서 피의자나 참고인에게 진술을 요구한다. 그런데 헌법상 모든 국민은 진술거부권(陳述拒否權)을 가지고 있으며 형사상 자신에게 불리한 진술을 강요당하지 아니한다. 그렇기 때문에 수사기관은 피의자를 신문할 때 진술을 하지 않아도 불이익을 받지 않는다는 것, 일단 진술한 내용은 법정에서 유죄의 증거로 삼을 수 있다는 것 그리고 변호인의 도움을 받을 수 있다는 것을 반드시 피의자에게 알려 주어야 한다.

피의자(被疑者)가 죄를 범하였다고 의심할 만한 상당한 이유가 있고, 정당한 이유 없이 수사기관의 출석 요구에 응하지 않는 경우에는, 검사는 법원의 판사로부터 체포영장(逮捕令狀)을 발부받아 피의자를 체포할 수 있다. 여기서 판사의 체포영장이 있어야 체포할 수 있도록 한 것은 다음 장에서 보는 바와 같이 헌법상 부여되어 있는 국민의 신체의 자유를 보장하기 위함이다. 그러나 증거를 인멸할 염려가 있거나 도주 가능성이 있는 경우, 혹은 현행범인 경우에는 영장 없이도 체포할 수 있다. 체포는 48시간까지다. 48시간 이내에 구속영장(拘束令狀)을 청구하든지 석방하든지 해야 한다. 보통 이 48시간은 경찰서 유치장에 있는 기간이다.

체포의 다음 단계는 구속(拘束)이다. 검사는 ① 피의자가 일정한 주거를 갖지 않거나, ② 증거를 인멸할 우려가 있는 때 또는 ③ 도망하거나 도망할 염려가 있는 때에는 판사의 구속영장을 발부받아 피의자를 구속할 수 있다. 이때 피의자 측은 구속적부심사(拘束適否審査)를 법원에 청구할 수 있는데, 이 제도 역시 국민의 신체의 자유를 보장하기 위함이다. 피의자를 구속할 수 있는 기간의 한도는 30일간이다. 이 기간 안에 다음 단계인 공소제기를 하든지 아니면 석방하여야 한다. 구속된 피의자는 보증금을 납부하고 풀려날 수 있다(保釋制度). 이 역시 피의자의 신체의 자유를 보장하기 위함이다. 그러나 피의자가 풀려났다 하여 재판을 안 받는다는 것은 아니다. 다만, 구속상태가 아닌 자유로운 상태에서 재판을 받는다는 것이다.

수사가 끝나면 검사는 기소(起訴, 公訴提起) 처분을 하든지 불기소처분(不起訴處分)을 한다. 기소란 검사가 법원에 피의자에 대한 재판을 청구하는 것을 말하는데 기소는 검사만이 할 수 있다(起訴獨占主義). 기소가 되면 혐의자의 신분이 피의자에서 피고인이 된다.

용의자(혐의자) > 피의자 > 피고인 > 수형자(受刑者)

일정 기간이 지나면 검사의 공소권이 소멸되는 제도가 있는데 이를 시효제도(時效制度)라 한다. 일반적으로 범죄에 대한 시효는 20년이다. 이것은 범죄 발생 후 일정 기간이 지나면 그 범죄를 처벌하지 못한다는 것인데, 일견 옳지 않은 제도라 생각되기도 하지만 현실생활을 현실로 인정하는 제도다. 시효제도는 형사사건에만 있는 것이 아니라 민사사건에도 있어 토지 등을 자기 자신의 것으로 알고 20년 이상 사실상 소유하고 있었고 그에 대해 다른 누구도 이의제기를 하지 않았다면, 그 토지는 그 사람의 것이 된다.

공판절차 검사가 공소를 제기하여 실제 형사재판을 하는 것을 공판(公判)이라 한다. 공판(형사재판)은 다음과 같은 절차를 거친다.

① 공판의 개시(재판 시작): 배심원 선서, 재판장의 모두(冒頭) 설명, 피고인에게 진술거부권이 있음을 알림, 재판장의 피고인 인정신문, 검사의 모두 진술, 피고인 · 변호인의 모두 진술, 재판장에 의한 사건쟁점 정리
② 증거조사: 검사와 변호인은 각각 재판부와 배심원들에게 자신들에 유리한 증거를 제시 · 설명하거나, 증인을 불러 증언하게 하고 그에 대해 질문함
③ 피고인 신문 및 반대신문: 검사가 피고인을 신문하고, 변호인은 반대신문을 함
④ 검사의 의견 진술(구형), 변호인의 변론
⑤ 피의자의 최후진술
⑥ 평의 및 평결(배심원)
⑦ 판결 선고(재판장)

배심 평의 절차 배심재판의 대상이 되는 재판은 살인죄 등 중죄(重罪)에 해당되는 사건 중에서 피고인이 신청한 사건이다. 배심원 선정은 무작위 추첨(無作爲抽籤)으로 이루어지는데, 이는 국민이라면 누구나 재판을 할 수 있어야 한다는 민주주의의 원리에서 나온 것이다. 배심원의 수는 7인이 기본이다(무거운 사건은 9인, 피고인이 공소사실을 시인한 경우에는 5인).

배심원의 평의(評議) 절차는 ① 재판장의 설명, ② 제1차 평의(만장일치로 유무죄를 평결), ③ 1차 평의 혹은 2차 평의에서 유죄 평결(評決)이 나온 경우에는 처벌의 범위, 양형(量刑)의 조건 등에 대하여 재판장이 설명, ④ 양형

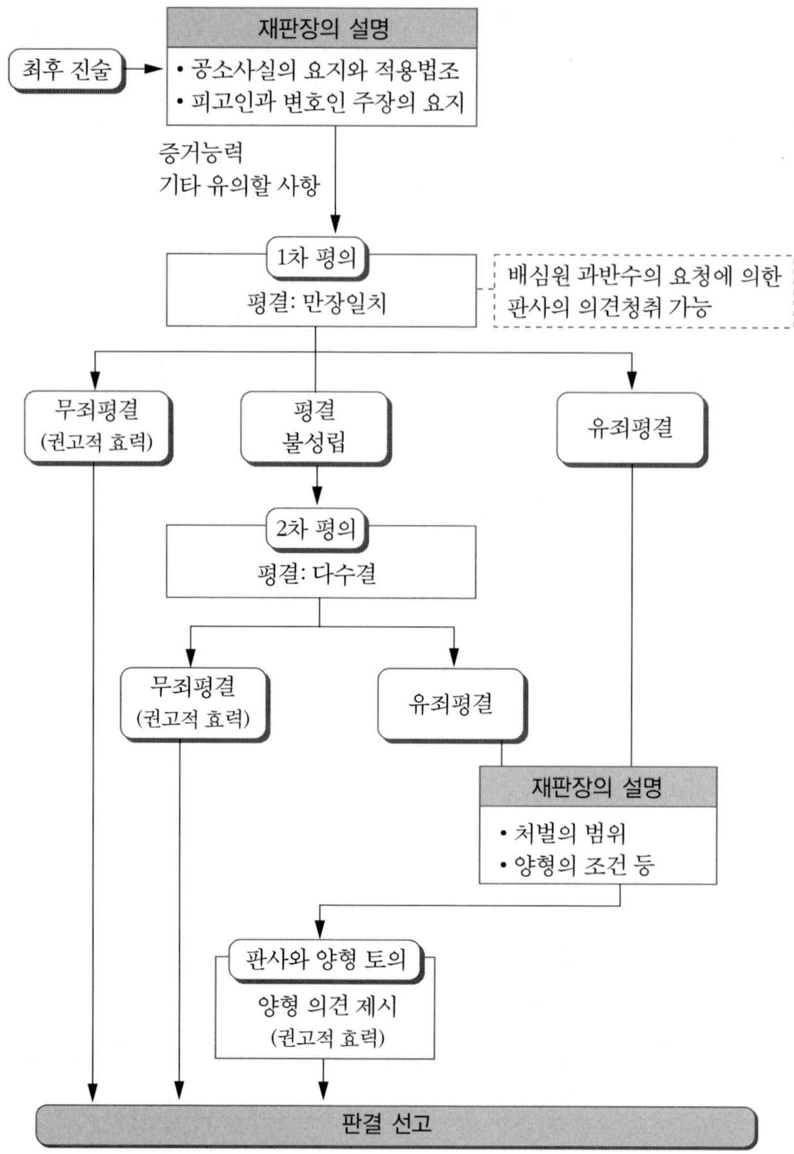

[그림 5-2] **평의, 평결의 절차**

토의, ⑤ 양형 의견 제시의 순이다([그림 5-2] 참조).[7)]

형벌의 종류에는 생명형(사형), 신체의 자유를 제한하는 자유형(징역, 금고, 구류) 그리고 범인에게 재산상의 불이익을 주는 재산형(벌금, 과료), 범인의 자격을 박탈 또는 제한하는 자격형이 있다.[8)] 사형제에 대해서는 이를 폐지해야 한다는 주장이 있으며, 유럽에서는 폐지한 나라도 많다. 그러나 미국의 여러 주에서는 사형제를 유지하고 있으며, 일본과 우리나라도 유지하고 있다. 그러나 현재 우리나라는 10년 이상 사형을 집행하지 않고 있어 '사실상' 사형제 폐지 국가로 분류된다. 징역(懲役)과 금고(禁錮)의 차이는 금고의 경우, 노역(勞役)에 복무하지 않는다는 점이다. 구류는 수형인(受刑人)을 1일 이상 30일 미만으로 짧은 기간 구치(拘置)하는 것을 말한다. 재산형의 경우에 5만 원 이상이면 벌금이고, 그 미만이면 과료(科料)다. 우리가 주위에서 흔히 보는 자동차 주차위반 등의 경우에 받는 벌칙인 과태료(過怠料)는 행정벌(行政罰)로서 벌금 · 과료와는 그 성격이 다르다. 즉, 수형자 명부에 올라가지는 않는다. 그러나 공무원인 경우, 인사상의 불이익을 받을 수도 있다.

제1심의 판결에 불복하는 경우에 피의자 및 검사는 고등법원에 항소할 수 있고, 고등법원의 판결에도 불복하는 경우 대법원에 상고할 수 있다.

4. 헌법재판소

1) 헌법재판소 설치의 의의

헌법은 한 국가의 최고법이며 국가의 통치구조를 밝히고, 국민의 자유와 권리를 보장하고 있는 법이다. 이러한 법이 국가를 통치하고 국민의 자유를 보장하는 데 있어 명목적으로만 존재한다면, 그 존재 가치가 반감(半減)될 것이다. 헌법의 실효성을 확보하기 위해서 마련된 것이 헌법재판소와 헌법재판이다. 헌법재판은 국가기관의 작용이 헌법에 위배되었는지의 여부를 심판하여 국민의 기본권을 보장하려는 데 그 의의가 있다.

우리나라는 '헌법재판' 제도가 제헌헌법 때부터 있기는 하였으나, 제대로 이루어지지는 못하였다. 그리하여 헌법의 존재를 국민 각자가 실감하지 못하고, '벽에 걸린 좋은 그림'과 같은 존재였다고까지 말할 수 있다. 특히, 과거 대통령이 절대권력을 행사할 때에는 헌법재판을 통하여, 국가권력을 견제하려는 생각은 거의 하지 못하였다. 그러다가 1987년에 개정된 현행 헌법에서 헌법재판소제도가 도입된 이후에는, 헌법재판소가 속속 중요 결정을 함으로써 국민 개개인에게 그 존재감을 확인시켜 주고 있으며, 국민 개개인의 자유와 권리 보장에도 많은 효과가 나타나고 있다.

어떤 국가 작용이 위헌인가의 여부를 심사하게 된 것은 미국의 대법원에서 시작되었다. 애초 미국 헌법에는 이러한 권한이 대법원에 명문(明文)으로 부여되어 있지는 않았으나, 어떤 사건에서 대법원이 적극적으로 이 권한을 행사함으로써 그 이후부터는 연방대법원이 위헌 여부 결정권(사법심사권)을 가지게 되었다. 이에서 보듯 미국은 헌법재판소라는 별도의 재판소를 두지 않고 기존의 연방대법원에서 사법심사권을 가지는 데 비하여 독일 · 프랑스 등 유럽대륙 국가에서는 기존의 대법원과는 별도의 헌법재판기관을 두고 있는데 우리나라는 이 후자의 유형에 속한다. 우리나라도 5 · 16 이후의 제3공화국에서는 대법원에 사법심사권을 부여하고 있었으나, 당시 대통령의 절대권력이라는 시대적 제약도 있고 하여, 적극적으로 심판권을 행사하지 못하였다. 현재 우리나라의 위헌법률심사권은 헌법재판소가 가지고 있고, 명령 · 규칙에 대한 심판권은 대법원이 가지고 있어 이원화되어 있다.

헌법재판소는 법관의 자격을 가진 9인의 재판관으로 구성되는데 이들을 대통령이 임명한다. 9인 중 3인은 국회에서 선출하며, 3인은 대법원장이 지명하고, 3인은 대통령이 독자적으로 지명한다(제111조 제2항, 제3항). 헌법재판소의 장은 국회의 동의를 얻어 헌법재판관 중에서 대통령이 임명한다(제111조 제4항).

2) 헌법재판소의 권한

헌법재판소의 권한에는 ① 위헌법률심판권, ② 탄핵심판권, ③ 정당해산심판권, ④ 국가기관 상호 간, 국가기관과 지방자치단체 간 및 지방자치단체 상호 간의 권한쟁의심판권, ⑤ 헌법소원심판권이 있다. 이 중 국민 개개인과 밀접한 관련이 있는 것은 헌법소원심판권(제111조 제1항)이므로, 헌법소원심판에 대하여 언급하고자 한다. 헌법소원이란 공권력(公權力)에 의하여 기본권을 침해당했다고 생각하는 사람이 헌법재판소에 그 공권력의 위헌 여부를 심판하여 달라고 청구하는 것을 말하며, 이를 통하여 기본권 침해를 구제받을 수 있다.

헌법소원심판에는 2가지 종류가 있다. 첫 번째는 '권리구제형(權利救濟型)' 헌법소원이라고 하는 것이다. 이에 대해, 헌법재판소법은 "공권력(公權力)의 행사 또는 불행사(不行事)로 인하여 헌법상 보장된 기본권을 침해받은 자는 법원이 재판을 제외하고는 헌법소원을 청구할 수 있다(제68조 제1항)"고 규정하고 있다. 이것은 국가기관이 개인의 기본권을 침해했을 경우, 그 국가기관을 피고로 하여 헌법재판소에 심판을 청구하는 것이며, 본래 의미의 헌법소원이다. 두 번째는 위헌법률심사형(違憲法律審査型) 헌법소원이라고 하는 것이다. 이에 대해, 헌법재판소법은 "…… 법률의 위헌 여부 심판의 제청 신청이 기각당한 때에는 그 신청을 한 당사자가 헌법재판소에 헌법소원심판을 청구할 수 있다……." (헌법재판소법 제68조 제2항)고 규정하고 있다. 이 유형은 재판을 받는 도중, 그 재판에 적용되어야 할 어떤 법률이 자신의 기본권을 침해했다고 생각되는 경우, 법원에 위헌법률심사 제청을 해 달라고 요청해 보고 그것이 법원에 의해 받아들여지지 않는 경우, 개인이 직접 헌법재판소에 심판을 청구하여 해당 법률의 위헌 여부를 따지는 제도다.

헌법소원심판의 한 예를 들어 보자. K 씨는 의사자격증이나 한의사자격증 혹은 침구사 자격증이 없으면서도 "○○뜸사랑"이라는 간판을 걸고, 돈을 받고 환자들에게 자석을 부착하여 치료를 하는 의료행위를 하였다. 그런데 이러한 행위는 '의사가 아니면서 치료행위를 하는 것에 해당되어' '의료법' 위반 혐의로 당국에 적발되어 형사재판을 받고 있었다. 재판을 받던 도중, K 씨는 문제의 '의료법'이 개인(이 경우는 K 씨 자신)의 '직업선택의 자유'를 침해했다며, 그 법률의 무효를 주장하는 헌법소원을 제기하였다. 그런데 이와 유사한 건(件)은 '○○온열치료기' '중국에서 한의사 자격증을 받아 왔지만 우리나라 자격증은 없는 사람' 등 여러 건 있었다. 이에 대해 여러분은 어떻게 생각하는가?

헌법재판소는 2010년 7월 29일자 선고에서, 국민들의 건강을 보호하기 위해서는 금지규정이 필요하다는 이유로 합헌판결을 내렸다(헌법소원을 제기한 K 씨 등이 패소함).

최근 매스컴에 크게 보도된 사건을 예로 들다 보니, 헌법소원심판을 제기한 사람이 패소한 사례를 들게 되었는데, 승소한 사례도 적지 않다. 꽤 오래되었지만, 예전에는 '국립사범대학 졸업생들을 우선적으로 교사로 발령을 내던 제도'가 있었다. 이에 대해 사립대학을 졸업한 사람이 헌법재판을 청구하여 위헌 판결(승소)을 받아 내었다. 그 뒤부터 지금과 같은 '교사임용고사' 제도가 생겼다. 그런가 하면, 초등학교 임용고사에서 '지역가산

점제'에 대해 헌법소원을 제기한 일도 있었으나, 이 건(件)에서는 소원 제기자가 패소하였다(합헌판결).

위헌판정을 하기 위해서는 헌법재판관 9명 중 6명 이상이 찬성을 해야 한다. 예를 들어, 9명 중 5명이 위헌판정에 찬성을 하면, 과반수가 되지만 위헌판정을 내릴 수는 없다. 이는 위헌판정을 신중히 내리도록 하기 위해서다.

5. 지방자치

각 지방의 일을 맡는 기관으로 지방자치단체(地方自治團體)가 있다. 지방자치는 주민들이 자기 지방의 일을 스스로 처리해 나감으로써, '민주주의의 학교'가 될 수 있다. 우리나라 지방자치단체에는 광역 지방자치단체와 기초 지방자치단체의 두 급이 있다. 전자(前者)로는 1특별시, 6광역시, 9도(특별자치도 포함)가 있으며, 후자로는 232개 시 · 군 · 구가 있다. 현재의 지방행정구역은 1896년(고종) 도입된 13도제를 기본 뼈대로 한 것인데 최근(2009. 3) 이것을 단순화해야 한다는 논의가 있다.

지방자치제도 중에서 특히 언급할 것은 직접민주정치제도를 강화하여 실시하고 있는 점이다. 현재 우리나라에서 실시하고 있는 제도로는 '주민발의' '주민투표' '주민소환' 제도가 있다(〈표 5-2〉 참조)(○○일보, 2007년 5월 29일, 제27면). 모두 2000년대에 들어서 도입되었다. 미국에서는 1903년 캘리포니아(California) 주 로스앤젤레스(Los Angeles) 시에서 최초로 도입하였으며, 유럽의 경우 스위스와 독일에서 실시하고 있다. 독일의 경우 통일 후 불안해하는 동독 주민을 달래기 위해서 실시하였으며, 이후 더욱 강화되어 현재는 지자체장이 임명하는 주요 공직자까지도 그 대상으로 하고

〈표 5-2〉 우리나라 지방자치에 시행되고 있는 직접민주정치제도

구 분	주민발의	주민투표	주민소환
도입 시기	2003년	2004년	2007년
내용	조례 제정을 주민이 직접 추진	주민에게 과도한 부담이나 영향을 주는 정책에 대해 직접 투표	선출직 지방공무원을 임기 만료 전에 해임
절차	주민 의사 수렴과 형성 유권자 5% 이상의 서명으로 지자체장에게 청구 지자체장이 조례안을 작성, 지방의회에 안건으로 부의	유권자 1/20~1/50의 서명으로 청구, 의회 결의 유권자 1/3 투표, 과반수 찬성으로 통과 사례: 방사선 폐기물 처리시설 유치 건(군산시, 2005년)	유권자 10~20% 서명으로 청구 해당 지역 단체장 불러 해명 들은 뒤 투표 유권자 1/3 투표 과반수 찬성으로 해임

있다.

우리나라에서 실시된 '주민투표'로는 제주도 행정체계 개정에 대한 것(2005) 그리고 방폐장 건설에 대한 것(2005)이 있다. 최근(2011)에는 서울시에서 무상급식을 둘러싼 주민투표가 실시된 바 있다. 또한 '주민소환제'에 의한 투표 사례로는 혐오시설 유치를 둘러싸고 이루어진 경기도 하남시장에 대한 소환투표(2007), 해군기지 건설을 둘러싸고 행해진 제주특별자치도지사 소환투표(2009년)가 있다.

이러한 사례에서도 보듯이 이 제도들의 실제 상황은 대단히 민감하고 논쟁적인 문제들을 다루고 있다. 그래서 이 제도에 대해서는 찬반 논란이 있다. 주민소환제의 장점으로 우리가 생각할 수 있는 것은 이 제도가 있음으로 해서 지방자치단체가 "주민의 의견에 더 귀를 기울일 것이다"라고 하는 것이며, 단점은 걸핏하면 주민의 일부가 소환투표를 요구하여 지방행정이 흔들리고 비효율을 낳을 수 있으며, 정당 간 정치투쟁의 수단으로 악용될

수 있다는 점, 지역 내 갈등을 부추길 수 있다는 점 등을 들 수 있다.

지방자치단체에서는 그 지방에 필요한 사항을 조례로 정할 수 있다. 예를 들어, 서울시 조례로 '서울특별시 도시공원 조례(2007)'를 제정하였는데, 이에 의하면 애완견 목줄 미착용은 5만 원, 배설물 무단 방치는 7만 원의 과태료를 물리도록 하고 있다(○○신문 인터넷판, 2010. 10. 17). '규칙'은 지방자치단체의 장이 정하는 것으로 '조례'보다 더 하위 법령이다.

읽어 볼 자료

김명주(2010). **헌법사산책**. 서울: 산수야.

서재천(2009). "국민참여재판제도의 실시에 따른 초등사회과 법교육에 관한 소고", 한국사회과교육연구학회. **사회과 교육연구**. 제48권, 4호.

전인권(2006). **박정희 평전**. 서울: 이학사.

조한상(2019). **대한민국헌법의 기본 줄기**. 서울: 범한.

이도형(2008). **건국의 아버지 이승만**. 서울: 한국논단.

이한우(2008). **우남 이승만, 대한민국을 세우다**. 서울: 해냄출판사.

허동현(2008). **(건국, 외교, 민주주의 선구자) 장면**. 칠곡군: 분도출판사.

인용 사료

1) 하태권 외(1998). **현대한국정부론**. 서울: 법문사. p. 30.

2) 성낙인(2010). **헌법학**. 파주: 법문사. p. 1042.

3) 성낙인(2010). 같은 책. p. 1048.

4) 성낙인(2010). 같은 책. pp. 1069-1070.

5) 성낙인(2010). 같은 책. p. 1158.

6) 법무부(2010). **한국인의 법과 생활**. pp. 383-391.

7) 서재천(2009). "국민참여재판제도의 실시에 따른 초등사회과 법교육에 관한 소고", **사회과교육연구**. 48(4에서 재인용, 원래는 도중진(2007). "배심원의 권한과

의무", 민주법학. 9(2). pp. 37-63.

8) 법무부(2010). 같은 책. pp. 403-404.

참고 자료

한국정신문화연구원 편저(2001). 장면 · 윤보선 · 박정희: 1960년대 초 주요 정치지도자 연구. 서울: 백산서당.

제 6 장

국민의 권리와 의무

1. 인권사상의 발달
2. 헌법상의 기본권에 관한 기초 사항
3. 국민의 기본권
4. 국민의 의무

제 6 장

국민의 권리와 의무

버지니아 권리 선언(Virginia Declaration of Rights)[1)]

제1조

모든 사람은 태어날 때부터 자유롭고 독립한, 일정한 생래(生來)의 권리를 가진다. 이러한 권리는 인민이 사회를 조직함에 있어서 어떠한 계약에 의해서도 인민의 자손으로부터 박탈할 수 없다. 그러한 권리는 재산을 취득 · 소유하고, 행복과 안녕을 추구 · 획득하는 수단을 수반하여 생명과 자유를 향유하는 권리다.

저에게는 꿈이 있습니다.[2)]

"저에게는 꿈이 있습니다.
언젠가는 저의 네 아들딸들이
사람을 피부 색깔이 아니라
성격과 인품에 의해서 평가하는
그런 나라에서 살게 될 날이

반드시 오고야 말 것입니다.
지금이 바로 모든 하나님의 자녀들이
우리 국가(國歌)의 새로운 의미를 마음속에 되새기며
이렇게 노래할 때입니다.
'젖과 꿀이 흐르는 땅, 우리의 조국
이 땅은 하나님의 나라
주님께 찬송과 영광을 돌릴지어다!'"

두 인용문 중 앞의 것은 미국독립선언 직전 버지니아 권리 선언의 제1조이며, 다음의 것은 흑인 인권 운동가 마틴 루터 킹(Martin luther King)의 1950년대 연설이다. 민주주의의 선진국 미국에서도 인간의 존엄과 권리보장이라는 이상(理想)의 실현은 쉽지 않았음을 생각하게 하는 문장이다.

제6장에서는 '인권'과 국민의 권리와 의무를 어떻게 규정하고 있으며, 실제 재판에서는 그것이 어떻게 해석되고 있는지 판례 등을 통하여 알아보고 생각해 보자.

1. 인권사상의 발달

미국 '버지니아 권리 선언'을 보면 모든 사람은 타고난 권리를 가지고 있으며, 국가라 할지라도 이것을 제한할 수는 없다고 선언하고 있다. 이는 인간권리의 천부인권성(天賦人權性)을 표명하고 있다고 할 수 있다. 제3장 근대 민주주의의 발달에서 언급하였듯이 근대 민주주의의 발달과정은 곧 인권사상의 발달과정이었다고 할 수 있다. 17세기 영국의 로크(Locke)는 사람은 자연 상태에서 '자연권'을 누리고 살고 있었으며, 그 권리는 '생명, 자유, 재산권' 이라고 하였다. 영국에서는 이보다 더 일찍부터 인권이 정부 차원의 문서에서 보장되었다.[3] 예를 들어, 1647년의 인민협정(Agreements of the People)은 종교와 양심의 자유, 평등권, 신체 및 병역의 강제로부터의 자유, 재산권 등을 규정하였다. 명예혁명 뒤에 나온 권리장전(Bill of Rights)은 청원권과 언론의 자유 및 형사절차의 보장 등을 규정하고 국회의 동의를 받지 아니하고는 법률의 효력을 정지시키거나 세금을 징수하지 못하도록 규정하였다.

로크의 사상에 강한 영향을 받은 독립전쟁 당시의 미국인들은 독립선언서에서 인간이 자연권을 보유하고 있으며, 정부란 모름지기 이 자연권을 확보하기 위해 만들어진 것이며, 어떤 정부가 이 목적을 달성하지 못하고 그것을 침해한다면, 인민은 그 정부를 전복시키고 새로운 정부를 구성할 권리가 있음을 다음과 같이 선언하고 있다.[4]

> "우리는 다음의 사실을 자명(自明)의 진리로 확신한다. 모든 사람은 평등하게 창조되었고, 그들은 조물주에 의하여 일정한 불가양(不可讓)의 천부(天賦)의 권리를 부여받았으며, 그중에는 생명과 자유와 행복을 추구할 권리가 포함되어 있다. 또 이러한 모든 권리를 확보하기 위해 인류 사이에 정부가 조직되었다는 것 그리고 (정부의) 정당한 권력은 피치자(被治者)의 동의(同意)에서 유래하는 것이다. 그리고 어떠한 정치형태라 할지라도 이러한 목적을 훼손하기에 이른 경우에는 인민은 그것을 개폐하고 그들의 안전과 행복을 가져올 수 있는 주의(主義)를 기초로 하여 권한의 기구를 가질 새로운 정부를 조직하는 권리를 가지고 있다."

그러나 독립선언이 발표된 지 11년 뒤인 1787년에 나온 미국 연방헌법(聯邦憲法)은 국민의 기본권을 규정하지 않았다. 이것이 문제가 되어 다시

4년 뒤인 1791년에 10개조의 인권조항(권리장전)을 수정조항으로 삽입하게 되었다. 미국에서는 헌법을 전면적으로 새로 쓰는 방식으로 헌법을 개정하는 것이 아니라 필요할 때마다, 필요한 사항을 한 가지씩 추가해 나가는 방식으로 하고 있는데, 수정헌법 10개조 이후에도 계속 추가되어 현재에는 수정 27조까지 나와 있다(마지막 개정은 1992년). 미국 수정조항에서는 제2조에서 '무기 휴대의 권리'를 인정하고 있으며, 제13조(1865)는 '노예제도 폐지'를, 제19조(1920)는 '여성의 선거권'을, 제32조(1951)는 대통령의 임기 제한을, 제26조(1971)는 '선거권 부여 연령'을 18세 이상으로 낮추는 것을 규정하고 있다.

프랑스에서는 프랑스대혁명이 발발한 해(1789)에 "인간과 시민의 권리선언(프랑스 인권선언)"이 발표되었는데, 제1조에서 "인간(남성)은 자유롭게 그리고 권리에 있어서 평등하게 태어나 존재한다."고 규정하여, 인간이 자유롭고 평등한 존재임을 밝혔다.

그런데 18, 19세기에 나온 헌법 규정이나 선언들은 그 내용이 시민적·자유권적 성격을 지닌 것이 특징이었다. 그러나 자본주의가 발달하면서 사람들 사이의 경제적 격차가 커지는 등의 문제점이 나타나 더는 종전과 같이 자유권이나 재산권을 절대적인 것으로 생각할 수 없게 되었다. 이러한 사상을 처음으로 헌법전에 담은 것은 제1차 세계대전 이후에 성립한 독일 바이마르(Weimar) 공화국이었다. 동 헌법에서는 "소유권은 의무를 수반한다. 그 행사는 동시에 공공복리에 이바지하여야 한다."고 규정하였다.

인권 사상은 제2차 세계대전 후, 한 국가 차원에만 머무르지 않고 세계 차원에서 확산되고 보편화되었다. 나치즘의 인권유린 행위에 경악한 연합국은 전후 국제평화를 확보하기 위하여 유엔을 창설하였는데 유엔헌장(1945)에서 인권을 확인하였다. 그 후 유엔은 세계인권선언(1948)을 발표하였는데, 그 내용은 다음과 같다(국가인권위원회가 작성한 낭독용).[5)]

제1조: 모든 사람은 태어날 때부터 자유롭고, 존엄하며, 평등하다. 모든 사람은 이성과 양심을 가지고 있으므로 서로에게 형제애의 정신으로 대해야 한다.

제2조: 모든 사람은 인종, 피부색, 성, 언어, 종교 등 어떤 이유로도 차별받지 않으며, 이 선언에 나와 있는 모든 권리와 자유를 누릴 자격이 있다.

제3조: 모든 사람은 자기의 생명을 지킬 권리, 자유를 누릴 권리, 그리고 자신의 안전을 지킬 권리가 있다.

제4조: 어느 누구도 노예가 되거나 타인에게 예속된 상태에 놓여서는 안 된다. 노예제도와 노예매매는 어떤 형태로든 일절 금지한다.

제5조: 어느 누구도 고문이나 잔인하고 비인도적인 모욕, 형벌을 받아서는 안 된다.

제6조: 모든 사람은 법 앞에서 '한 사람의 인간'으로 인정받을 권리가 있다.

제7조: 모든 사람은 법 앞에서 평등하며, 차별 없이 법의 보호를 받을 필요가 있다.

제8조: 모든 사람은 헌법과 법률이 보장하는 기본권을 침해당했을 때, 해당 국가 법원에 의해 효과적으로 구제받을 권리가 있다.

제9조: 어느 누구도 자의적으로 체포, 구금, 추방을 당하지 않는다.

제10조: 모든 사람은 자신의 행위가 범죄인지 아닌지를 판별받을 때, 독립적이고 공평한 법정에서 공평하고 공개적인 심문을 받을 권리가 있다.

제11조: 범죄의 소추를 받은 사람은 자신을 변호하는 데 필요한 모든 것을 보장받아야 하고, 누구든지 공개재판을 통해 유죄가 입증될 때까지 무죄로 추정될 권리가 있다.

제12조: 개인의 프라이버시, 가족, 주택, 통신에 대해 타인이 함부로 간섭해서는 안 되며, 어느 누구의 명예와 평판에 대해서도 타인이 침해해서

는 안 된다.

제13조: 모든 사람은 자기 나라 영토에서 어디든 갈 수 있고, 어디서든 살 수 있다. 또한 그 나라를 떠날 권리가 있고, 다시 돌아올 권리도 있다.

제14조: 모든 사람은 박해를 피해, 타국에 피난처를 구하고 그곳에 망명할 권리가 있다.

제15조: 누구나 국적을 가질 권리가 있다. 누구든지 정당한 근거 없이 국적을 빼앗기지 않으며, 자기 국적을 바꾸거나 다른 국적을 취득할 권리가 있다.

제16조: 성년이 된 남녀는 인종, 국적, 종교의 제한을 받지 않고 결혼할 수 있으며, 가정을 이룰 권리가 있다. 결혼에 관한 모든 문제에 있어 남녀는 똑같은 권리를 갖는다.

제17조: 모든 사람은 혼자서 또는 타인과 공동으로 재산을 소유할 권리가 있다. 어느 누구도 자기 재산을 정당한 이유 없이 남에게 함부로 빼앗기지 않는다.

제18조: 모든 사람은 사상, 양심, 종교의 자유를 누릴 권리가 있다.

제19조: 모든 사람은 의사표현의 권리를 누릴 권리가 있다.

제20조: 모든 사람은 평화적 집회 및 결사의 자유를 누릴 권리가 있다.

제21조: 모든 사람은 직접 또는 자유롭게 선출된 대표자를 통해, 자국의 정치에 참여할 권리가 있다.

제22조: 모든 사람은 사회의 일원으로서 사회보장을 받을 권리가 있다.

제23조: 모든 사람은 일할 권리, 자유롭게 직업을 선택할 권리, 공정하고 유리한 조건으로 일할 권리, 실업 상태에서 보호받을 권리가 있다. 모든 사람은 차별 없이 동일한 노동에 대해 동일한 보수를 받을 권리가 있다.

제24조: 모든 사람은 노동시간의 합리적인 제한과 정기적 유급휴가를 포함하여, 휴식할 권리와 여가를 즐길 권리가 있다.

제25조: 모든 사람은 먹을거리, 입을 옷, 주택, 의료, 사회 서비스 등을 포함해 가족의 건강과 행복에 적합한 생활수준을 누릴 권리가 있다.

제26조: 모든 사람은 교육받을 권리가 있다. 초등교육과 기초교육은 무상이어야 하며, 특히 초등교육은 의무적으로 실시해야 한다. 부모는 자기 자녀가 어떤 교육을 받을지 '우선적으로 선택할 권리'가 있다.

제27조: 모든 사람은 자신이 속한 사회의 문화생활에 자유롭게 참여하고, 예술을 즐기며, 학문적 진보와 혜택을 공유할 권리가 있다.

제28조: 모든 사람은 이 선언의 권리와 자유가 온전히 실현될 수 있는 체제에서 살아갈 권리가 있다.

제29조: 모든 사람은 자신이 속한 공동체에 대해 한 인간으로서 의무를 진다.

제30조: 이 선언에서 말한 어떤 자유와 권리도 다른 사람의 권리와 자유를 짓밟기 위해 사용될 수 없다. 어느 누구에게도 남의 권리를 파괴할 목적으로 자기 권리를 사용할 권리는 없다.

앞에서 보는 바와 같이 세계인권선언은 총 30개조로 되어 있는데, 이를 5가지로 분류할 수 있다.[6] ① 총칙적인 성격을 갖는 평등원칙 규정(제1, 2조), ② 생명, 자유, 신체의 안전 등 자유권에 관한 규정(제3조~제20조), ③ 참정권 및 공무담임권(제21조), ④ 근로 · 교육의 권리 등 사회권(제22조~제27조), ⑤ 권리에 따른 의무 등을 규정한 조항(제28조~제30조). 영어에서는 보통 ①~③까지를 '시민적 · 정치적 권리'(civic and political rights)라 하고, ④를 경제적 · 사회적 권리라 한다. 우리 헌법 학계에서 일반적으로 쓰는 분류법에 따르면, 대체적으로 '자유권, 참정권, 청구권'이 전자에 해당되고, 사회권이 후자에 해당된다. 역사적으로는 전자는 근대 민주주의 시기(17~18세기)에, 후자는 현대 민주주의 시기(19세기 후반~20세기 초)에 확립

영어	시민적 · 정치적 권리	사회적 · 경제적 권리
우리 분류	자유권, 참정권, 청구권	사회권

된 권리다.

1966년에는 국제연합인권규약이 채택되었는데 이 규약은 ① 경제적 · 사회적 · 문화적 권리에 관한 국제규약(A규약), ② 시민적 · 정치적 권리에 관한 국제규약(B규약), ③ 시민적 · 정치적 권리에 관한 국제규약의 선택의정서의 셋으로 되어 있다. 우리나라는 1990년에 가입하였으며, 이 규약을 지켜야 할 의무를 지고 있다.

1980년대에는 제3세대 인권으로 범세계적인 환경보호, '연대권(solidarity)' 등이 강조되고 있다.

2. 헌법상의 기본권에 관한 기초 사항

헌법상에서는 '기본권'이라는 용어가 사용되고 있는데, '인권'이라는 용어는 인간이라면 누구나 가져야 한다는 의미를 담고 있으며, 이것이 국가의 법에 규정된 것이 '기본권'이라고 말할 수 있다(自然權性). 또한 기본권은 개인을 위한 주관적 공권(主觀的公權)으로서의 성격을 지닌다. 이 말은 개인의 어떤 권리가 침해받은 경우, 그 침해의 배제를 요구할 수 있다는 의미다.[7] 국가기관이 어떤 개인의 사생활을 침해하는 경우, 그 개인은 국가에 그 중지를 요구할 수 있다(헌법소원이 그 대표적인 것임). 이에 비해 '사회권(생존권)'은, '노력 사항'인 성격이 있다. 예를 들어, 헌법에는 '근로의 권리'가 규정되어 있지만, 많은 젊은이들이 직업을 못 구한다고 해서 그들이 당장 '직업을 달라'고 국가에 법적으로 요구할 수 있는 것은 아니라는 것이다(프로그램적 성격). 그렇지만 '사회권(생존권)' 도 그 법적 권리성이 인정되어 가고 있는 추세다.

기본권은 무제한적인 것은 아니다. 우리 헌법은 "국민의 모든 자유와 권리는 ① 국가안전보장, ② 질서유지 또는 ③ 공공복리를 위하여 필요한 경우에 한하여 법률로서 제한할 수 있으며, 이를 제한하는 경우에도 자유와 권리의 본질적인 내용을 침해할 수 없다(제37조 제2항)." 고 규정하고 있다. 이것을 보면, 국민의 자유와 권리를 제한할 수 있는 3가지 이유가 있으며, 그것이 꼭 필요한 때에만(비례성의 원칙), 그것도 반드시 국민의 대표인 국회에서 제정한 법률로만 할 수 있음을 밝히고 있다. 그리고 아무리 이 같은 조건을 갖추었다 하더라도 '본질적인 내용' 은 침해할 수 없다고 하고 있다. 다음의 두 판례를 보자.*

〈사례 : 비례성-1〉 [문제 제기]: 남편과 아내가 각각 부동산을 가지고 있는 경우, 세법(稅法)에서는 그것을 합산하여 종합소득세를 부과하도록 하였는데(합해서 세금을 부과하므로 세금이 많아짐) 이는 독신자, 사실혼 관계의 부부 등에 비하여 차별하여 세금을 매기는 것이므로 위헌이다(비례성의 원칙 위반).

[세무서 입장]: 부부는 '하나의 경제' 단위를 이루므로 남편과 아내의 재산을 합산하여 세금을 매기는 것이 이치에 맞다(비례성의 원칙에 위반되지 않는다). [판결] ?

〈사례 : 비례성-2〉 [문제 제기]: 음주 측정을 거부하였다고 하여, 운전면허를 취소하도록 한 도로교통법은 과도한 처벌이다.

---

* 여기에서 소개하는 판례들은 성낙인(2009). **판례헌법**(제2판). 법문사./ 김철수(2008). **헌법학개론**(제19전정신판). 박영사에서 인용한 것이다(이하 동일).

[경찰서 입장] 교통사고를 줄이기 위해서는 필요하다(질서유지). [판결] ?

3. 국민의 기본권

헌법상의 국민의 기본권을 분류하는 방식에는 여러 가지가 있으나 여기에서는 원칙적으로 성낙인의 분류법에 따르기로 한다(〈표 6-1〉 참조).[8]

〈표 6-1〉 기본권의 분류

기본권	1) 인간의 존엄과 가치 및 행복추구권	① 인간의 존엄과 가치: 근본 규범, 일반적 인격권(명예권, 초상권, 성명권)
		② 행복추구권: 일반적 행동자유권, 개성의 자유로운 발현권, 소비자의 자기결정권
	2) 평등권	① 정치 면 ② 경제 · 사회 면 ③ 문화 면
	3) 자유권	① 인신(人身)의 자유: 생명권, 신체의 자유
		② 정신의 안전과 자유: 양심, 종교, 학문, 예술, 언론 · 출판, 알권리, 집회 · 결사,
		③ 사생활의 안전과 자유: 주거, 사생활의 비밀, 통신
		④ 사회 · 경제적 안전과 자유: 거주 이전, 직업선택, 재산권
	4) 정치권(참정권)	① 선거권 및 피선거권, 인간다운 생활권
		② 공무담임권
		③ 직접민주주의의 원리에 입각한 참정권(국민투표권)
	5) 사회권(생존권)	① 인간다운 생활을 할 권리
		② 교육을 받을 권리
		③ 근로기본권: 근로의 권리, 근로3권
		④ 환경권
		⑤ 혼인과 가족

6) 청구권적 기본권	① 청원권
	② 재판청구권
	③ 국가배상청구권
	④ 국가보상청구권
	⑤ 범죄피해자구조청구권

1) 인간으로서의 존엄과 가치 및 행복추구권

헌법 제10조는 "모든 국민은 인간으로서의 존엄과 가치를 지니며, 행복을 추구할 권리를 가진다. 국가는 개인이 가지는 불가침의 기본적 인권을 확인하고 이를 보장할 의무를 진다."고 규정하고 있다. 이 규정은 인간이 인간으로서 당연히 지녀야 할 자연법적 권리를 헌법에 규정한 것이라고 볼 수 있다. 앞에서 보았듯이, 버지니아 권리선언, 미국독립선언, 프랑스 인권선언 등에서 인간은 남에게 양도할 수 없는 권리를 가지고 태어난다고 하였다. 이러한 성격의 권리를 우리 헌법도 수용하고 있는 것이다.

인간의 존엄과 가치 먼저 '인간으로서의 존엄과 가치'는 국가의 근본규범이며, 법해석의 최고 기준이다. 그러므로 학살, 인간복제(複製), 고문, 노예제도, 강제노동, 인간에 대한 생체실험, 유전자 정보의 악용, 잔인하고 가혹한 형벌 등[9]은 인간을 수단화하는 것으로, '인간의 존엄과 가치'에 위배된다. '인간의 존엄과 가치'로 인정되는 구체적 권리로는, '일반적 인격권'이 있는데 이에는 명예권, 초상권, 성명권 등이 포함된다.

〈사례: 존엄성-1〉 [문제 제기]: "유치장에서 신체검사를 할 때 과잉 수색 행위를 하는 것은 기본권 침해다." [판결] ?

〈사례 : 존엄성-2〉 [문제 제기] : 이름을 바꾸려고 하는데 규정이 너무 까다롭다. [판결] ?

〈사례 : 존엄성-3〉 [문제 제기] : 거짓말 탐지기 사용은 기본권의 침해다. [판결] ?

행복추구권 '행복추구권'은 미국독립선언서에 나오는 권리로, 자연권이 우리 헌법에 규정되었다고 볼 수 있다. 이것은 말 그대로 개인이 각자의 행복을 추구할 수 있다는 것으로, '인간으로서의 존엄이나 가치' 규정과 밀접한 관계에 있으며, 포괄적 성격을 갖는 기본권이다. 구체적으로는 '일반적 행동 자유권' '개성의 자유로운 발현권'(發顯權) '성적 자기 결정권' '소비자의 자기 결정권' 등이 인정된다.

〈사례 : 행복-1〉 [문제 제기] : 개인에게 안전띠를 강제하는 도로교통법은 위헌이다. [판결] ?

〈사례 : 행복-2〉 [문제 제기] : '국산영화의무상영제'는 공연장 경영자의 행복추구권을 침해한다. [판결] ?

〈사례 : 행복-3〉 [문제 제기] : 결혼식 하객에서 주류와 음식물을 접대하는 것을 금지한 '가정의례에 관한 법률'은 일반적 행동자유권을 침해한 것이다. [판결] ?

〈사례 : 행복-4〉 [문제 제기] : 나의 남편은 내가 원하지 않는 데도 강제로 성관계를 가졌다. 남편을 강간죄로 고소한다. [남편] : 부부관계란 성관계를 서로 허용하는 것이다. [판결] ?

2) 평등권

헌법 제11조 제1항은 "누구든지 성별 · 종교 또는 사회적 신분에 의하여 정치적 · 경제적 · 사회적 · 문화적 생활의 모든 영역에서 차별을 받지 아니한다."고 규정하고 있다. 민주주의의 양대 원리 중의 하나가 평등권임은 앞장에서도 언급하였다. 그런데 이 세상에서 '100%' 평등, 즉 절대적 평등은 없다. '어떤 사정'으로 인해 다른 사람과 다르게 취급하는 것이 사회의 일반적 현상이다. 예를 들어, 대학입학시험에서 성적이 좋은 학생을 우선적으로 입학시키고 있다. 이는 너무도 당연하다고 생각될지 모르지만, '농어촌 학생'들이나, '국가유공자의 자녀들'도 우선 입학시킨다. 그런가 하면 여성에게는 각종 우대정책을 쓰고 있다. 문제는 그러한 구별이 합리적이며, 형평과 정의에 맞는가 하는 것이다. 그런 의미에서 여기에서 말하는 평등은 상대적 평등이다.

평등의 기준에서 현재 가장 시대적 화두로 되어 있는 것은 '성별'이다. 다문화가족 어린이의 '출생에 의한 국적 취득'에 있어서 부계(父系) 혈통주의를 취한 것, 정리해고 대상자를 선정하면서 사내(社內) 부부 중 여성 사원만을 퇴직시킨 것, 종중(宗中)의 회원을 남성에게만 한정한 것, 과거 공무원 채용시험에서 군 복무를 필한 사람에게 가산점을 주는 것 등은 평등의 원칙을 침해한 것으로 위헌판정을 받았다.[10)]

영역별로 보면, '정치영역'에서 선거권 연령을 20세로 제한한 것은 합헌이며(현재는 19세로 됨), 선거구 획정에서 그 차이가 3대 1 이상이면 위헌이고, 선거에서 정당공천 후보자와 무소속 후보자의 기탁금(寄託金)에 차이를 두는 것은 위헌이라고 하였다. '경제 · 사회 영역'을 보면, 사립학교 교 · 직원 가운데 교원에게만 명예퇴직수당을 지급하도록 되어 있는 것은 합헌이라고 하였으나, 교사 채용에 있어서 국공립 교육대학 졸업자를 우선

채용하는 것은 위헌이라 하였다. '문화' 면에서는, 중학교 의무교육을 농어촌 지역부터 순차적으로 실시하는 것은 일견(一見) 도시 지역 사람들을 차별하는 것 같지만, 이는 타당하며 합헌이라고 하였다.

근래에 우리나라는 남녀평등 이념을 구현하기 위하여 각종 여성 우대 정책을 실시하고 있거나 실시하였다. 국회의원 선거나 지방의회 선거에서 비례대표제 후보자를 추천한 때에는 50/100 이상을 여성 후보로 추천하게 되어 있으며, '여성공무원채용목표제'도 실시되었다. 여기서 이런 부분들이 남성들을 차별하는 것이 아닌가 하는 문제가 제기될 수 있다. 이와 관련하여, 미국에서는 대학입시에서 흑인 학생들을 우대하는 제도를 마련하였는데 이에 대해 한 백인 수험생이 소송을 제기한 일이 있다. 법원은 흑인들의 열악한 처지를 개선하기 위하여 이 제도가 필요하며, 따라서 합헌이라고 하였는데, 이를 '적극적 시정조치(affirmative action)'라 하며, 우리나라에서도 여러 분야에서 이 원리가 적용되고 있다.

3) 자유권

근대 민주주의의 발달에서 가장 중요시되었던 것이 자유권이다. 20세기 들어 사회권(생존권)이 상대적으로 더 강조되기도 하였지만, 지금도 기본권 중 그 종류가 가장 많다. 자유권은 기본적으로 국가가 '가만히 있으면' 실현되는 성격의 기본권이다.

(1) 인신의 안전과 자유

생명권 우리 헌법에서 생명권에 관한 명문(明文)의 규정은 없으나, '인간의 존엄과 가치' '신체의 자유'에서 나온다고 보고 있다. 생명권과 관련해서는 '낙태' '안락사' '사형제도' 등이 논란이 된다.

신체의 자유 신체의 자유는 '자유' 바로 그것이라고 할 수 있다. 사람이 국가권력에 의하여 어떤 시설에 갇히는 것보다 더 직접적으로 그 사람의 자유를 속박하는 것은 없을 것이다. 절대군주 시기, 반대파에 대한 가장 강력한 탄압은 왕의 자의(恣意)대로 어떤 사람을 잡아 가두는 것이었다. 이는 매우 중요한 자유이며, 우리 헌법에서는 제12조에서 7개항, 제13조에서 3개항의 규정을 두고 있다.

제12조 제1항은 "모든 국민은 신체의 자유를 가진다. 누구든지 법률에 의하지 아니하고는 체포, 구속, 압수, 수색 또는 심문을 받지 아니하며(罪刑法定主義), 법률과 적절한 절차에 의하지 아니하고는 처벌·보안처분 또는 강제노역을 받지 아니한다."고 규정하고 있다. 여기서 '보안처분'이란 성범죄자들에게 전자발찌를 채우거나, 범죄자를 교도소에 보내지 않고 봉사를 하게 하는 것 등을 말하는데, 형법상 '처벌'과는 다르다.

이어서 제12조 제2항 이하에서 '고문' '자신에게 불리한 진술'을 강요당하지 않는다는 것, 구속할 때에는 법관(法官)이 발부한 영장(令狀)을 제시하여야 한다는 것, 변호인의 조력을 받을 권리가 있다는 것, 그런 권리가 있다는 것을 고지받을 권리(넓은 의미의 '미란다' 원칙), 구속적부심사청구권(拘束適否審査請求權), 자백(自白)이 피고인에게 불리한 유일한 증거인 경우에는 유죄의 증거로 삼을 수 없다는 것을 규정하고 있다.

제13조에서는 형벌불소급(刑罰不遡及)의 원칙과 일사부재리(一事不再理, 이중처벌금지)의 원칙(제1항)을 규정하고, 참정권 및 재산권과 관련한 소급입법 금지의 원칙 및 연좌제(連坐制) 금지의 원칙(제2항)을 규정하고 있다.

이 중 '형벌불소급'에 대해서 말하면, 이것은 어떤 행위를 했을 경우, 그것이 그 당시에 범죄행위가 아니었다면 나중에 법을 만들어 그 행위를 처벌할 수는 없다는 것인데, '법적인 의미'가 아닌 '정치적 의미'로 보면, 사회에는 '형벌소급'이 있어 왔다. 4·19 혁명 이후 제1공화국에서 한 행위들을 처벌한 것을 예로 들 수 있다. 현재 '5 · 18 특별법'은 소급입법이 아닌 것으로 판례가 나와 있다.

(2) 정신의 안전과 자유

양심의 자유 양심의 자유(제19조)는 인간의 윤리적 · 도덕적 내심(內心)의 문제다. 양심의 자유와 관련해서는, 양심을 이유로 한 병역(집총 거부), 사죄광고방송제도, 사죄광고제도, 준법서약서제도 등이 문제된다. '사죄광고방송제도'는 위헌판정되었으며, '준법서약서제도'는 헌헌판결을 받았으나 그 후 폐지되었다. 학교교육과 관련해서는 국가인권위원회에서 교사가 학생들의 일기장을 검사하는 것은 학생의 양심의 자유를 침해한다고 하였다.

종교의 자유 서양에서 종교의 자유가 얼마나 문제가 되었는지는 유럽사가 보여 주고 있다. 우리 헌법에서는 제19조에서 종교의 자유와 국교금지(國敎禁止)의 원칙을 규정하고 있다. 종교의 자유의 한 분야로서 종교교육의 자유가 인정되며, 따라서 특정 종교단체에서 설립한 학교에서 종교교육을 하는 것은 원칙적으로 자유다. 그런데 현재 도시 지역 중 · 고등학교에서는 개인의 의사와 상관없이 입학교가 결정되고 있어, 학생 개인의 종교의 자유와 종교학교의 종교의 자유가 충돌하는 경우가 있다. 이 문제는 중등학교처럼 강제 배정은 아니지만, 대학에서도 종교과목이 논란이 되고 있다.

초등학교는 대부분이 국공립인 바, 국공립 초등학교에서는 정교분리(政敎分離)의 원칙에 따라 특정 종교교육을 해서는 안 된다.

학문의 자유 학문의 자유(제22조)란 진리탐구의 자유를 말하는데, 일반적으로 대학이 진리탐구의 전당으로 자리매김되어 있다. 대학교수는 자신이 연구한 것을 바탕으로 강단에서 자유롭게 강의할 수 있다. 그런데 학문의 자유와 관련해서는 그것이 왜 대학교수에게만 해당되고, 중 · 고등학교 이하의 교사에게는 인정되지 않는가 하는 비판이 있다. 이에 대해, 헌법재판소에서는 "초 · 중 · 고교의 교사는 자신이 연구한 결과에 대하여 스스로 확신을 갖고 있다 하더라도 그것을 학회에 보고하는 것은 별론으로 하고, 수업의 자유를 내세워 함부로 학생들에게 여과 없이 전파할 수 없다. 나아가 헌법과 법률이 지향하고 있는 자유민주적 기본질서를 침해할 수 없음은 물론 …… 가치 편향적이거나 반(反)도덕적인 내용의 교육은 할 수 없다"고 판시하고 있다. 성낙인은 이 문제에 대해 초 · 중등학교의 교육은 '학문의 자유(제22조)'보다 '교육의 권리(제31조)' 관점에서 보아야 한다고 말한다.[11]

예술의 자유 예술이란 원래 자유분방성을 그 특징으로 하며, 헌법 제21조에서는 예술 창작 활동을 자유로이 할 수 있는 자유를 앞에서 기술한 학문의 자유와 함께 규정하고 있다. 그러나 '예술의 자유'라 할지라도, 타인의 권리와 명예 또는 공중도덕이나 사회윤리를 침해해서는 안 된다. 이와 관련하여 오늘날 문제되고 있는 분야는 영상물 산업의 발달에 따른 영화 비디오물(이것은 대부분 인터넷을 통해 송출되고 있으므로 이것은 인터넷에 대한 허용 범위의 문제이기도 하다)에 있어서 그 폭력성 · 선정성(煽情性, '음란한 표현')을 어느 선까지 허용할 것인가 하는 문제다. 이와 관련하여 우리나라는 전에 여러 사전제한(事前制限)제도가 시행되고 있어서 사실상 '검열'을 하고 있었다. 이러한 제도 중 많은 것이 위헌판결을 받았다. 그러나 '자율적심의제도' 그 자체를 위헌적인 것으로 보기는 어렵다.[12]

이에 반해, 저작자 · 예술가 등의 권리(지적재산권)는 법에 의하여 보호되므로(제22조 제2항), 학생들이 인터넷에서 무단으로 콘텐츠를 내려받거나 책을 무단 복사하는 것은 법에 저촉될 수 있다.

언론 · 출판의 자유 자신이 생각한 바를 자유롭게 말할 수 있고, 그것을 인쇄물로 출판할 수 있는 자유는 자유민주주의 사회의 가장 핵심적인 자유 중 하나다. 언론 · 출판의 자유는 서구역사상 민주주의의 발전에 크게 공헌하였다. 미국혁명 당시에는 많은 팸플릿이 발행되어 사람들에게 독립정신을 고취하였고(인쇄술이 덜 발달한 당시에는 정치적 주장이 '팸플릿'으로 많이 발행되었다), 우리나라에서도 정부의 정책을 비판하던 신문이 정간되기도 하였다.

헌법에서는 제21조에서 보장하고 있으며, '검열제' '허가제'를 금지하고 있다. 언론의 자유를 최대한 보장하기 위하여, 언론의 자유는 '명백하고 현존하는' 위험이 있을 경우에만 사후에 제한할 수 있다는 원칙이 확립되어 있다.

원래 언론 · 출판의 자유는 국가로부터 침해받지 아니할 자유로 침해의 주체로는 국가가 상정되어 있었다(국가 대 개인). 그러나 산업발전에 따라 특히 언론사가 거대 독과점 기업화되고, 권력기관화되어 감에 따라 '언론사와 국민 개인 간'의 관계가 문제되었다. 즉, 언론이 국민에게 정보를 일방적으로 전달하는 구조로 바뀌게 된 것이다. 이에 국민이 매스미디어에 대한 반론(反論) 등 의사표현을 할 수 있도록 할 필요가 생겼는데, 이것이 액세스권(right of access)이다.

알권리 알권리는 언론의 자유의 하나로 인식되어 왔다. 그러나 오늘날의 정보화시대에 있어서는 국민이 수동적으로 정보를 전달받기만 하는 존재가 아니라, 주권자로서 능동적으로 정보를 청구하고 정보전달체계에 직접 개입할 수 있는 존재가 될 필요가 있다. 알권리는 정보를 전달받기만 하는 것이 아니라 국민이 정보를 적극적으로 수집할 수 있는 권리를 말한다. 국민의 알권리를 충족시키기 위하여 우리나라에서는 정보공개제도를 실시하고 있는데, 교육정보에 관해서는 '교육 관련 기관의 정보관계에 관한 특례법이 제정되어 있다.[13)]

집회 · 결사의 자유 집회 · 결사의 자유는 사람들이 자신의 의견을 표명하기 위하여, 모이고 단체를 결성할 수 있는 자유를 말한다. 대학가에서 종종 볼 수 있는 '데모'가 집회 및 시위에 해당된다. '데모'에서 알 수 있듯이 집회의 자유는 정치성이 강하며, 국가권력과 충돌하기 쉬운 권리다. 헌법에서는 "집회 · 결사에 대한 허가는 인정되지 아니한다."고 규정하여 '허가제'를 실시할 수 없다고 하고 있다. 여기서 '허가제'와 '신고제'를 구별할 필요가 있는데, 현재 집회는 '신고제'로 되어 있다. '허가제'란 '원칙적으로' 어떤 행위를 할 수 없고 특별한 경우에만 허가를 받아 할 수 있다는 의미다. '신고제'란 원칙적으로 신고만 하면 누구나 할 수 있다는 의미다. 그런데 구 '집회와 시위에 관한 법률'에서는 "해가 뜨기 전이나 해가 진 후"의 옥외집회를 금지하였는데, 2009년 헌법재판소에서는 이 조항이 국민의 집회 · 시위권을 과도하게 제한하는 것이라 하여 위헌선고하였다.

그러나 '신고제'라 하여 언제 어디에서나 무슨 목적으로든 집회 · 시위를 할 수 있다는 것은 아니다. 학교나 군사시설 주변, 주요 도시의 주요 도로, 그리고 심야에는 집회 · 시위가 금지된다. 또한 신고된 집회 · 시위라 할지라도 집단적인 폭행, 방화 등으로 공공의 안녕과 질서에 직접적인 위험을 초래한 경우에는 남은 기간의 당해 집회 · 시위에 대하여 금지 통고를 할 수 있다.

'결사'란 여러 사람이 어떤 목적을 위하여 단체를 결성하는 것을 말하는

데, '정당'을 결성하는 것도 여기에 포함된다. 결사의 자유 역시 자유민주주의와 밀접한 관련이 있다. 뜻을 같이하는 사람들이 단체를 만들고 그것을 통해서 그 뜻을 펼 수 있기 때문이다. 토크빌(Tocqueville)이 미국에서 민주주의가 활성화되어 있는 것은 이 결사체들이 매우 발달했기 때문이라고 하였다(결사체 민주주의, associative democracy). 사람들이 각각의 결사체를 만들어 활동하는 것은 시민사회(civil society)의 한 징표이기도 하다.

(3) 사생활의 안전과 자유

사생활이란 개인의 내밀(內密)한 측면이며, 자유민주주의에서 특히 중요시되는 자유다. 헌법에서는 주거의 자유(제16조), 사생활의 비밀과 자유(제17조), 통신의 자유(제18조)를 규정하고 있다.

주거의 자유 주거의 평온과 불가침을 보장받을 권리다. '주거의 자유'와 다음에서 설명할 '거주 · 이전의 자유'는 그 성격이 다른데, 전자는 자기 집에서 조용히 살 권리이며, 후자는 자유로이 여행할 수 있는 자유다. 그런데 '주거'는 자신이 살고 있는 집뿐 아니라, 사무실 · 호텔의 객실 등도 포함된다.

사생활의 비밀과 자유 첫째, 국가기관에 의해서 감시 · 도청 · 도촬(盜撮) 등을 당하지 아니할 권리, 둘째 개인적 사항을 신문 · 잡지 · 텔레비전 등에 의하여 함부로 공개되지 아니할 권리, 셋째 자기정보에 대한 통제권을 말한다. 여기서 둘째 권리와 관련해서 연예인 등의 사생활 보도가 표현의 자유(언론의 자유)와 충돌을 일으킬 소지가 많다. 연예인 등의 사생활에 관한 보도는 국민의 '알권리'를 충족시켜 주는 측면이 있기 때문에 허용되지만, 과도한 보도는 자제되어야 할 것이다. 또한 세 번째의 '자기정보 통제권'은 인터넷의 발달로 인한 정보의 대량적 · 집단적 노출 가능성이 커져 그 중요성이 더욱 더해 가고 있다.

통신의 자유 통신의 비밀이 보장되어야 한다는 권리다. 우편물의 검열, 전화 도청, 이메일 등 전자통신의 열람 등은 원칙적으로 할 수 없다. 법의 절차를 밟아 다른 사람의 통신 내용을 알아내는 것을 법률적으로 감청(監聽)이라고 한다. 무차별적인 스팸메일 발송, 인터넷 주소의 등록, 도메인 이름의 선점(先占) 등록 등도 통신의 자유와 관련되는 사항이다.

〈사례 : 사생활-1〉 [문제 제기]: 「국민기초생활보장법」에서는 '기초생활자'의 금융거래 정보를 제출하도록 하고 있는데, 이는 '기초생활자'의 사생활을 침해한 것이다. [판결] ?

〈사례 : 사생활-2〉 [문제 제기]: 「청소년 성보호에 관한 법률」에서는 청소년 성 매수자에 대한 신상을 공개하도록 되어 있는데, 이것은 개인의 사생활을 침해한 것이다. [판결] ?

(4) 사회경제적 안전과 자유

사회경제적 안전과 자유에는 거주 · 이전의 자유(제14조), 직업선택의 자유(제15조), 재산권(제23)이 있다. 이 중 재산권은 시장경제체제의 기본을 이루는 것이다. 일찍이 로크는 사람에게 가장 중요한 권리로서 생명, 자유와 함께 재산을 들었다. 근대 민주주의 초기에는 재산권이 거의 절대적인 권리로 생각되었으나, 자본주의의 발달과 더불어 독점 등 그 폐해가 드러나면서 20세기에 들어와 독일의 바이마르 공화국 헌법에서 최초로 재산권의 사회적 구속성을 규정하게 되었다. 그러나 이것은 재산권이 무제한적으로 허용될 수 없다는 것이지, 덜 중요하다거나 함부로 제한되어도 좋다는 뜻은 아니다.

거주 · 이전의 자유 거주 · 이전의 자유는 개인이 자신이 살고 싶은 곳(주소, 거소)에서 살아갈 수 있는 자유를 말하는데, 여기에는 국내에서의 자유로운 이동뿐 아니라 해외여행의 자유, 귀국의 자유, 나아가 국외이주의 자유(이민의 자유)까지 포함된다. 이것이 '경제적' 자유에 들어가는 것은 각자가 자신이 원하는 곳에서 살아간다는 것은 그곳에서 경제생활을 하며 살아간다는 뜻이기 때문이다.

직업선택의 자유 사람들은 직업을 가지고 생활함으로써 그 생존을 이어 가고 있다. 직업선택의 자유에는 직업 결정의 자유, 전직(轉職)의 자유, 영업의 자유, 기업의 자유 등이 포함된다. 직업선택의 자유와 관련한 판례로는 시각장애인에 한하여 안마사 자격인정을 받을 수 있도록 제도가 위헌 판결을 받은 바 있다. 그 후 국회는 다시 시각장애인에게만 안마사 자격을 인정하는 규정을 마련하여, 현재는 종전과 같이 시각장애인에게만 안마사 자격을 부여하는 것이 합헌으로 되어 있다.

재산권 재산권이란 개인이 자신의 재산을 사용 · 수익 · 처분할 수 있는 자유와 권리를 누릴 수 있음을 뜻한다. 부동산을 예로 들면, 개인은 자기 소유의 아파트에서 자신이 살거나, 남에게 세를 주거나, 팔거나 자신의 뜻대로 할 수 있다. 재산에는 부동산이나 동산 등 유체(有體) 재산도 있으며, 지적재산권 등 무체(無體) 재산도 있다.

재산권은 무제한적인 것이 아니라 "공공필요에 의하여 …… 제한" 될 수 있는데(제23조 제3항), 그 예로 그린벨트 지역에 대한 재산권 행사가 제한받는 경우를 들 수 있다. 또한, 재산권의 행사는 공공복리에 적합하여야 한다(제23조 제2항).

〈사례: 직업-1〉 [문제 제기]: 학원강사의 자격을 '대학 졸업 이상의 학력 소지자'로 규정한 것은 대졸자가 아닌 사람의 직업선택의 자유를 침해한 것이다. [판결]?

〈사례: 재산-1〉 [문제 제기]: 「학교보건법」 시행령은 학교환경위 행정화 국역 안에서 노래연습장 시설을 금지하고, 기존 시설도 보상 없이 이전 폐쇄하라고 하는데, 이것은 소급입법에 의한 재산권 침해다. [판결]?

판결(자유권까지)

〈비례성-1=위헌〉, 〈비례성-2=합헌〉

〈존엄성-1=위헌〉 "유치장에서의 몸수색은 인간으로서의 기본적 품위를 유지할 수 없도록 하는 것으로서 헌법 제10조 '인간의 존엄과 가치로부터 유래하는 인격권 ……을 침해했다."

〈존엄성-2=위헌〉(대법원) "성명권(姓名權)은 헌법상의 행복추구권과 인격권의 한 내용을 이루는 것이다. 개명(改名)을 엄격하게 제한할 경우, 개인의 인격권과 행복추구권을 침해하는 결과를 초래할 우려가 있다. 범죄 목적 등이 아니라면 원칙적으로 개명을 허가함이 마땅하다. 〈존엄성-3=합헌〉

〈행복-1=합헌〉 "국민의 생명에 대한 위험을 방지하고, 공공복리를 위한 것으로, 일반적 행동자유권을 비례원칙에 위반되게 과도하게 제한하는 것은 아니다."

〈행복-2=합헌〉 "현재 국내 영화의 제작업이 황폐해진 상태다. 행복추구권이라고 하여, 공동체 이익과 무관하게 무제한적 경제적 이익의 도모를 보장하는 것은 아니다."

〈행복-3=위헌〉 "이 행위는 인류의 오래된 보편적인 사회생활의 한 모습으로, 술과 음식물을 얼마만큼 어떻게 접대하는 것이 합리적인 범위인지를 판단하기 어려워, 죄형법정주의의 명확성 원칙을 위배하여, 청구인의 일반적 행동자유권을 침해하였다."

〈행복-4=유죄〉 유죄의 근거 중의 하나는 그 행위가 아내의 성적 자기 결정권을 침해하였다는 것이다.

〈사생활-1=합헌〉 이 제도는 '기초생활자' 판정을 객관적이고 공정하게 판정하려는 데 그 목적이 있고, 그 개인(기초생활자)에게 주는 불이익보다 공익목적이 더 크므로 개인정보 자기 결정권을 침해하지 않는다.

〈사생활-2=합헌〉 여기서 공개되는 내용은 공개재판에서 밝혀진 것들이며, 공익목적(범죄예방)을 위한 것이므로 사생활 침해에 해당되지 않는다.

〈직업-1=합헌〉 자질 미달 강사가 가져올 부실 교육의 폐해를 막을 수 있다. 대졸자가 아닌 사람이 학원강사가 되는 것을 제한하고 있더라도 그것보다 교육소비자를 보호한다고 하는 공동체 이익이 더 크다.

〈재산-1=합헌〉 '경과조치'이므로 소급입법이 아니다.

4) 참정권적 기본권

선거권 및 피선거권 선거는 대의민주정치의 핵심으로 국민은 선거권을 행사하게 된다. 헌법은 제24조에서 이를 규정하고 있다. 현재 선거권 연령은 만 19세 이상이며, 국회의원 피선거권 연령은 만 25세 이상이다. 민주선거는 보통, 직접, 평등, 비밀선거의 원칙하에 실시되어야 한다. 보통선거와 관련해서 최근 논의되는 것은 국내에 거주하고 있는 정주(定住) 외국인과 한국 국적을 가지고 외국에서 살고 있는 사람들(재외국민)이다. 우리나라에서는 전자(前者)에 대해서는 지방선거에서 선거권을 주고 있고, 후자에 대해서는 선거권을 주지 않아 위헌판결이 내려졌고, 2012년 총선거

때부터 선거권을 주도록 되어 있다.

공무담임권 헌법 제25조에서 규정하고 있으며, 국가기관과 공공단체의 직무를 맡을 수 있는 권한이다.

〈사례 : 참정-1〉 [문제 제기]: 5급 국가공무원 공개경쟁 채용시험에서 응시연령 상한을 32세까지로 하고 있는데, 이는 공무담임권과 평등권을 위배한 것이다.

[대응 논리]: 나이 제한은 불가피하다. 예를 들어, 70세인 사람에게 응시자격을 줄 수는 없는 것 아닌가? [판결] ?

〈사례 : 참정-2〉 [문제 제기]: 선거재판에서 100만 원 이상의 벌금형을 선고받으면, 5년 동안 피선거권이 제한되는데 이는 공무담임권을 침해하는 것이다. [판결] ?

5) 사회권(생존권)

근대 초기에 가장 중요시되었던 기본권은 자유권이다. 앞에서도 언급하였지만, 자유권은 국가의 간섭을 배제하고 개인에게 최대한의 자유를 부여하는 것이었다. 그런데 산업이 발달하면서 개인에게 아무리 '자유'가 부여되어도 이를 누리지 못하는 현상이 나타나게 되었다. 아무리 '계약의 자유'('계약의 자유'는 '재산권'에서 파생하는 권리다)가 있다고 하더라도 고용주의 그것(계약의 자유)과 직업을 가지고 생계를 이어 가야 하는 사람의 그것은 대등할 수 없다. 이것을 양 당사자 모두에게 '계약의 자유'가 있다고 하여, 이에 국가가 전혀 개입을 하지 않는다면, 그 결과는 직업을 구하는 사람에게 불리할 것이 뻔하다. 그리하여 되도록 국가가 개인에게 간섭을 하지 말라는 자유권에 이어, 20세기에는 국가가 개인의 생활에 관여하여 최소한의 인간다운 생활을 보장하는 권리, 즉 사회권이 발생하게 되었다.

그러나 사회권은 국가가 개인을 위하여 적극적으로 무엇인가를 해야 하는 성격을 가지기 때문에 거기에는 예산이 뒷받침되어야 한다. 그래서 법 규정에 나와 있는 그대로 실시하지 못하는 경우도 있다. 그리하여 이 사회권은 하나의 '목표 규정', 즉 프로그램적 성격을 갖는 것으로 이해되기도 하였다. 오늘날은 프로그램적 성격이라기보다 구체적인 법적 권리성을 인정하고 있지만, 여전히 자유권에 비해서는 약하다. 또한 자유권과 사회권은 서로 대립적 성격이 있다.

인간다운 생활을 할 권리 헌법에서는 "모든 국민은 인간다운 생활을 할 권리를 가진다."고 규정하고 있다. 인간다운 생활이란 인간의 존엄성에 상응하는 건강하고 문화적인 최저한의 생활을 말한다. '인간다운 생활'은 사회권의 기본이념을 나타내는 용어인데, 헌법은 이 '인간다운 생활'을 보장하기 위하여, 제2항 이하에서 '사회보장과 사회복지의 증진' '여성의 복지와 권익의 향상' '노인과 청소년의 복지향상' '신체장애자, 질병 · 노령 기타의 사유로 생활능력이 없는 국민 보호' 등을 규정하고 있다. 구체적 제도로는 국민기초생활보장제도 같은 것이 있다.

〈사례: 인간다운-1〉 [문제 제기]: 우리 집은 정신지체 1급장애자 한 명을 포함하여 세 식구가 살고 있는데, 보건복지부 장관이 최저생계비를 정할 때, 장애자가 없는 가정을 기준으로 하여 이를 정하고 있다. 우리 집은 장애인이 있어 비용이 더 들어가므로 최저생계비를 더 높게 책정하여야 한다. [판결]?

〈사례: 수급권-1〉 [문제 제기]: 장애인의 이동권을 보장하기 위하여 저상(底上)버스를 도입하여야 함에도 불구하고 보건복지부 장관은 그 의무를 이행하지 않아 장애인의 인간다운 생활을 할 권리를 침해하였다(저상버스를 도입하라). [판결] ?

교육에 관한 권리 헌법 제31조에서는 제1항에서 "모든 국민은 능력에 따라 균등하게 교육을 받을 권리를 가진다."고 규정하고, 제2항 이하에서 "자주성 · 전문성 · 정치적 중립성 및 대학의 자율성" 등에 대해 규정하고 있다. 인간이 일정 수준 이상의 교육을 받아야 비로소 인간다운 생활을 할 수 있다는 점에서 이 권리는 필요하다.

역사적으로는, 18세기 중반에 프로이센(오늘날의 독일)이 최초로 의무교육을 규정하기는 하였으나, 실시에 이르지는 못하였다. 그 뒤 19세기 중 · 후반부터, 미국, 영국, 프랑스, 일본에서 실시되었다. 우리나라는 정부 수립 후 교육법(1948)에서 초등학교 의무교육을 규정하였으며, 1985년부터 중학교의무교육제를 점진적으로 실시하였다(네이버 지식사전: 2011. 7. 3. 검색).

"교육을 받을 권리"는 주로 수학권(학습권)이며, 수학권의 주체는 국민 각 개인(학생)이며, 교육기회 제공 청구권은 학령아동의 부모에게 있다.[14] 그런데 학생 · 학부모의 학습권과 교사의 수업권이 충돌할 수가 있다. 이에 대해 헌법재판소에서는 "수업권을 내세워 수학권을 침해할 수는 없으며, 국민의 수학권의 보장을 위하여 교사의 수업권은 일정 범위 내에서 제약받을 수밖에 없는 것"이라고 하였고, 대법원에서는 "학생의 학습권이 교원의 수업권보다 우월한 지위에 있(으므로) …… 교사의 수업 거부 및 수업방해 행위로 인하여 학생들의 학습권과 학부모의 교육권이 침해되었다면, 이에 대해 당해 교사들은 손해배상의 책임을 진다."고 판시하였다. 여기서 '일정 범위'라고 하는 것은 교육부 고시 교육과정과 그에 따라 편찬된 교과서를 가리킨다. 그러나 교사의 교육과정 '재구성' 혹은 '해석'은 인정된다.

〈사례 : 교육권-1〉 [문제 제기]: 의무교육 취학 연령을 획일적으로 정한 것(당시에는 만 6세)은 교육권을 침해한 것이다. 우리 아이는 발달이 빨라 그전에라도 충분히 입학할 수 있다. [판결] ?

근로기본권 현대사회에서 많은 사람은 자신의 노동력을 제공하고 임금을 받아 생활한다. 이에 근로기본권이 중요시 되는데, 이를 보장하기 위하여 최저임금제를 실시하고 있다. 이때 여자 · 연소자의 근로는 특별한 보호를 받는다.

헌법은 경제적 약자인 근로자에게 사용자와 대등한 입장에서 교섭할 수 있도록 단결권, 단체교섭권, 단체행동권의 근로3권을 보장하고 있다. 공무원의 경우, 종전에는 원칙적으로 노동조합이 인정되지 않았으며 이에 따라 공무원 신분인 국공립 초등학교 교사도 노동3권에 제약을 받았으나, 그 후 '교원의 노동조합 설립 및 그 운영 등에 관한 법률'이 제정되어 노동조합을 설립할 수 있게 되었다. 그러나 근로3권 중 단체행동권의 행사는 금지된다.

환경권 산업이 발전함에 따라 지구의 기상 이변 등 환경오염이 심각해지고 있어 헌법에서는 모든 국민이 "건강하고 쾌적한 환경"에서 살 권리를 보장하고 있다(제35조). 이에 따라 환경오염이나 피해로부터 개인을 보호하기 위한 공해배제청구권(환경복구청구권)이 있으며, 오늘날 도시생활에서는 일조권, 조망권, 경관권 등이 문제되고 있다.

〈사례 : 환경-1〉 [문제 제기]: 구 '먹는샘물관리법'은, 판매가의 20%에 해당하는 금액을 수질개선부담금으로 부과하도록 하고 있다. 다른 종류 업자들에게는 부과하지 않고 생수 판매업자에게만 부과하고 있어 이는 평등원칙에 위배되며, 동 업자의 재산권과 직업선택의 자유를 침해하는 것이며, 국민 각자가 마시고 싶은 물을 마실 수 있는 권리(행복추구권)도 침해하는 것이다. [판결] ?

혼인과 가족에 관한 권리 인간은 남녀가 결혼을 하여 그 자손을 낳음으로써 그 종(種)을 유지해 가고 있다. 이에 헌법에서는 혼인과 가족제도를 보호하고 있는데(제36조), 이에는 혼인의 순결(1부1처제)과 혼인의 자유, 부부의 평등, 자녀의 양육권 등이 포함된다. '부부의 평등'과 관련하여, 호주제도가 위헌판결되었으며, 자녀들이 그 아버지의 성(姓)과 본(本)을 따르도록 되어 있는 제도도, "그것이 개인의 인격권을 침해하거나 개인의 존엄과 양성의 평등에 반하는 내용"이라 하여, 위헌판결을 받았다. 그리하여 혼인신고 시 부부가 협의하면, 자녀가 그 어머니의 성과 본을 따를 수 있도록 되었다.[15)]

모성을 보호하기 위하여 우리나라에서는 현재, 출산휴가제도(유급 90일), 육아휴직제도(최장 유급 1년과 무급 1년), 육아수당제도를 실시하고 있다.

〈사례 : 간통-1〉 [문제 제기]: 형법의 간통죄 규정은 개인의 성적 자기결정권 등을 침해한다. [판결]?

6) 청구권적 기본권

청구권적 기본권은 '기본권을 보장하기 위한 권리'의 성격을 가지며, 여기에는 청원권(제26조), 재판청구권(제27조), 국가배상청구권(제29조), 손실보상청구권(제23조 제3항), 형사보상청구권(제28조), 범죄피해자구조청구권(제30조)이 있다.

이 중 가장 기본이 되며 민주주의와 직접적으로 관련이 있는 것은 청원권이다. 청원권은 개인이 국가에 대하여 의견이나 희망을 진술할 수 있는 권리다. 우리가 어떤 국가기관에 이러이러한 일을 이렇게 고쳐 달라고 '건의'한다면, 그것은 넓은 의미에서 청원권을 행사하고 있는 것이라고 볼 수 있다.

국가배상청구권은 공무원의 '불법' 행위로 인한 손해를 구제받기 위한 것이다. 최근에는 교실에서의 사고에 대해 학부모가 교사나 교육청을 상대로 '배상'을 청구하는 일이 있다. 손실보상은 국가가 도로를 개설하기 위하여 개인의 재산을 수용하였을 경우에 주는 보상금과 같이 국가의 '적법' 행위이지만, 개인에게 손실을 끼친 것에 대한 것이다. 형사 피고인(被告人)이 나중에 무죄로 판명되었을 경우, 그 사람이 청구할 수 있는 권리는 형사보상청구권(刑事補償請求權)(제28조)이다. 앞의 여러 청구권적 기본권 중 '범죄피해자구조청구권'(犯罪被害者救助請求權)은 현행 헌법에서 정해진 것으로 종전의 청구권 규정이 범죄 피의자(被疑者)를 보호하는 데 비하여, 정작 범죄 피해자(被害者) 측에 대한 구조 규정이 없다는 지적에서 나온 것이다.

지금까지 국민의 기본권을 '인간의 존엄과 가치 및 행복추구권' '평등권' '자유권' '참정권' '사회권'(생존권) '청구권'으로 분류하여 설명하였는데, 헌법에서는 열거하지 않은 기본권도 있을 수 있음을 밝히고 있다(제37조 제1항). 사회가 변화하고 이론이 발전해 감에 따라 새로운 기본권이 속속 나오고 있다. '알권리' '일조권' 등은 새롭게 인정된 권리들이며, 이러한 권리들은 앞으로도 계속 나올 것이다.

판결(참정권부터)

〈참정-1=위헌〉 직급에 따라 응시 연령에 차등을 두는 것은, 응시자의 능력을 보지 않고 고령이라는 이유만으로 응시기회를 박탈하는 것이며, 보다 하위 직급인 7급은 35세로 하고 있는 바 이것은 차별에 해당된다.

〈참정-2=합헌〉 부정선거의 소지를 차단하고 공정한 선거가 이루어지도록 하기 위한 것으로, 과잉금지원칙에 위배되었다고(공무담임권을 침해하였다고) 할 수 없다.

〈인간다운-1=위헌〉 장애인이 포함된 가구는 교통비, 의료비, 보호·간병인비, 보장구 구입비 등이 더 들어가므로, 최저생계비 금액을 일괄적으로 책정한 것은 인간으로서의 존엄과 가치 및 행복추구권, 인간다운 생활을 할 권리, 평등권을 침해한 것이다.

〈수급권-1=합헌〉 사회적 기본권은 국가목표의 무조건적인 최우선적 배려사항은 아니다. 국가재정이 허용하는 범위 내에서 사회적 약자를 위해 최선을 다하는 것은 바람직하지만, 저상버스를 도입해야 할 구체적 의무가 국가에 있는 것은 아니다.

〈교육권-1=합헌〉 외국에서도 만 6세부터 입학시키고 있고, 제31조 제1항에서 말하는 "능력에 따라 균등하게 교육을 받을 권리"란 지능이나 수학능력이 있다고 하여, 다른 사람과 차별하여 일찍 교육을 받을 수 있다는 것은 아니다.

〈국방-1=위헌〉 평등원칙을 위배한 것이며, 헌법 제37조 제2항은 문장 그대로 "불이익을 주지 말라."는 것이지 혜택을 주라는 것은 아니다.

〈환경-1=합헌〉 수돗물을 마시든 우물물을 마시든, 자신이 마실 물을 선택할 자유는 국민의 행복추구권의 내용을 이룬다. 20%의 가산금을 물리는 것은 국민의 행복추구권에 영향을 미칠 수는 있다. 그러나 이 법에서 정하고 있는 것은 그 부담의 정도가 지나치지 않으며, 지하수는 유한(有限) 재화인 만큼 그것의 소비에 어느 정도 부담을 지우는 것은 타당하다.
〈간통-1=합헌〉 가족생활의 초석인 혼인관계를 보호하고 사회질서를 유지하기 위한 것으로 입법 목적의 정당성이 인정되고, 그것을 처벌하는 것은 입법 목적 달성을 위한 적절한 수단이다. 그리고 그 조항은 징역형만을 규정하고 있으며, 선고유예까지 할 수 있으므로 과중한 형벌을 부과하고 있다고 보기 어렵다.

4. 국민의 의무

1) 필요성 및 의의

어떤 정치공동체이든 그것이 유지되기 위해서는 그 구성원들에게 일정 의무를 요구한다. 마키아벨리(Machiavelli)는 그것을 '비루투'라고 하였으며, 오늘날 영어에서는 '시민적 덕성(civic virtue)'이라고 한다. 민주주의 국가에서 국민은 국가의 주인이며 그에 따라 국민은 여러 가지 권리를 가지고 그것을 누리지만, 그 권리에는 의무가 따른다.

헌법에서는 '시민적 덕성'에 해당되는 여러 덕성을 모두 국민의 의무로 규정하고 있지는 않지만, 국민의 '권리'가 자연법적 권리(혹은 인권)에서부터 비롯하듯이 헌법적(혹은 법적) 의무의 배경에는 '시민적 덕성'이 있음을 알아야 한다('시민적 덕성'의 예는 제1장에서 제시하였다). 또한 민주국가의 국민은 이러한 의무를 자발적으로 다하는 것이 바람직하다.

헌법에서는 ① 납세, ② 국방, ③ 교육, ④ 근로, ⑤ 재산권 행사를 공공복리에 적합하게 할 것, ⑥ 환경보전 의무를 규정하고 있다. 이렇게 열거된 의무 이외에, 헌법 준수(준법) 의무는 당연히 포함된다 할 것이다. 이러한 의무들은 모두 중요하지만, 특히 각 개인이 하기 어려운 것이 고전적 의무라고 일컬어지는 국방과 납세의 의무다. 이 두 의무를 다하기 위해서는 경우에 따라 자신의 생명을 내놓아야 하며, 자신이 땀 흘려 벌어들인 재산(돈)을 내놓아야 하기 때문이다. 그러나 한 정치공동체가 유지되기 위해서는 이 2가지는 최소한의 것이며 가장 중요한 것이기도 하다. 고대 아테네인들이 페르시아가 공격해 왔을 때, 그들의 공동체를 방위하기 위해 전장에 나가지 않았다면, 그들은 자유를 누릴 수 없었을 것이다.

국방의 의무 우리 국민은 국방의 의무를 지며, 병역의무의 이행으로 인하여 불이익한 처우를 받지 아니한다(제39조 제1항, 제2항). 국방의 의무는 남녀가 모두 지지만 현역으로 복무해야 하는 병역의 의무는 남자만 진다. 우리나라는 국민개병제(皆兵制, 徵兵制)를 실시하고 있는데, 미국·스위스·일본 등은 모병제(募兵制)다.

납세의 의무 모든 국민은 납세의 의무를 진다(제38조). 조세는 국민의 대표기관인 국회에서 정한 법률에 의해야 하며, 공평하게 부과되어야 한다. 세금에는 국세와 지방세가 있는데 전자에는 소득세가 있고 후자에는, 재산세(토지, 건물), 담배세 등이 있다. 또한 우리가 물건을 사면 대부분의 경우, 세금이 포함되어 있다.

이 밖에 교육을 받게 할 의무, 근로 의무, 재산권 행사의 공공복리 적합 의무, 환경보전 의무가 있다.

읽어 볼 자료

국가인권위원회(2005). (초등학교 인권교육 프로그램) 누구나 행복할 권리가 있어요.

국가인권위원회(2008). (국가인권위원회 교육자료집) 세계인권선언.

마틴 루터 킹(2004). 마틴 루터 킹. 서울: 열린서원.

이란주, 설동훈(2004). 피부색은 달라도 모두가 평등합니다. 국가인권위원회.

카슨, 클레이본/이순희(2000). (마틴 루터 킹 자서전) 나에게는 꿈이 있습니다. 서울: 바다출판사.

인용 자료

1) 마이클 프리먼/김철효(2005). 인권: 이론과 실천. 서울: 아르케. pp. 254-257.

2) 마틴 루터 킹/이명권(2004). 마틴 루터 킹. 서울: 열린서원. p. 23.

3) 권영성(2008). 헌법학 원론. 파주: 법문사. pp. 286-297.

4) 마이클 프리먼/김철효(2005). 같은 책. pp. 258-259.

5) 국가인권위원회(2008). (국가인권위원회 교육자료집) 세계인권선언. pp. 7-9.

6) 憲法政治學硏究會(2007). 人權の 條件. 京都：嵯峨野書院. p. 4.

7) 김철수(2008). 헌법학 개론. 파주: 법문사. p. 351.

8) 성낙인(2010). 헌법학. 파주: 법문사. p. 390.

9) 권영성(2008). 같은 책. pp. 397-380.

10) 성낙인(2010). 같은 책. pp. 416-438.

11) 성낙인(2010). 같은 책. p. 505.

12) 성낙인(2010). 같은 책. p. 513.

13) 성낙인(2010). 같은 책. p. 563.

14) 성낙인(2010). 같은 책. pp. 702-717.

15) 성낙인(2010). 같은 책. pp. 746-749.

제 7 장

초등사회과 시민교육의 내용

1. 4학년 2학기의 지방자치 내용
2. 6학년 2학기의 우리나라의 민주정치 내용
3. 교과서 정치 단원 내용의 변천에서 본 시민교육의 유형

제 7 장

초등사회과 시민교육의 내용

현행 초등사회과 교육과정에서 시민교육을 직접적으로 다루는 정치 · 법 내용은 4학년과 6학년에 있다. 4학년 1학기에는 지방자치에 대한 내용이 포함되어 있고, 6학년 2학기에는 우리나라의 민주정치에 대해서 다루고 있다. 여기에서는 이 두 단원의 내용을 중심으로 살펴보기로 한다.

초등사회과 민주시민교육의 '내용'을 논함에 있어서는 어떠한 내용 기술(記述)방법이 바람직한 것인가의 문제가 있다. 정치단원 내용 기술에는 '국가 · 사회'를 우선시하는 입장에서 기술하는 방법이 있고, 이와는 달리 '개인'을 우선시하는 입장에서 기술하는 방법이 있다. 우리나라 사회과 교육과정 · 교과서의 진술방식을 보면, 전자에 치우친 적도 있었고, 후자의 입장을 중점적으로 반영한 것도 있다. 양자는 서로 조화를 이루도록 해야 하는데, 그 구체적인 절충점은 지금까지의 교육과정 · 교과서 내용을 살펴보아야 판단을 내릴 수 있을 것이다.

1. 4학년 2학기의 지방자치 내용

4학년에서는 지방자치에 대해서 가르치도록 되어 있다. 지방자치는 민주주의의 기초를 이루는 것으로 흔히 '풀뿌리 민주주의(grass root democracy)' 혹은 '민주주의의 학교'라는 말로 그 중요성이 표현된다. 19세기 존 스튜어트 밀(John Stuart Mill)은 각 지방 정치의 수준에서 주민들이 직접정치에 참여함으로써 민주주의에 대한 훈련을 쌓을 수 있을 것이라고 말하였다. 지방자치는 그 면적이나 인구 면에서 규모가 작기 때문에 주민들이 직접정치 · 행정에 참여하는 것이 가능하다는 것이다. 지방자치의 고전적인 예로는 미국의 동북부 지방(뉴잉글랜드)에서 예전부터 행하여 오고 있는 타운 미팅(town meeting)을 들 수 있는데 이에 대해서는 앞 장에서도 소개하였다.

4학년의 '주민참여와 우리 시 · 도의 발전' 단원은 4개의 중단원(제재)으로 구성되어 있다(〈표 7-1〉 참조). 제1중단원은 '우리 시 · 도의 살림살이'로, '지방자치단체가 하는 일'에 대해서 다루도록 되어 있는데, 여기에서 지방자치단체란 사회과 지역 확대법에 따라 특별시 · 광역시 · 도 수준의 자치단체, 즉 광역 지방자치단체를 가리킨다. 우리나라 지방자치에서 지방자치단체는 광역 지방자치단체와 기초 지방자치단체의 두 급(級)이 있다. 그러나 교과서에 제시되어 있는 '구민회관' '주민체육시설' 등은 그 대부분이 기초 지방자치단체인 시 · 군 · 구 수준의 지방자치단체에서 이루어지므로 실제 지도에 있어서는 기초 지방자치단체가 하는 일도 많이 다루어야 할 것이다.

우리나라 지방자치단체는 그 장(長)과 의회로 구성되어 있는데, 이는 중앙정부의 대통령과 국회와의 관계에 비유할 수 있다. 즉, 전자는 집행기관

〈표 7-1〉 4학년 '주민참여와 우리시 · 도의 발전' 단원의 내용[1]

중단원(제재)	중단원별 주요 내용 요소	비 고
1. 우리 시 · 도의 살림살이	지역 발전을 위해 지방자치 단체가 하는 일	* 단원 도입 1차시 별도 4차시분
2. 시 · 도 대표는 우리 손으로	민주주의에서의 선거과정과 올바른 선택기준	3차시분
3. 우리 시 · 도의 문제와 해결	지역에서 해결할 문제와 문제 해결 과정	4차시분
4. 우리 시 · 도의 앞날	지역주민들의 바람조사 및 지역의 미래 모습 구상	4차시분 * 단원정리 1차시 별도

이고 후자는 의결기관에 해당하며 후자는 전자를 견제하는 것이 그 기본 기능이라고 할 수 있다.

제2중단원(제재)은 '시 · 도 대표는 우리 손으로'로, 지방자치단체의 장 및 의원 선거에 대해 가르치도록 되어 있다. 현재 우리나라에서는 모든 주민이 직접선거로 선출한다. 각 시 · 도별 선거구나 의원 수를 아동들에게 가르칠 필요는 없으나 교사는 알아 두는 것이 좋을 것이다. 여기서는 예시로 충청남도의 시 · 군별 도의원 수 등을 지도와 표로 제시한다([그림 7-1] 및 〈표 7-2〉 참조) (지도 출처: 충청남도 도의회 홈페이지). 그리고 충남 공주시의 시의원 선거구 및 시의원 수도 제시한다([그림 7-2] 및 〈표 7-3〉 참조) (지도 출처: 공주시 의회 홈페이지)(표는 필자가 작성함).

이 제2중단원에서는 '선거의 과정'과 '민주선거의 4대 원칙'을 가르치고 이것을 바탕으로 해서 아동들이 여러 후보 중 어떤 기준에 따라 가장 좋은 후보를 뽑을 것인지를 이해시키도록 되어 있다. 이 내용은 종전 교육과정(제6차)에서는 6학년에서 가르치도록 되어 있었는데 현행(제7차 개정) 교육과정에서는 4학년으로 내려왔다. 즉, 어려워졌다. 민주선거의 4대원칙은 보통, 직접, 평등, 비밀선거로 현재 우리나라의 선거는 이 원칙에 따라 행

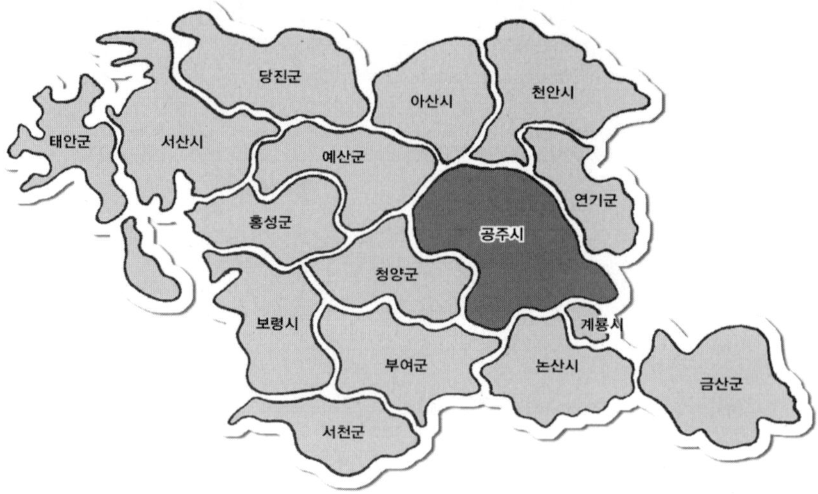

[그림 7-1] **충남지역 행정구역도**

〈표 7-2〉 충청남도 의회 시 · 군별 의원 정수

시 · 군	도의원 수
공주시	2
아산시	3
천안시	7
서산시	2
보령시	2
계룡시	1
논산시	2
당진군	2
태안군	2
예산군	2
연기군	2
홍성군	2
청양군	1
부여군	2

금산군	2
서천군	2(지역구 소계: 36명)
* 비례대표제 도의원	4(자유선진당 2, 통합민주당 1, 한나라당 1)

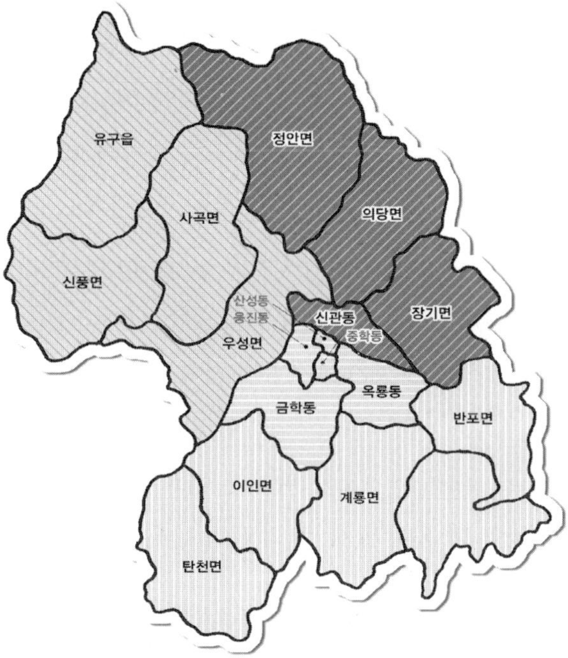

[그림 7-2] **공주시 의회 선거구 지도**

〈표 7-3〉 공주시 의회 선거구 및 선거구별 의원 수

선거구	지리적 위치	해당 읍, 면, 동	인원 수
가	남부	탄천면, 이인면, 계룡면, 반포면	2
나	시내 강남	금학동, 웅진동, 산성동, 중학동, 옥룡동	3
다	서북부	유구읍, 사곡면, 신풍면, 우성면	2
라	동북부, 시내 강북	신관동, 정안면, 의당면, 장기면	3
비례대표	—		2
합	—		12

하여지고 있다. 그리고 선거의 과정은 ① 선거인 명부 작성, ② 후보자 등록, ③ 선거 운동, ④ 투표, ⑤ 개표 및 당선인 결정, ⑥ 당선증 발급이다. 우리나라나 일본에서는 선거인 명부를 지방자치단체(시 · 군 · 구)에서 일괄 작성해 주지만, 미국에서는 각 유권자가 먼저 신청을 하여야 선거인 명부에 등록이 되는 제도를 택하고 있기 때문에 적지 않은 유권자가 애초에 선거인 명부에서 누락되어 버린다고 한다. 이러한 제도는 민주주의의 이상(理想)에 비추어 보아 바람직하지 않은 제도로 생각되기도 하지만, 그것이 그들 나라의 오래전 전통이며, 이론적으로는 "적극적으로 투표하겠다고 나선 사람에게 투표권을 주는 것이 더 의미 있다."는 논리를 펴고 있다.

'투표'에 대해 가르칠 때 유의하여야 할 점은, 모의 투표 같은 것을 할 때, 실명(實名)을 제시하는 것은 선거법에 저촉된다는 점이다. 따라서 모의 투표를 할 때는 '○○○ 후보'와 같이 하여, 실명을 제시하지 않도록 하여야 한다. 이 '투표' 내용을 지도할 때에는 전교 어린이 회장 선거를 예로 제시하면, 아동들이 더 흥미 있게, 그리고 알기 쉽게 선거의 중요성을 이해할 수 있을 것이다.

제3중단원(제재)은 '우리 시 · 도의 문제와 해결'이다. 이 중단원에서는 주차난 문제 등과 같은 지역의 문제들을 예로 들어, 주민들이 어떻게 자치적으로 문제를 해결해 가는지를 가르치도록 되어 있다. 이 중단원 역시 도(道) 수준의 문제보다는 시 · 군 수준의 문제를 예로 드는 것이 아동들에게 더 적합할 것이다(단, 특별시 · 광역시의 경우, 밀집성 때문에 초등학교 아동들이라도 市 차원의 문제를 다루어도 될 것이라 생각된다). 또한 이 중단원을 지도할 때에는, 어떤 시 · 군의 문제를 해결하려고 하다 보면 인접한 시 · 군과 이해관계가 충돌하는 경우가 있고, 따라서 그 문제를 해결하기 위해서는 인접 시 · 군과 협의해야 할 필요성이 있음을 알게 하여야 한다. 교과서에서도 제시하고 있는 바와 같이 환경오염 처리시설을 둘러싸고는 인구 밀집

지역과 인구 희박 지역 사이에 갈등을 빚는 경우가 많다. 이런 경우 양 지역 주민들이 서로 호혜의 정신으로 잘 타협하여야 한다는 것을 지도해야 한다. 이 교재에서는 갈등이 '당연한 것'이라거나 결과적으로 이것을 부추기는 방식이 되지 않도록 유의해야 한다.

마지막 중단원(제재)인 '우리 시 · 도의 앞날'에서는 주민들의 바람을 반영하여 어떻게 하면, 우리 지방을 더 살기 좋은 곳으로 만들어 갈 수 있을지에 대해 지도하도록 되어 있다. 이를 위해서 주민들이 바라는 바가 무엇인지를 아동들이 실제 조사를 해 보는 활동을 하도록 되어 있다. '사회조사'에서는 질문지를 만들고, 실제 조사를 행하고, 그것을 정리하는 활동을 해 보게 한다. 아동들이 실제 밖으로 나가서 조사할 수 없을 때에는 전화조사 방법을 활용할 수도 있다. 초등학교 3학년에서 전화조사법을 활용한 사례도 있다.[2] 그러나 시간 관계상 전화조사도 어려울 수 있다. 이런 경우에는 반 친구들(학급 아동들 스스로)을 대상으로 하여 조사를 실시할 수 있다. 어쨌든 중요한 것은 사회조사법은 사회를 탐구해 가는 중요한 방법의 하나이므로 아동들이 스스로 조사를 해 보게 하는 것이 필요하다는 것이다.

2. 6학년 2학기의 우리나라의 민주정치 내용

현행 교육과정상 4학년에서 지방자치에 대하여 학습한 다음 5학년에서는 우리나라의 역사 내용을 배우므로 해당 내용이 없고 6학년 2학기에서 다시 시민교육 내용(정치 단원)을 배우도록 되어 있다. 6학년의 내용은 정치적 상황에 따라 그때그때의 기술(記述) 내용은 다르지만, 광복 이후 초등사회과 교육과정에서 줄곧 제시되고 있는 내용이다. 이 단원은 초등학교 수준에서는 가장 체계적으로 정치 · 법 내용을 가르치는 단원이다. 총 4개

〈표 7-4〉 제6학년 '우리나라의 민주정치' 단원의 내용

중단원(제재)명	제재명	비 고
1. 우리생활과 민주주의	생활 속의 정치	* 단원도입: 1차시
	민주주의의 의미	
	우리나라의 민주화 과정	4차시분
	정치참여의 중요성과 참여방법	
	일상생활 속의 민주주의	
2. 민주주의를 실현하는 기관	국회가 하는 일	3차시분
	정부가 하는 일	
	법원이 하는 일	
3. 생활 속의 법	우리 생활과 법의 필요성	4차시분
	최고의 법, 헌법	
	권리와 의무	
	우리에게 필요한 여러가지법	
4. 인권과 인권보호	인권의 의미와 인권의 발달	3차시분
	인권보호를 위한 노력	
	인권보호를 위해 노력하는 우리나라	
	우리가 할 수 있는 인권보호	* 단원정리: 1차시

의 중단원(제재), 그리고 16개의 소제재로 구성되어 있다(〈표 7-4〉 참조).

1) 제1중단원 '우리 생활과 민주주의'

중단원(제재) '1. 우리 생활과 민주주의'는 정치의 개념과 민주주의의 의미를 파악하게 한 다음 우리나라 현대사에서 전개된 우리나라의 민주화의 역사를 이해하게 하고, 그것을 바탕으로 하여 정치참여의 중요성을 깨달아 민주주의를 일상생활 속에서 실천하도록 그 내용이 구성되어 있다.

(1) 제1소제재 '생활 속의 정치'

이 소제재는 '정치'가 무엇인가를 설명하고 있다. 정치란 사람들이 함께 살아가면서 서로 다른 이익이나 가치관 때문에 발생하는 문제나 갈등을 서로 간의 대화와 타협을 통해 해결해 가는 과정이다. 이것을 도식화해서 나타내면 다음과 같다.

〈공동생활〉 → 〈갈등과 다툼의 발생〉 → 〈다양한 의견을 경청하기, 토론하기, 조정〉 → 〈결정〉

여기서 우리는 ① 공동생활에서는 갈등과 다툼이 일어난다는 것을 인정하되, ② 그것은 해결될 수 없는 성질의 것이 아니라 조정, 타협, 대화를 통해서 해결할 수 있다는 신념을 가질 필요가 있다. 이것이 자유민주주의적 자세이며, 정치관(政治觀)이다.

(2) 제2소제재 '민주주의의 의미'

여기서(교과서에서) 민주주의란 "모든 사람이 스스로 삶의 주인이 되어 자유롭고 평등한 입장에서 대화와 타협을 통해 사람들 사이에서 발생하는 갈등과 다툼, 공동의 문제를 해결해 가는 정치 방식"으로 정의된다. 이것은 앞에서 말한 '정치'의 정의와 기본적으로 같다. 이것은 양자 모두가 자유민주주의에 입각하여 정치와 민주주의를 정의하였기 때문이다. 자유민주주의에서 '정치'는 대화와 타협이며, '민주주의' 또한 자유롭고 평등한 사람들 간의 평화로운 갈등 조정이다.

'민주주의'는 '군주제'와 대비된다. 여기서 '군주제'의 예로는 18세기 프랑스 · 영국 등의 절대군주제가 가장 적절하고, 우리나라의 조선시대 이

전의 왕조도 예로 들 수 있으며, 오늘날 군주제를 실시하고 있는 나라로는 사우디아라비아, 브루나이, 네팔 등을 들 수 있다(이들 나라가 '군주제'라고 하여 꼭 '나쁜 나라'라고 생각하지 않도록 유의하여 지도한다). 한편, 영국 · 네덜란드 · 스웨덴 · 일본 등은 왕이 있기는 하지만 실제 통치는 국민의 선거로 선출되는 총리 등이 하므로(입헌군주제), '민주주의'와 대비되는 것으로서의 '군주제'는 아니다. 입헌군주국은 민주주의 국가로 분류된다.

민주주의는 ① 인간의 존엄성을 바탕으로 하여 ② 자유와 ③ 평등을 보장하려는(차별이 없는) 제도다.

(3) 제3소제재 '우리나라의 민주화 과정'

이 소제재는 광복 이후 우리나라의 민주화의 역사를 다루고 있다. 이 소제재는 5학년에서 다룬 역사 내용의 현대사 부분과도 밀접한 관련이 있다. 교과서에서 제시하는 우리나라의 민주화 과정은 다음과 같다.

〈민주정부 수립〉 → 〈4 · 19 혁명〉 → 〈5 · 18 민주화운동〉 →
〈6월 민주항쟁〉 → 〈민주화의 진전〉 → 〈민주화의 과제〉

이 소제재는 민주화를 위해서 많은 시련이 있었으나, 우리 국민이 많은 노력을 기울인 덕분에 오늘날 보다 민주화된 국가에서 살고 있음을 가르치는 소제재다. 또한 우리의 민주화가 끝난 것이 아니라 그것을 더 발전시켜 나가야 하는데, 그러기 위해서는 '합리적 토론 문화의 형성' '지방자치 제도의 정착' '사회적 약자에 대한 배려'의 3가지가 필요하다.

'민주와의 진전'으로 들고 있는 것은 '평화적 정권 교체'와 '지방자치'다. '평화적 정권 교체' 혹은 '평화적 정권 교체 가능성'은 민주주의 국가의 중요 징표다. 영국과 미국에서는 양대 정당이 발달하여 이 두 정당이 시기별로 국민들로부터 신임을 받아 정권을 교체해 나가는데, 그러면서도 상대 당이 정권을 장악하였을 때 그 반대편이 탄압을 받거나 하는 일이 없기 때문에 이들 나라는 민주주의가 한 단계 더 발달한 나라인 것이다.

그런데 동 · 동남 아시아에서는 제2차 세계대전 이후에 민주주의 제도를 받아들였지만, 좀처럼 평화적 정권 교체는 이루어지지 않았다. 그러다가 1980년대 세계민주화의 물결이 아시아 지역으로 파급되면서 우리나라를 비롯하며, 필리핀 · 타이완 등에서 평화적 정권교체가 이루어졌다. 일본의 경우에는 평화적 정권교체의 '가능성'이 열려 있었기 때문에 제2차 세계대전 이후 줄곧 민주국가로 분류되어 왔다. 그러나 '가능성'만 있었지 실제로는 정권교체가 일어나지는 않아 양당제가 아닌 '1.5당제'로 불리기도 하였다. 일본은 우리나라보다 늦은 2000년대에 들어와서야 전면적인 정권교체가 이루어졌다.

(4) 제4소제재 '정치 참여의 중요성과 참여 방법'

이 소제재는 민주주의란 모든 국민이 국가의 주인이 되는 정치 원리(국민주권의 원리)인 만큼 국민들은 정치에 적극 참여하는 것이 바람직하다는 것을 가르치려는 제제다. 오늘날 자유민주주의 사회에서는 다양한 방법을 통해 정치에 참여한다. 가장 보편적인 방법은 '선거'를 통한 참여인데, 이는 간접민주정치(대의민주정치)의 원리에서 나오는 논리적 귀결이다. 그러나 자유민주주의 사회에서는 선거를 할 때만, 그리고 선거를 통해서만 국민이 정치에 참여하는 것이 아니다. 다른 여러 가지 방법으로 정치에 참여할 수 있다. 기본적으로 자유민주주의 사회는 '시민사회'다. 시민사회는 각 개인이 자신의 뜻을 펴기 위하여 다른 사람들과 자유롭게 결사체를 구성할 수 있는 사회다. 그래서 사람들은 정당, 시민단체 등을 결성하여 그 뜻을 편다. 또한 매스미디어나 인터넷 매체를 통하여 자신의 뜻을 펴고, 뜻을 같이하는 다른 사람을 모으기도 하다. 1인 시위의 형태를 띠는 경우도 있다.

그런데 이렇게 사람들이 각자의 생각이나 이익을 위해 활동할 때는 다른 사람들의 활동과 충돌하기 쉽다. 이 경우 자칫 잘못하면, 서로 간의 갈등이 증폭될 수 있다. 이것은 우리 사회에서 흔히 '집단이기주의'라는 말로 표현되는 현상이다. 자유민주주의 이론에서는 각자의 이익을 추구하는 것을 부정하지는 않지만, 그것이 지나쳐 사회 자체가 혼란에 빠지는 것에 대해서는 바람직하지 않다고 여긴다. 그러므로 각자의 이익을 추구하되 자신의 이익을 추구할 수 있는 '틀' 자체는 보존되어야 한다. 다른 말로 표현하면, 공동의 룰(rule) 아래서 개개인이 활동을 벌여야 하는 것이다. 이 점을 학생들이 깨닫도록 해야 한다. 즉, '법을 지키면서' 참여하고 자신의 주장을 펴야 한다. 앞 장에서 필자가 말한 대로, 이를 '계몽된 자기 이익 추구'라고도 할 수 있다. 이러한 취지를 초등학생들이 이해하기 쉽게 교과서에서는 "항상 나와 다른 사람들을 공평하게 대하며 그들의 의견을 존중하고 모두에게 도움이 되는 방안을 찾아 실현하려는 넓은 마음이 중요하다."라고 표현하고 있다. 그리고 대의민주주의 제도하에서는 여러 참여 방법 중에서도 선거에 참여하는 것이 가장 기본적인 참여 방법임을 지도해야 한다.

'시민단체'란 공공의 이익 증진을 표방하는 단체로, '정부'나 '시장'으로부터 독립되어 있다는 것이 특징이다. 정부기구가 아니라는 의미에서 비정부기구(非政府機構, Non Governmental Organization: NGO)이며, 이익을 추구하지 않는다는 의미에서 비영리조직(Non Profit Organization: NPO), 그리고 '정부' 부문도 아니고 '시장' 부문도 아니라는 의미에서 '제3섹터'(sector)라고도 한다. 정치 · 경제 · 문화 · 환경 · 여성 등 각 영역에서 시민단체들이 활동을 하고 있다. 우리나라의 경우, 전국적으로 약 2만여 개가 있고, 그중 특히 정치 부문에서 활동하고 있는 단체 수는 약 3,000개다(2008년 기준, '위키백과'에서 인용). 이러한 단체들이 활발히 활동하는 민주주의 형태를 '결사체 민주주의'라고 하며, 19세기에 미국을 둘러본 토크빌(Tocqueville)이 이 점을 높게 평가했다는 것에 대해서는 앞 장에서 언급하였다. 정치학에서는 사람들이 자신들의 관심 사항이나 이익을 정치과정에 반영시키려 활동하고 있다는 의미에서 이익집단(Interest Group) 혹은 압력집단(Pressure Group)이라는 용어를 사용하였는데, 최근에는 이것들 중 사적(私的) 이익 추구를 목적으로 하는 단체(예: 각종 직능단체)와 공익(公益) 추구를 표방하는 단체, 즉 시민단체를 구별하기도 한다. 교과서에서는 이 입장에 서서, '이익집단'이라는 용어를 사용하지 않고, '시민단체'라는 용어를 사용하는 것으로 보이는데, 이는 초등학생들의 발달단계와 그 '교육적 의의'를 생각했을 때, 타당하다고 판단된다.

(5) 제5소제재 '일상생활 속의 민주주의'

민주주의 이론에서는 민주주의의 개념을 정부형태에 한정시킬 것인가, 아니면 그것을 확대하여 사회 전 영역으로 확대시킬 것인가에 대한 논란이 있다. 전 영역으로 확대시켜야 한다는 이론이 참여민주주의론이다(前者, 정부 영역에 한정한다고 해서 꼭 '일상생활 속의 민주주의'를 부정하는 것은 아니다). 교과서에서는 참여민주주의론에 입각하여, 가정, 단체, 학교, 지역사회, 일터에서의 민주주의를 기술하고 있다. 이 소제재에서는 특히 학급생활에서 민주주의를 실천하는 것이 바람직하다는 방향에서 지도하는 것이 필요하다. 학급 친구들이 서로 존중하고, 학급의 공동사에 대해서 서로 토의하여 좋은 결정을 내리는 경험을 많이 쌓아 가는 것이 필요하다. 최종적으로는 다수결로 결정하지만, 그 과정에서 서로 간의 의견 차이를 좁히려고 노력하고, 서로 협동하는 생활이 '일상생활 속에서의 민주주의'라고 할 수 있다.

다만, 이것을 '엷은'(thin) 의미에서 받아들이지 않고, 너무 '강한'(dark) 의미에서 받아들이면 다소 문제가 발생할 수도 있다. 한 가정에서 가정사(家政事)에 대해 그 부모와 자녀들이 엄격한 의미에서 '평등하게' 결정권을 갖는다는 것은 비현실적이다. 마찬가지로 회사 사장과 한 회사원과의 관계, 시민단체에서 시민단체의 대표와 일반 회원 간의 관계, 학급에서 학급 담임과 아동 간의 관계 역시 마찬가지다. 이것을 정치학에서는 지도자(leader)와 그 지도자에게 부여되는 권위(authority)라고 하는데, 지도자의 '정당한 권위'는 인정되어야 한다. 여기서는 말하는 '권위'란 사회에서 일반적으로 사용되고 있듯이, 나쁜 의미에서의 그것이 아니라, 정당한 그것을 가리키며 그런 의미에서 '지도성'이라고 표현할 수도 있을 것이다. 예를 들어, 공정한 선거에 의하여 선출된 지도자의 '지도성'(권위)은 인정되어야 한다. 광복 후 우리가 민주시민교육을 하면서 '평등'은 강조하여 가르쳤지만, 지도자의 정당한 '지도성'에 대해서는 소홀히 한 측면이 있다('권위'에 대해서는 '외국의 시민교육' 중 '미국 편'을 참조할 것). 그러나 필자의 이 말이 사람들 사이의 '권위주의적'(authoritarian) 관계를 옹호하는 것이 아님에 주의해 주기 바란다. 요약하면, 아동들이 토론과 타협을 통해서 공동사(共同事)를 결정해 나가는 생활태도를 갖도록 하는 것이 중요하다.

2) 제2중단원 '민주주의를 실현하는 기관'

제2중단원(제재) '민주주의를 실현하는 기관'은 정부기구의 권한과 기능을 가르치는 단원으로 민주국가의 국민으로서 알아야 할 최소 지식을 제시하고 있다고 볼 수 있다. 이 내용은 '지식 위주'이며, '딱딱하다'고 하여 많은 비판을 받고 있는 부분이지만, 각국 교과서에서 빠지지 않고 다루고 있는 내용이며 우리나라의 역대 초등사회과 교과서에서도 빠지지 않고 나오는 내용이다. 여기서는 입법부(국회), 행정부(정부), 사법부(법원)의 권한과 기능에 대해 다룬다.

(1) 제1소제재 '국회가 하는 일'

이 소제재에서는 국회의 권한을 '법을 만드는 일' '일반 국정에 관한 일' '나라 살림에 관한 일'로 나누어 설명하고 있다. 국회의 기능은 입법 기능과 행정부 견제 기능이 주가 되고 있다. 국회는 국민의 대표들이 모인 국가기구로 국민을 대표하여 국가통치의 기본이 되는 법률을 제정, 즉 입법을 한다. 이때 '대표' 개념에 대해서는 이론적으로 논란이 있는데, '대표'가 자신을 선출해 준 선거민들의 의사에 속박되는가 아니면, 일단 대표로 뽑힌 다음에는 자신이 옳다고 생각하는 방향에서 자유롭게 활동할 수 있는가 하는 것이 문제가 된다. 전자를 주장하는 사람들은 '민주주의'란 본디 국민(구체적으로는 선거구민)의 뜻에 따른 정치이므로 대표는 선거구민의 뜻을 충실히 반영해야 되고, 따라서 대표는 선거구민의 뜻에 속박되어야 한다고 말한다. 또한 이 입장에서는 대표들이 선구구민의 뜻과 유리되는 것을 경계한다. 이에 비해, 후자의 주장에서는, 일단 뽑힌 뒤에는 일일이 선거구민의 뜻에 따르기보다 국가를 위해 최선의 결정이 무엇인지에 대해 대표들이 비교적 자유롭게 판단할 수 있어야 한다고 주장한다. 이 주장에서는 '선거구민의 뜻'이라고 하여도, 선거구민들의 의견도 사람마다 다를 수 있고, 또 일치한다고 하여도 국가 전체의 이익과는 배치될 수 있다고 말한다.

우리나라의 초등교육에서는 일단 '국민 전체'의 대표라는 개념으로 가르쳐 왔고 현행 교과서도 그런 맥락에서 기술되고 있다고 판단된다. 그런 의미에서 이 부분을 지도할 때에는 그들이 국민을 잘 대표하는지를 지켜보는 동시에, 그들이 일단 대표로 선출되었으므로 '대표'임을 인정하는 태도를 가져야 한다는 것을 지도하는 것이 좋을 것으로 생각된다.

(2) 제2소제재 '정부가 하는 일'

이 소제재는 대통령, 국무총리, 행정 각부의 하는 일에 대해서 가르치도록 되어 있다. 행정부란 나라의 일을 실제로 해 나가는, 즉 집행해 가는 정부 부문임을 알도록 지도한다. 입법부와 행정부의 관계를 학급 조직에서 '회장'과 '반장'과의 관계에 비유하여 설명할 수도 있다(단, 양자가 하나로 통합되어 있는 학교도 있다). 행정조직은 자주 바뀌므로 그때마다 인터넷 등을 통해 최신의 정부기구를 조사하여 가르쳐야 한다.

(3) 제3소제재 '법원이 하는 일'

이 소제재는 사법부의 기능을 가르치도록 되어 있다. 국가의 사법(司法) 기능은 사람들 사이 혹은 국가기관 사이 혹은 국가기관과 개인 사이에 분쟁이 발생하였을 경우, 그것에 대하여 판정을 내리는 것이다. 특히 민주주의 정치에서는 사법기관(법원)은 다른 국가권력으로부터 국민의 기본권을 지켜 주는 역할을 맡고 있다. 그러므로 행정부로부터 사법기관이 독립되어 있는 것은 자유민주주의의 중요한 통치조직의 원리다.

재판의 종류로는 현행 교과서에서는 민사재판과 형사재판의 2가지만 제시하고 있다. 종전에는 다른 종류의 재판도 제시되어 있었는데, 초등학교 단계에 비추어 볼 때, 대표적인 재판이라 할 수 있는 두 종류만 제시한 것은 적절하다고 판단된다. 그런데 이 구분은 '개념적인 것'으로 실제로는 '한 사건'에 2가지가 함께 내포되어 있는 경우도 많다. 일반 사람들이 흔히 겪게 되는 교통사고의 경우, 크게 보면 형사사건이지만 여기에는 민사사건의 성격도 들어 있다. 다시 말하면, 사고를 낸 사람이 사고를 당한 사람에게 끼친 '손해'에 대해서 다툴 때는 민사사건이 된다. 흔히 교통사고 '합의금'이라고 했을 경우, 여기에는 '형사합의금'뿐 아니라, 민사상의 '손해배상금'까지 포함되어 있는 경우가 많다. 그런 경우, 외견상으로는 '한 가지'로 해결된 것 같지만, 개념상으로는 '2가지'가 해결된 것이다.

재판에 관한 지도 방법으로는 모의재판이 있는데, 이에 대해서는 다음 장인 방법 편에서 설명하겠다. 심급제도에 대해서 말한다면 우리나라는 3심제를 채택하고, 제1심은 지방법원에서 제2심은 고등법원에서, 그리고 제3심은 대법원에서 행하는 것이 원칙이나, '가벼운' 사건의 경우, 지방법원 지원(支院)에서 제1심 재판을 한다. 이 경우 제2심 재판은 지방법원 항소부(抗訴部)가 되는데, 최종심인 제3심은 언제나 대법원에서 한다. 여기서 주의할 점은 지방법원에서는 제1심 재판만 하는 것이 아니라 제2심 재판도 한다는 점이다.

3) 제3중단원 '생활 속의 법'

6학년의 정치 단원 내용 중 제7차 교육과정에서 가장 크게 달라진 점은 법 중단원(제재)의 신설이다. 최근 미국이나 일본에서도 법교육이 강화되고 있는데 이와 맥을 같이하는 것으로 보인다. 특히, 우리나라에서는 2008년부터 국민참여재판제도(배심제)가 실시되고 있는데, 이 제도는 국민 누구나 법에 대한 일정한 소양을 갖출 것을 필요로 하는 제도이므로, 이런 맥락에서도 법 내용이 강화된 것으로 보인다.

(1) 제1소제재 '우리 생활과 법의 필요성'

이 소제재에서는 법의 필요성에 대해 설명하고 있다. 교과서에서는 법은 '권력이나 부를 가진 사람'이 '힘이 없는 사람의 자유과 권리를 빼앗아' 가지 못하도록 하기 위해, 그리고 '다툼을 공정하게 해결하기 위해', 그리하여 '사회질서를 유지'하고, '정의로운 사회'를 만들기 위해 필요하다는 것을 설명하고 있다. 그리고 우리의 일상생활이 법과 관련되어 있다는 것을 가르치기 위해 아동의 하루 일과가 모두 법에 따라 이루어지고 있음을 설명하고 있다. 이를테면, 등교하는 것, 학교에서 공부하는 것, 급식을 먹는 것, 놀이터에서 친구와 놀이하는 것, 새로 산 자전거가 불량품이어서 그 문제를 해결하기 위해 자전거 판매상과 조정하는 것 등이 모두 법과 관련이 있음을 기술하고 있다.

'법의 필요성'과 '우리의 모든 일상생활이 법과 관련되어 있다는 것'의 2가지 관념(ideas)이 다소 뒤섞여 있어 학생들을 지도할 때 교사가 초점을 맞추는 것이 필요하다. 이 소제재에서는 기본적으로 '법의 필요성'에 초점을 맞추어야 할 것으로 생각된다. 여러 가지를 두루 다루는 것보다는 여러 사례 중 한 가지(예: 소비자보호법)를 구체적으로 지도하는 것도 좋다.

(2) 제2소제재 '최고의 법, 헌법'

헌법이 우리나라의 최고법이라는 것, 헌법상의 기본원리, 그리고 헌법 개정에 대해서 설명하고 있다. 헌법은 말 그대로 우리나라의 최고법이므로 국민의 생활은 이에 따라 규율되어야 하며, 국민 개개인(국가기관의 공무원 포함) 또한 헌법 원리에 따라야 함을 지도하여야 한다. 우리나라는 종전에는 헌법이 국민들이나 정부활동의 지표가 되지 못하고 국민의 생활에 와 닿지 않는 점이 있었다. 그러나 1987년 민주화 이후 헌법재판 등이 활성화되면서, 헌법이 명목상의 그것이 아니라 국민생활의 구체적 기준이 되어가고 있다. 그런 의미에서 헌법에 대한 지도는 중요하다 하겠다.

민주공화국: '공화국'이란 전통적으로 군주국이 아니며, 주권이 국민에

게 있는 나라라는 뜻이다. 그런데 공화국, 즉 왕이 없는 국가 중에서도 독재정치를 하는 나라(예: 프랑스혁명 당시의 자코뱅당(Jacobins)의 정부, 공산화 직후 캄보디아의 폴 포트(Pol Pot) 정부)도 있을 수 있으므로, 공화국 앞에 '민주'를 덧붙인 것이다.

헌법 제10조: 교과서에서는 헌법 제10조 "모든 국민은 인간으로서의 존엄과 가치를 가지며, 행복을 추구할 권리를 가진다."를 제시하고 있는데, 이는 민주주의의 기본원리 중 기본원리라고 할 수 있다. 다시 말해, 각 개인의 '인간으로서의 존엄과 가치', 그리고 각 개인의 '행복추구권'은 자유민주주의 사회가 지향하는 최고의 가치다. 세계사에서 이러한 권리가 정부 문서로 제시된 것은 미국독립선언(1776)이며, 그 후 프랑스혁명 당시 발표된 프랑스 인권선언(1789)에서도 선언되었다.

헌법재판: 국가 작용이 헌법에 위배되었는지를 재판하는 것을 말하는데, 각 개인도 국가기관을 상대로 헌법재판을 제기할 수 있어 매우 중요하다. 현행 헌법에서 헌법재판이 도입된 이래, 중요 판결이 속속 내려지고 있어 우리 사회에 미치는 영향도 크다. 헌법재판소에 의한 재판이 국회에서 제정한 법률을 무효화시킬 수도 있어 이것이 '민주주의'의 원리에 어긋나는 것이 아닌가 하는 비판도 있으나, 자유민주주의 사회에서는 일반적으로 인정되고 있다. 즉, 이것을 인정하여 개인의 기본권이 침해당하지 않도록 하는 것이야말로 '민주주의'라고 많은 학자들은 논하고 있다.

(3) 제3소제재 '권리와 의무'

이 소제재는 국민의 권리와 의무에는 무엇이 있는지 그 의미는 무엇인지를 이해시키기 위한 소제재다. 전통적인 분류법에 따라 ① 평등권, ② 자유권(신체의 자유, 거주 이전의 자유, 직업선택의 자유, 종교의 자유), ③ 참정권(선거권, 공무담임권), ④ 청구권, ⑤ 사회권을 제시하고 있다.

국민의 의무로는 ① 교육을 받게 할 의무(교육을 '받을' 의무가 아니라 '받게 할' 의무다), ② 근로의 의무, ③ 납세의 의무, ④ 국방의 의무, ⑤ 환경보전의 의무를 제시하고 있다.

이 소제재에서는 교과서에서 기술하고 있는 대로 권리와 의무 간의 '균형'이 중요하다는 것을 지도해야 할 것이다. 권리만 주장하고 그 의무를 소홀히 한다면 공동생활, 즉 국가공동체는 무너질 것이다. 우리는 어린 나이의 초등학생을 대상으로 하여 '교육' 활동을 하여야 하므로, 그리고 권리 주장은 쉬운 일이지만 그 의무를 다한다는 것은 어려운 일이므로, 다소 의무를 강조하는 방향에서 지도하는 것이 좋을 것이다.

(4) 제4소제재 '우리에게 필요한 여러 가지 법'

여기서는 법의 종류를 다루고 있다. '민법' '경제법' '형법' 등의 용어는 사용하고 있지 않지만, 그러한 내용을 다루고 있다. 형법과 관련해서는 "어떠한 행위가 범죄 행위인지 그리고 죄를 지은 사람에게는 어떠한 처벌을 내릴 것인지를 법으로 정해 놓았다."고 기술하고 있는데, 이것은 '죄형법정주의'의 원칙을 말하고 있다. 우리는 매스컴에서 '어떤 바람직하지 않는 사건'이 발생하면, 혀를 차면서 정부에서는 "왜 저런 사람을 잡아가지 않는가?" 하고 말하는 경우가 많은데, 아동들도 이 말을 들을테니 이런 생각은 다소 위험하다. 이런 경우에도 '법에 정하여지지 않은 일'이라면 함부로 사람을 잡아갈 수 없고, 그래서도 안 된다는 것을 가르칠 필요가 있다. 다만, '어떤 바람직하지 않은 행위'가 사회에서 반복적으로 일어날 경우, 국민의 대표기관인 국회에서 그 행위를 처벌하는 법률을 제정하는 것이 좋다는 것도 덧붙여 지도해야 할 것이다.

교과서에서는 이 소제재의 마지막 부분에서 인터넷상에서 다른 사람의 명예를 훼손하거나(사이버명예훼손죄), 남의 글 · 음악을 허락 없이 사용하는 행위를 법에서 금지하고 있다는 것('정보통신망 이용촉진 및 정보보호 등에 관한 법률') 등에 대해서도 기술하고 있다. 우리 사회에서는 인터넷 사용자들이 무단으로 남의 음악 파일을 내려받는 등 남의 지적재산권(知的財産權)을 죄의식 없이 침해하는 사례가 많은데, 이러한 것들이 위법행위이며 위반 시 처벌받게 되어 있다는 것을 어렸을 때부터 이해시켜야 한다.

4) 제4중단원 '인권과 인권보호'

현행 초등사회과 교육과정에서는 '인권' 내용이 대폭 강조되었다. 사회과에서 인권 내용이 강조되기 시작한 것은 제6차 교육과정 때부터이며, 제3차 교육과정에서는 금기시되었던 용어다. 당시에는 '인권'이라고 하면, 반(反)정부를 의미하는 것으로 받아들여졌다. 제4중단원의 '인권' 내용이 제3중단원인 법 중단원에서 다룬 '기본권'과 같은 내용이 많은데, 현행 교과서에서는 2개의 중단원에서 각각 다루고 있어 중복되는 문제점이 있다.

(1) 제1소제재 '인권의 의미와 인권의 발달'

인권이란 태어나면서 가지고 태어나는 자연적 권리라고 설명하여, 자연권(自然權)을 소개하고 있다. 학문상으로는 처음에는 '자연권(national rights)'이라는 용어가 사용되었으나, 이것이 너무 추상적(형이상학적)이라고 하여, '인간으로서 가지는 권리'라는 뜻으로 '인권'이라 고쳐 부르게 되었다. 그리고 현실의 국가에서는 '인권'이 '법'으로 정해져야 비로소 그 실효성이 있다고 볼 수 있는데, 헌법에 규정되었을 때 '기본권'이라고 부른다.

인권의 발달과정을 보면, 첫 단계인 근대(17, 18세기)에는 사람들이 정부의 간섭에서 벗어나 자유롭게 살 수 있는 권리를 주장하였고(시민적 권리), 선거권 확보를 위한 노력도 꾸준히 이루어졌다. 이를 제1세대 인권이라고도 한다. 그 뒤 빈부의 격차가 벌어지는 등 문제가 생기자 인간다운 생활을 보장해 줄 것을 요구하게 되었는데 이를 '제2세대 인권'이라고 한다. 제1세대 인권은 국가의 간섭(권력)을 될 수 있는 대로 제한하여야 잘 보장될 수 있는 반면, 제2세대 인권은 국가의 개입이 있어야 가능한 것이기 때문에, 양자가 충돌하는 경우도 있다. 그리고 20세기 후반에 들어와 깨끗한 환경에서 살 수 있는 권리 등 새로운 인권이 생겨났는데 이를 제3세대 인권이라고 한다. 이 소제재는 이러한 인권의 흐름을 기본에 두고 인권의 개념 및 그 중요성을 이해시키도록 되어 있다.

인권은 '사회적 약자'의 경우 더 부각된다. 자칫하면 이들이 인권을 제대로 보장받지 못할 수도 있기 때문이다. 그래서 교과서에서는 '여성' '장애인' '아동' '피차별 인종 · 민족'을 특별히 열거하고 있다. 앞에서 언급한 인권의 '발달과정'은 초등학생들에게는 어려운 내용으로 생각되는 바, 오늘날 우리 사회에서 일어나는 '사회적 약자'의 인권을 소재로 인권보호의 필요성을 깨닫도록 하는 것도 좋을 것으로 생각된다.

(2) 제2소제재 '인권보호를 위한 노력'

이 소제재는 인권의 신장에 기여한 저명한 사람들을 통해서 인류가 인권을 위해 노력해 왔다는 것을 이해하도록 하기 위한 제재다. 교과서에는 테레사 수녀(Mother Teresa), 마틴 루터 킹(Martin Luther king) 목사, 국제엠네스티(Amnesty)를 예로 들고 있다. 이 소제재를 지도할 때에는 어느 정도 정의적(情意的) 접근법이 필요할 것으로 생각된다. 즉, 이들의 위대한 행적을 지적(知的)으로 이해하는 데에만 그치는 것이 아니라, 그들의 생애에 대한 감정이입적인 이해도 필요하다. 이를 위해서는 위인전을 읽게 하거나,

영상물을 보여 주는 것도 효과적이다. 관련 책이나 영상물은 이 장 뒷부분의 '읽어 볼 자료'에서 소개하였는데, 이 밖에 인터넷상에서도 자료를 구할 수 있다.

(3) 제3소제재 '인권보호를 위해 노력하는 우리나라'

앞 소제재에서는 다른 나라 사람들을 예로 들었다면 이 소제재는 우리나라의 인권보호 '제도'를 다루는 소제재다. 교과서에서는 국가인권위원회, 국민권익위원회, 헌법재판소의 헌법소원제도, 언론중재위원회를 제시하고 있다. 국가인권위원회는 2001년 설치된 기구다. 국민권익위원회는 종전의 국민고충처리위원회와 관련 기구를 통합하여 2008년 설치된 기구다. 헌법소원심판제도에 대해서는 제5장에서 언급하였는데, 국가기관이 개인의 기본권을 침해하였다고 생각하면 그 개인은 국가기관을 상대로 심판을 청구할 수 있다.

개인이 언론의 잘못된 보도로 피해를 입은 경우, 그 당사자는 언론중재위원회에 중재를 요청할 수 있다. 여기서 말하는 '언론'에는 방송, 정기간행물(신문 포함), 인터넷신문 등이 포함된다. 민주주의 사회에서 언론의 자유는 매우 중요하나, 현대에 와서는 언론사들이 대규모화되고 각 언론사들이 기본적으로 각사(各社)의 사적(私的) 이익을 추구하기 때문에, 언론의 보도가 개인에게 피해를 주는 경우도 적지 않게 생겨났으며, 이에 대처하기 위하여 만들어진 제도다.

그런데 교과서에서는 아동들의 활동으로 "자신이 겪은 인권침해 사례를 찾아보고, 해결을 위한 요청 글을 관련 단체의 가상 게시판에 써 보는 연습을 해 봅시다."가 있는데 이러한 활동을 시키는 것은 신중을 기해야 할 것으로 생각된다. 초등학생들에 대한 인권 학습에서는 '고발'(여기서 필자는 법률적 의미의 고발로 이 단어를 쓴 것은 아니다)보다는 내가 다른 사람에게 피해를 준 일이 없는지를 중심으로 해야 할 것이다. 이렇게 '고발' 위주로 인권학습을 행하여, 아동들이 '피해자'라는 의식을 갖지 않을까 우려된다.

최근 매스컴에는, 학생들이나 학부모들이 교사를 모욕하거나 고발하는 사례가 적지 않게 보도되고 있다. 그런 사건들의 맥락을 보면, 피교육자들이 자신의 '인권'을 강조하는 맥락에서 벌어진 사건이 많다. 물론 교사가 학생들의 인권을 무시하거나 유린해서는 안 되며, 그러한 일이 있을 경우, 법에 따라 조치되어야 한다. 그런데 교사가 그런 행위를 했을 경우에는 '법에 따라' 조치가 되지만, 학생이나 학부모가 그와 비슷한 행동을 했을 경우에는 교사는 '가르치는 사람'이라는 이유로 쉬쉬하거나 엄중히 대응하지 못하는 경우가 많은 것 같다. 물론 이런 현상은 초등보다는 중등에서 더 일어나는 일이긴 하지만, 모든 학교급에서 학생들이 지나치게 '인권'을 앞세워 교사의 '권위'를 인정하지 않는 풍토도 있는 것 같다. 제3장에서 패트릭(Patrick)의 '민주주의에서의 딜레마'에서도 지적했듯이 '자유'와 '권위'의 관계는 어려운 문제지만, '자유 · 권리'만을 내세우는 것이 민주주의의 전부는 아니다.

(4) 제4소제재 '우리가 할 수 있는 인권보호'

이 소제재는 제4중단원(소제재) '인권과 인권보호'의 마무리 부분으로 여기에서는 아동들이 할 수 있는 인권보호 활동에는 어떤 것들이 있겠는가를 생각해 보는 소제재다. 교과서에서는 ① 기부, ② 공공기관이나 정치인에게 건의하기, ③ 학급에서 다른 친구들에게 배려하기 등을 들고 있다. '기부'에 대해서는 최근 유명 연예인이 등장하여 아프리카 어린이 난민 등에 대한 구호를 호소하는 텔레비전 공익광고 방송이 전파를 타고 있다. 유니세프(UNICEF)의 활동 같은 것이 대표적인데 이러한 활동을 소재로 하여, 지구촌에는 어려운 환경에 놓여 있는 어린이들이 적지 않다는 것을 알게 하고, 기부에 동참하도록 지도하는 것이 필요하다. 또한 인권보호는 꼭 먼 곳, 높은 곳에서만 행해지는 것이 아니라 우리 학급에서도 실천되어야 할 사항임을 인식시키는 것도 필요하다. 학급생활에서 반 친구들이 서로를 존중하고, 위하며, 양보하고, 상대방을 배려하는 것이 서로의 인권을 보호하는 것임을 깨닫고 그것을 실천하도록 지도하는 것이 필요하다.

3. 교과서 정치 단원 내용의 변천에서 본 시민교육의 유형

정치 단원(6학년의 이 내용은 '정치' 내용뿐 아니라 '법' 내용도 있으나 여기에서는 편의상 '정치' 단원이라고 하기로 한다) 내용은 그 성격상 정치 정세의 영향을 많이 받는다. 교과서 집필자들은 각 시기의 정치 정세의 영향하에서 글을 쓰기 때문에, 교육부로부터 구체적인 지침이 없어도 각 시기의 교과서에는 당시의 정치 상황이 반영된다. 그렇다고는 해도 현시점에서 과거의 교육과정, 교과서의 내용을 분석해 보는 것은 나름의 의미가 있을 것이다.

우리나라는 광복 이후 격변의 정치적 소용돌이를 거쳐 왔다. 광복의 기쁨이 채 사라지기도 전에 좌우이념 대결이 시작되었으며, 그것은 급기야 6 · 25 동란이라는 내전(內戰)으로 치달았다. 그 후에도 정치적 소용돌이는 그치지 않았으나, 1987년 민주화 이후 어느 정도 안정적 정치가 이루어지고 있다.

1) 초기 사회과 시기

교수요목이 제정 공포된 시기(1947)는 광복 직후로, 당시는 '민주주의'

라고 하는 생소한 사상을 소개하고 받아들이는 데 열중했던 시기였다. 초등학교 교수요목에도 그러한 분위기가 나타나 있어, '민권(民權)' '자치정신(自治精神)' '대의정치(代議政治)' '삼권분립(三權分立)' 등의 용어가 교육과정에 나타나고 있다.[3)]

제1차 사회과 교과과정이 공포된 시기(1955)는 6 · 25 동란 후반기 및 환도(還都) 직후의 시기였다. 이때는 6 · 25 동란을 겪고 있거나 휴전된 지 얼마 안 된 시기였는데, 당시 미국을 중심으로 한 유엔의 도움이 없었다면 오늘날 대한민국은 존재하지 못했을 것이다. 그래서 정치 단원에서 '유엔'이 강조되었다.

또한 북한과 전쟁을 하면서 우리 체제의 우월성을 강조하였는데 당시에 우리가 강조한 것은 '자유'였다. 앞 장에서도 언급하였지만, 민주주의의 양대 가치 이념은 자유와 평등인데 우리가 상대적으로 더 강조한 것은 '자유'였다. 그 시절 유행했던 노래(이 노래가 처음 발표된 것은 이보다 더 앞선 시기다) "가거라 삼팔선"의 가사에는 '자유여 너를 위해, 자유여 너를 위해, 이 목숨 바친다'는 구절이 나오는데, 이를 통해 '자유'를 우리 사회의 이념으로 내세웠음을 알 수 있다. 이러한 배경하에 제1차 초등사회과 교육과정에서는 "민주주의란 자유를 뜻하는데 그 내용은 어떠한 것인가?" 하고, 민주주의의 핵심을 '자유'로 상정(想定)하고 있다. '평등' 개념에 대해서는 "민주주의란 모든 사람에게 같은 기회를 준다."고 기술하여, '기회의 평등'이 '결과의 평등'보다 더 강조되고 있다.

당시(1955년 공포)에는 휴전 직후의 시기로, 우리 정부는 휴전에 반대하고 '북진통일'을 주장하였다. 그리고 이때는 휴전 직후의 시기라서 '통일'이 매우 중요한 정치적 구호였다. 그래서 1차 교육과정에는 제7단원을 "우리나라의 통일과 부흥"으로 하고 있다.

마지막으로 민주주의를 일상생활에서 실천하는 것, 즉 듀이(Dewey)의

〈표 7-5〉 제1차 사회과 교육과정 정치 단원 내용[4)]

五. 민주주의
1. 민주주의란 무엇인가? 2. 민주주의란 자유를 뜻한다는데 그 내용은 어떠한가? 3. 민주주의란 스스로 다스림을 뜻한다는데 그 내용은 어떠한가? 4. 민주주의란 의무를 다함을 뜻한다는데 그 내용은 어떠한가? 5. 민주주의란 의견이 서로 다름을 뜻한다는데 그 내용은 어떠한가? 6. 민주주의란 모든 사람에게 같은 기회를 준다는데 그 내용은 어떠한가? 7. 민주주의란 인내를 뜻한다는데 그 내용은 어떠한가? 8. 민주주의적인 인격을 가진 사람은 어떤 사람인가? 9. 민주주의적인 학교나 가정은 어떠한 것인가? 10. 민주국가란 어떠한 것인가? 11. 우리는 민주주의의 발전을 위해 어떤 노력을 해야 할 것인가?
六. 국제연합 (생략)
七. 우리나라의 통일과 부흥 (생략)

'생활방식으로서의 민주주의'가 강조되었다. 그리하여 제1차 교육과정에는 "민주주의적인 학교나 가정은 어떠한 것일까?"라는 물음이 있는데 이것을 통하여 민주주의를 비단 정부 차원의 것으로만 생각하는 것이 아니라 일상생활에서 실천해야 할 것으로 제시하였다(〈표 7-5〉 참조). 이것은 당시 부모와 자식 간 혹은 교사와 학생 간의 일반적인 관계, 즉 엄격한 상하관계에 비추어 본다면, 이 교육과정의 내용은 대단히 '사회개혁적'이었다는 것을 함축한다.

제1차 교육과정 시기 정치 단원의 특징을 요약하면, 해방 직후 좌우의 대립 그리고 동족상잔의 6·25 동란을 겪으면서, '자유'와 '북진통일'과 '유엔'을 강조하였다. 교수요목 시기의 내용이 추상적인 것으로서의 '민주주의'를 소개하였다는 의미를 갖는다면, 제1차 교육과정 시기에 와서는 반

공(反共)을 기조로 하여, 우리가 지켜 내야 할 것으로서의 민주주의, 그리고 일상생활 속에서의 민주주의를 강조한 것이 그 특징이라고 할 수 있다. 이러한 기조(基調)는 제2차 교육과정 시기까지 이어진다.

2) 제3차 교육과정 시기

제3차 교육과정은 '10월 유신'(1972) 이듬해에 공포되었다. '10월 유신'은 한 사람의 영구집권을 기도(企圖)하였고, 국민의 자유와 권리를 심히 제약했다는 점에서 우리나라 민주주의의 일대 후퇴였다. 이러한 정세하에서 제6학년의 정치 단원 내용에도 많은 변화를 가져오게 되었다. 그 내용의 변화를 필자는 '국가 대(對) 개인'이라는 관점에서 파악하고 싶다(〈표 7-6〉 참조). 이 구도에서 전자, 즉 '국가'를 강조하는 교과서 기술(記述) 입장이 하나 있을 수 있고, 다른 하나는 '개인'을 강조하는 입장이 있을 수 있다. 전자는 '의무'를 강조하는 경향이 있고 후자는 '권리'를 강조하는 경향이 있다. 또 일반적으로 전자는 '질서'를, 후자는 '자유'를 강조한다.

〈표 7-6〉 정치 단원 내용 기술 분석의 틀

국가	대(VS.)	개인
질서	대(VS.)	자유
의무	대(VS.)	권리

이러한 구도를 염두에 두고 제3차 교육과정 정치 단원 내용을 보면, 단연 전자('국가' '질서' '의무')에 기울어져 있다(〈표 7-7〉 참조).

먼저, '국가 대 개인'의 관점에서 보면, 이 시기의 교과서는 국가를 거의 절대적인 것으로 보고 있다. 교과서에서는 '국가'를 설명함에 있어서 독일

〈표 7-7〉 제3차 초등사회과 교육과정 및 교과서상의 정치 단원 내용

교육과정 내용(제3차)	교과서 내용(제3차)
(4) 민주주의와 우리의 생활 (가) 민주주의 ① 인간과 사회생활 ② 민주주의의 이상과 기본원리 ③ 민주주의의 발달	(1) 민주주의와 그 발전 〈인간과 사회〉 1. 동물의 생활과 인간의 생활 〈민주주의의 근본정신과 제도〉 1. 인간의 존엄성 2. 자유 3. 평등 4. 민주사회의 여러 가지 제도 〈민주주의의 발달〉 1. 그리스의 민주주의 2. 링컨과 노예해방
(나) 우리나라의 민주정치 ① 10월유신과 민주헌법 ② 국민의 권리와 의무 ③ 우리나라의 통치기구	(2) 우리나라의 민주정치 〈유신헌법〉 1. 민주공화국 2. 대한민국의 발자취 3. 10월유신 〈국민의 권리와 의무〉 1. 국민의 권리 2. 국민의 의무 〈우리나라의 정치제도〉 1. 통일주체국민회의 2. 대통령 3. 정부 4. 국회 5. 법원 6. 지방자치 7. 정당 8. 선거

(다) 민주적 사회생활 ① 법과 질서 ② 공익 우선 ③ 협동과 상부상조	(3) 민주주의 사회생활 〈사회생활과 준법정신〉 1. 사람이 지켜야 할 일들 2. 법의 종류와 준법정신 〈공익과 협동〉 1. 공중도덕 2. 공익사업 3. 돈을 버는 정신
(5) 국민으로서의 책임 (가) (생략) (나) 우리의 과제 ① 민주주의의 육성과 통일 과업 ② (생략) ③ (생략)	(3) 우리의 과제 〈민주주의의 육성〉 〈조국의 평화적 통일〉 〈자립 경제의 확립〉 〈복지사회의 건설〉 〈빛나는 민족문화의 창조〉

의 사회학자 퇴니에스(Tönnies)의 공동사회와 이익사회론을 가지고 설명하고 있다. '부인회(婦人會)'나 '회사원'은 각자가 가입하고 싶으면 가입하고 탈퇴하고 싶으면 탈퇴하면 그만이지만, 국가는 그럴 수 없으며, 운명공동체라는 논조로 기술되어 있다. 이러한 입장에서 교과서에서는 "국가는 모든 사회 중에서 가장 기본적인 사회이며, 국가가 하는 일은 무한히 많아져 가고 있다. 그러므로 국가가 약하고 무능해서는 어떤 사람도 안에서 행복한 생활을 할 수 없다"[5]고 기술하고 있다.

'의무 대 권리'의 관계에 대해서는 예상대로 '의무'가 강조되어 있다. 그 분량 면에서 '권리'는 2쪽에 간단히 언급되어 있는 데 비하여, '의무'는 4~5쪽에 걸쳐 상세히 기술하고 있다.[6] 의무 중에서는 납세의 의무가 가장 먼저 제시되어 있다.

마지막으로 '질서 대 자유'에 있어서도 '질서'가 강조되고 있다. 당시 교과서에서는 〈사회생활과 준법정신〉이라는 소제재를 두어, '사람이 지켜야 할 일'에는 '어른들에게 공손히 인사를 하여야' 하는 것과 같은 여러 가지가 있다는 것을 말한 다음, "법을 어겨 사회에 큰 해독을 끼친 사람에 대하여는 형사재판에 의하여 형벌이 정하여지는데……"라고 하여 처벌을 강조하고 있다. 또한 〈공익과 협동〉이라는 소제재를 두어, "민주주의 사회에서는 개인의 자유도 존중되지만 공익이 더 존중되며 모든 일에 협동하는 마음이 요구된다."고 하고 있다.[7)]

이러한 교과서 기술은 '극단적 국가주의'의 입장에서 씌였다고까지 말할 수는 없지만, 그에 가가운 입장에서 씌였다고는 말할 수 있다. 이러한 정치 단원 기술은 제4, 5차로 오면서 그 강도가 누그러지다가 제6차에 오면 완전히 달라진다.

3) 제6차 교육과정 이후 시기

제6차 교육과정은 민주화가 이루어진 1987년 이후에 고시된 교육과정이며, 교과서는 그보다 더 나중 시기에 편찬되었다. 그래서 제6차 교육과정 정치 단원의 기술(記述) 분위기가 매우 달라졌을 것임을 짐작하기 어렵지 않다. 앞의 3가지 대립 구도를 가지고 본다면, 제3차 교육과정과는 달리 제6차(현행 7차 포함)에서는 후자, 즉 '개인' '자유' '권리'에 중점을 누고 있다. 여기서 우리는 2가지 유형의 정치 단원 내용 기술에서 어느 쪽이 더 좋다고 단정 지을 수 없다. '개인'과 '사회 · 국가'와의 관계에서 그 어느 쪽만을 일방적으로 강조하는 것은 바람직하지 않기 때문이다. 필자가 지금까지 몇 차례 언급하였듯이, 아무리 개인의 '자유'를 중요시하는 민주사회라고 하여도 사회가 유지되기 위해서는 최소한의 공동체주의 정신이 필요하다. 그러나 그것이 지나쳐 개인에게 요구만 한다면 그것은 자유민주주의 사회의 원리는 아니다. 다른 한편, 개인의 이익이나 권리만을 내세우고 사회의 질서를 등한시하는 입장이라면, 결국은 사회의 질서가 무너지고 개인의 권리 자유도 보장되지 못할 것이다. 어느 쪽이든 '지나친' 것은 바람직한 모습이 아닌 것이다. 그런 의미에서 필자는 제3차 교육과정은 지나치게 '국가'를 내세웠고, 제6차 이후 교육과정(교과서)에서는 '개인'의 '권리'를 지나치게 내세운 점이 있다고 생각한다. 한 예로 앞에서도 언급하였듯이, "아동들이 자신을 인권의 피해자로 생각하고, 그것을 어딘가에 고발하는 활동을 하게 하는 것"은 다소 우려되는 교과서 기술(記述)이다. 개인의 권리 · 인권이 중요하고 그것을 확실히 짚어 주는 것이 필요하지만, 동시에 국가 · 사회의 권위도 필요하다는 입장에서 교과서 기술이 이루어져야 할 것이다.

읽어 볼 자료

〈1〉

권태선, 강우근(2000). 마틴 루터 킹. 서울: 창작과비평사.

앤 크레이머/김석희(2005). 넬슨 만델라. 서울: 작가정신.

이종훈(1997). 테레사 수녀. 서울: 중앙미디어.

최은순, 김중석(2009). 테레사 수녀의 작은 기적. 파주: 웅진싱크빅.

정하나(극본), 김진아(연출), 하우석(원작자) (2007). 뜨거운 관심(테레사 수녀)(오디오북). 서울: 오디언.

Q Channal(2010). 20세기의 거장들(마틴 루터 킹)(영상기록). [1-3][비디오 녹화자료] 서울: 다우리엔터테인먼트

〈2〉

국제엠네스티 한국지부서(2002). 국제엠네스티 한국지부 30년 역사.

넬슨 만델라/이종옥, 최재봉(2005). 멀고 먼 자유의 길. 서울: 예지각.

마틴 루터 킹/이명권(2003). 마틴 루터 킹. 서울: 열린서원.

인용 자료

1) 교육과학기술부(2010). 초등학교 교사용 지도서 사회(4-1). 서울: (주)두산동아. p. 139.

2) 서재천(2004). 초등사회과교육. 서울: 도서출판유천. pp. 132-134.

3) 문교부(1986). 교육과정 사회과 · 국사과(1946~1981). 서울: 대한교과서주식회사. p. 39.

4) 문교부(1986). 같은 책. pp. 101-102.

5) 문교부(1974). 사회 6. 서울: 국정교과서주식회사. p. 60.

6) 문교부(1974). 같은 책. pp. 80-86.

7) 문교부(1974). 같은 책. pp. 102-110.

참고 자료

공주교육대학교 초등교육연구소(2003). (초등학교) 제7차교육과정탐구. 공주.

한국교육개발원 편(1993). 제7차교육과정 개정에 따른 교과용 도서의 개발연구. 서울.

제 8 장

초등사회과 시민교육의 방법

1. 사회과 시민교육에서 활용할 수 있는 수업방법
2. 사회과 시민교육 영역 학습지도안
3. 수업 외에서의 시민교육

제 8 장

초등사회과 시민교육의 방법

앞에서 시민교육의 기반이 되는 '내용'에 대하여 이 책의 많은 부분을 할애하여 설명하여 왔는데, 그러한 '내용'을 바탕으로 어떤 '방법'을 활용해서 시민교육의 목적·목표를 달성할 수 있을까 하는 것이 이 장의 주제다.

시민교육의 '방법'은 크게 수업과 수업 외의 2가지 방법으로 나눌 수 있다. 일반적으로 학교 현장에서는 전자를 중심으로 시민교육이 실천되지만, 그것만으로는 부족하고 후자가 뒷받침되는 가운데 실천되어야 한다. 후자는 수업 이외의 장면, 즉, 학급·학교에서의 생활을 통해 민주시민교육을 하는 것으로 '생활지도'와도 밀접한 관련이 있다.

광복 이후 우리나라 사회과론의 역사를 보면, 초기 사회과(교수요목과 제1차 교육과정 시기)에서는 수업 이외의 장면에서의 시민교육이 매우 중요시되었다. 즉, 일상생활을 통해서 민주주의를 실천하는 것이 중요시되었다. 서로 돕고, 서로 존중하며, 자유롭고 평등한 관계 속에서 학급·학교생활을 영위함으로써 민주주의를 체득하는 것을 강조했던 것이다.

이 장에서는 시민교육의 방법에 대해, '수업'에 중점을 두어 설명하되, 수업 이외의 방법에 대해서도 언급하도록 하겠다.

1. 사회과 시민교육에서 활용할 수 있는 수업방법

사회과 시민교육에서 활용할 수 있는 수업방법에는 여러 가지가 있으나, 여기에서는 숙의, 토의학습, 모의재판학습, 신문활용학습을 들겠다. '숙의'란 구체적인 수업방법이라기보다 시민교육을 위한 수업의 기본원리를 말한다.

1) 시민교육의 방법원리로서의 '숙의'

민주주의 사회에서는 한 집단에서 어떤 결정을 내리는 데 투표 등의 여러 방법이 있으나, 숙의(deliberation)는 가장 기본적인 것이면서 이상적인 것이다. 숙의는 전통적으로 "의회 정치를 지탱하는 중요한 원리 중 하나다. 의회정치는 대표의 원리에 의하여 선출된 의원들이 의회에서 충분하고 이성적인 토론을 통하여 어떤 일에 대해 서로 타협하고 결정하는 것을 기본원리로 한다. 19세기 자유주의 시대의 영국 의회에서는 정당 간부가 평의원에 대해 의견을 통제하는 일도 없었고, 토론 종결이라는 제도도 없어서 '자유로운 토론과 자유로운 투표'로 숙의의 원리가 관철되었다.[1)] 이러한 숙의의 원리는 더욱 확장되어 오늘날에는 대표들뿐 아니라 일반 국민들에게도 공적인 일을 결정하기 위한 이성적 '숙의'에 참여할 것이 요구되고 있는데, 이것이 숙의 민주주의의 이론이다. 이러한 '숙의'의 원리는 사회과 시민교육에서도 활용되어야 한다.

'숙의'는 영어의 딜리버레이션(deliberation)을 번역한 말인데, '딜리버레이션'이란 어떤 결정에 도달하기 위한 토의(discussion)를 말한다. 어원은 라틴어 '리브라'(libra)인데, 이 '리브라'는 '측정하다'(scale)라는 뜻이다.[2] 즉, '딜리버레이션'이란 원래 어떤 일에서 최선의 결정을 내리기 위하여, 여러 가지 증거를 모으고 대안(代案)을 잘 살펴보는 것을 말한다. 초등학교에서도 전교 어린이회에서 '보다 좋은 학교를 만들기 위한 방안'을 토의할 때, 학급생활에서 '우리 반의 규칙'을 정할 때, '우리 반 혹은 우리 학교에 있는 놀이 기구나 운동 기구를 공정하게 가지고 노는 규칙'을 정할 때, 우리 학급에서 '배식 담당' 등 각자의 역할을 정할 때 등의 여러 장면에서 '숙의'가 일어날 수 있다. 또한 수업 장면에서는 모둠 활동에서 누가 어떤 역할을 맡을지를 정할 때, 모둠원이 고루 발언하면서 모둠 토의를 진행할 때 '숙의'가 일어나는 것이 바람직하다.

미국 시애틀 소재 워싱턴 대학(University of Washington in Seattle)의 파커(W. Parker) 교수는 '딜리버레이션'의 7가지 단계를 각각 저학년과 고학년에 맞는 표현으로 제시하고 있다(〈표 8-1〉 참조).[3]

첫 번째 단계는 '참가하기'다. 민주주의 사회에서는 어떤 일을 결정하기 위해서 그에 관계되는 사람 모두가 참가하는 것이 원칙이라고 앞 장에서 충분히 설명하였다. 학교 교실에서도 모든 아동이 참가할 수 있도록 아동들 간에 서로 격려하고 용기를 북돋워 주는 것이 필요하다. 교사도 아동들에게 참가의 중요성을 자세히 설명하고 이끌어 주는 것이 필요하다. 두 번째 단계는 '반 친구가 말할 때, 주의 깊게 듣기'다. 어떤 집단에서 토의를 할 때나 어떤 사람과 대화를 할 때는 자신의 의견을 말하는 것도 중요하지만, 상대방의 의견에 귀 기울이는 것도 중요하다. 상대방의 의견을 존중하고 상대방의 감정이 무엇인가를 헤아리려는 자세가 중요하다. 세 번째 단계는 '자신의 의견을 분명하게 말하기'다. 상대방의 의견을 존중하는 것과

〈표 8-1〉 숙의의 7단계

단 계	1~3학년 수준	4~6학년 수준
1	참가하기	참가하고, 문제 파악하기
2	남의 말에 귀 기울이기	반 친구가 말할 때, 주의 깊게 듣기
3	나의 의견 말하기	자신의 생각, 자신의 느낌을 분명히 말하기
4	근거를 대면서 말하기	자신의 의견을 말할 때 타당한 근거를 대면서 말하기
5	'친구'에 대해서가 아니라, 친구의 '의견'에 대해 말하기	반 친구의 발언에 대해 자신의 의견을 분명히 말하되, 그 '친구'에 대해서 말하는 것이 아니라, 그 '발언 내용'에 대해서 말하기
6	잘 생각해 보기	자신의 생각과 비교하면서, 여러 대안에 대해서 잘 생각해 보기
7	모두 함께 문제해결하기	문제를 해결할 때, 빠지는 사람 없이 모두 참가하기

자신의 의견을 분명히 말하는 것과는 별개의 것이다. 다시 말하면, 상대방의 의견을 존중하면서도 자신의 의견을 분명히 말하는 것이 동시에 이루어질 수 있다는 것이다. 자신의 의견을 분명히 말하지 않으면 자신의 의견과 타인의 의견의 차이가 무엇인지 밝혀지지 않고, 결과적으로도 심도 있는 숙의가 일어나기 어렵다. 네 번째 단계는 발언할 때 항상 합리적 근거, 즉 설득력 있는 논리와 확실한 증거를 대면서 말하자는 것이다. 객관적인 증거와 논리가 뒷받침되어야 그 사람의 주장이 설득력을 가질 수 있다. 다섯 번째 단계는 다른 사람의 발언에 대해서 자신의 의견을 말할 때 그 '사람'에게 초점을 맞추지 말고, 그 사람의 '의견' 자체에 초점을 맞추어 말하자는 것이다. 기본적으로 "'아무개'의 의견에 대해서 말하겠습니다가 아니라, 아무개의 '무슨 의견'에 대해서 말하겠습니다."가 되어야 한다는 것이다. '숙의'에서는 어떤 '사람'에 대해서 말하는 것이 아니라 그 사람의 '의견'에 대해서 말하는 것이다. 여섯 번째는 자신의 의견만을 내세울 것이 아니라, 다른 사람의 의견에 대해서도 잘 생각해 보고 각각의 장단점을 잘 따

져 보자는 것이다. 여기서는 '비교'가 그 초점이 된다. 마지막 일곱 번째 단계는 소외되는 아동이 없이 '모두' 참여하여 문제를 해결하자는 것이다. 이것은 첫 번째 단계와 비슷하기도 한데, 첫 번째 단계에서 참가자가 모두 참여하였듯이 마지막 문제해결 단계에서도 소외되는 사람 없이 끝까지 함께하자는 것으로 생각된다.

학급활동이나 수업에서 이러한 의미의 '숙의'가 일어나기 위해서는 평소 학급 분위기가 자유롭고, 서로 신뢰하며, 자신의 의견을 스스럼없이 말할 수 있어야 한다. 따라서 교사는 평상시 아동들에게 자신의 의견을 충분히 말할 수 있는 기회를 주어 아동들이 자유롭게 말할 수 있는 '학급 가꾸기'를 위해 노력해야 한다.

그런데 지금까지 말한 '숙의'와 사회과에서 강조되는 '토의학습'과는 어떻게 다를까 하는 의문이 들 것이다. 사실, 이 두 용어는 매우 비슷하다. 우선 파커가 말하는 '딜리버레이션'이란 용어는 '딜리버레이티브 데모크라시(deliberative democracy)'에서 가져왔다고 생각되는데, '딜리버레이티브 데모크라시'는 '디스커시브 데모크라시(discursive democracy)'라고도 불린다(Wikipedia, 2010. 10. 27. 검색). 이것을 우리말로 번역할 때에도 정치학계에서는 '심의민주주의' '토의민주주의' '숙고민주주의' 등으로 번역하고 있다. 이렇게 '숙고'와 '토의'는 영어에서나 우리말 번역에서는 그 뜻이 거의 같지만, 파커 교수는 '심의'를 더 넓은 맥락으로, 즉 사회과 시민교육의 하나의 방법원리로 생각하고 사용한 듯하다. 다음에서는 구체적인 수업활동으로서의 '토의'에 대해 설명하고자 한다.

2) 토의학습

수업에서 아동들이 대화를 통해 학습문제를 해결해 나가는 방식에는 토의(discussion)와 토론(debate)이 있다. 전자는 아동들이 서로 상의하면서 학습문제를 해결해 가는 것을 말하며, 후자는 하나의 쟁점을 두고 찬반(pro and con)의 두 입장으로 나뉘어 논쟁하는 형식을 말한다. 예를 들어, 모둠별로 모여서 우리나라의 저출산 문제의 해결방안에 대하여 이야기하고 있다면, 그것은 토의학습 형태에 가깝다고 할 수 있다. 이와는 달리, 모의재판 형식의 수업에서 검사는 피고인의 유죄를 주장하고 이에 맞서 피의자·변호사가 무죄를 주장한다면 이는 디베이트 형식이 될 것이다. 종전에 우리나라 사회과 수업에서는 토의 형식이 많이 활용되었으나 최근에는 토의 형식과 더불어 디베이트 형식도 많이 활용되고 있다.

오늘날 사회에서는 디베이트 형식의 토론이 많이 있음을 알 수 있다. 임금이나 근로 조건을 둘러싼 고용주와 근로자 간의 협상, 환경문제에서 개발하려는 측과 환경보전을 중요시하는 측과의 협의, 우리나라와 외국 간의 각종 협상 등이 예에 속한다. 따라서 디베이트 능력은 오늘날 사회에서 매우 필요한 기능이며, 어렸을 때부터 초등학교 사회과에서 그 기초기능을 길러 줄 필요가 있다.

디베이트를 하기 위해서는 우선 논제(論題)를 정하고 이에 참여할 아동을 선발해야 한다. 선발 인원은 상황에 따라 다를 수 있지만, 대표 학생들이 교실 앞에 나와서 하는 경우, 사회자 1명, 찬성 측 2명, 반대 측 2명으로 구성할 수 있다. 한 반의 모든 아동이 직접 디베이트를 한 번씩 해 보게 하고 싶을 때에는, 대표 아동들이 교실 앞에 나와서 디베이트를 하기 전에 3명이 한 조로 하여(사회자 1명, 찬성 측 1명, 반대 측 1명), 조별 토의를 먼저 해 본 뒤에 학급 전체 디베이트로 나아갈 수도 있다. 디베이트 절차는 다음과 같다.

① 입론(立論)

– 긍정 측

– 부정 측

② 질의, 응답

– 부정 측의 질문(긍정 측에 대한)

– 긍정 측의 질문(부정 측에 대한)

③ 반박 및 결론

– 찬성 측

– 반대 측

'입론'이란 각 측의 기본입장을 밝히는 단계다(재판에서는 '모두 발언'이라고 한다). '질의 · 응답'(반대 심문) 단계는 상대방에게 질문하는 단계를 말하는데, 이 질문을 통하여 상대방 주장의 모순을 밝히는 것이다. '질의 · 응답' 단계에서 질문과 답변은 일문일답(一問一答)이 원칙이다. 한 가지를 질문하고, 그에 대해서 답변하며, 후속질문을 하고 또 답변을 하면서 논의를 진전시켜 나가는 것이다. 질문할 때, 한 아동이 한 번 질문하는 시간이 너무 길어도 안 되고, 너무 짧아도 안 된다. 너무 긴 경우, 정해진 시간(수업시간)도 문제이지만, '질문'이 아니라 '연설'이 될 염려가 있다. 그런 경우 토론이 제대로 이루어지지 않는다. 그런데 필자가 교대에서 대학생들이 실제 디베이트를 해 보게 하는데, '짧게 말하라'고 했더니 너무 '단답식'이 되어, 질문하는 '의도'나 그 '맥락'이 드러나지 않는 경우가 많아 토론이 제대로 진행이 안 되는 것을 본 적이 있다. '일문일답'을 원칙으로 하되, 질문자의 의도 등이 드러나는 것이 바람직하다. 필자는 우리나라 초등학생의 경우, 1회당 발언시간을 최장 약 2분까지로 잡는다.

토론할 때에는 '토론카드(학습지)'를 제시하여, 미리 '토론카드'에 자신의 주장을 써 보게 하면 좋을 것이다(이 카드 양식은 2009년 제1학기에 공주교육대학교 사회과 학생들이 학습지도안에서 제시한 것이다).

<table>
<tr><td rowspan="2">찬성팀</td><td colspan="2" rowspan="2">토론카드</td><td colspan="2">학년 반 번</td></tr>
<tr><td colspan="2">이름 ( )</td></tr>
<tr><td>논 제</td><td colspan="4"></td></tr>
<tr><td colspan="5">나의 주장</td></tr>
<tr><td rowspan="4">주장 1</td><td>주장 내용</td><td>예상되는 반론</td><td colspan="2">재반박할 내용</td></tr>
<tr><td colspan="4"></td></tr>
<tr><td colspan="3">근거자료(출처:)</td><td>자료의 중요도</td></tr>
<tr><td colspan="3"></td><td>☆☆☆☆☆</td></tr>
<tr><td rowspan="4">주장 2</td><td>주장 내용</td><td>예상되는 반론</td><td colspan="2">재반박할 내용</td></tr>
<tr><td colspan="4"></td></tr>
<tr><td colspan="3">근거자료(출처:)</td><td>자료의 중요도</td></tr>
<tr><td colspan="3"></td><td>☆☆☆☆☆</td></tr>
<tr><td colspan="5">상대방의 주장</td></tr>
<tr><td></td><td colspan="2">주장 내용</td><td colspan="2">제기할 수 있는 나의 반론</td></tr>
<tr><td>주장 1</td><td colspan="2"></td><td colspan="2"></td></tr>
<tr><td>주장 2</td><td colspan="2"></td><td colspan="2"></td></tr>
</table>

학급대표 학생들이 디베이트를 할 때, 앉아 있는 아동들은 수동적이 되기 쉽다. 앉아 있는 아동들도 토론 내용을 알고 그 흐름을 따라가야 하는데,

이를 위해서 아동들에게 다음과 같은 흐름도 양식을 나누어 주고, 디베이트의 각 단계에 따라 어떤 내용이 토의되고 있는지 적어 보게 하면 좋다.[4)]

▷ 논쟁 주제:
▷ 논쟁 일시:
▷ 참가자 찬성 측: ○○○　반대 측: ○○○
▷ 기록자: ○○○

입론 (찬성 측)	입론 (반대 측)	질의, 응답 (반대→찬성)	질의, 응답 (찬성→반대)	반박 및 결론 (찬성 측)	반박 및 결론 (반대 측)

먼저 '논제'를 정한다. '논제'를 정한 다음에는, 토의에 참가할 아동을 선정해야 하는데(교실 앞에 나와서 디베이트를 할 경우), 원래 디베이트에서는 자신이 그 논제에 찬성한다 하여 찬성 측에 들어가고 반대한다 하여 반대 측에 들어가는 것이 아니라, 임의로 배정하게 되어 있다. 이것은 논쟁에서 어느 한편에 서는 것이 중요한 것이 아니라 어느 쪽 입장에서라도 사회현상을 바라볼 줄 아는 능력을 육성하는 것이 중요하기 때문이라고 한다. 대학생이라면 이 원칙에 따라도 별문제가 없을 것이다. 그러나 초등학교 아동의 경우, 자신은 그 논제에 대하여 반대하는 데에도 불구하고 찬성 측에 배정된다든지 하면, 심리적으로 '저항감'이 있을 수 있고, 교육적으로

도 바람직하지 못한 측면이 있다. 따라서 아동들 각자의 뜻을 존중하여 찬성 측 혹은 반대 측에 배정하는 것이 더 좋을 것으로 생각된다.

디베이트를 할 때에는 토론에 열기가 달아오르면 오를수록 토론자들의 감정이 고양될 수 있다. '적절한' 감정 고양은 토론에 활기를 불어넣는 측면이 있고, 너무 '가라앉은' 토론보다 더 나은 경우도 있다. 그러나 그것이 지나쳐 흥분하고 감정적으로 되는 것은 바람직하지 않다. 대학생들에게 디베이트 활동을 시켜 보면 이런 현상이 종종 나타나는데 우리의 '토론문화'와도 관련이 있는 것 같다. 따라서 디베이트 시에는 파커도 말하고 있듯이, '사람'에 대해 반박하는 것이 아니라, '토론 내용'에 대해 논박하는 것임을 깨닫게 하고, 상대방에게 예의를 잃지 않도록 각별히 지도해야 한다.

3) 모의재판 학습의 기초 사항

모의재판 학습은 사회과 시민교육의 법 내용에서 활용할 수 있다. 앞에서도 언급하였듯이 우리나라에서는 2008년부터 국민참여재판제도를 실시하고 있어서 국민이면 누구라도 배심원으로 선정될 수 있고, 선정되면 원칙적으로 형사재판에 임해야 하므로, 사회과 수업에서 재판활동(특히, 형사 모의재판)을 해 보는 것은 의미가 있다. 또한 아동들은 역할 연기하는 것을 좋아하므로 아동의 흥미를 불러일으키고 수업활동에 변화를 주기 위해서도 모의재판 학습은 필요하다.

모의재판을 실시하기 위해서는 ① 재판장(1명 혹은 3명), ② 검사, ③ 변호인, ④ 피고인, ⑤ 증인 2~3명, ⑥ 법원 사무관 1~2명, ⑦ 배심원(7명, 9명이나 5명이 될 수도 있다), ⑧ 법원 경위(警衛) 역(役)이 필요하다. 학부모들이나 아동들이 피고인 역을 하기 싫어하는 경우도 있다고 하는데, 이럴 경우에는 변호인만을 세울 수도 있겠다. 그리고 법원 경위 역도 경우에 따라서는 없어도 무방하다([그림 8-1] 참조).

초등학교 아동들의 모의재판 과정은 실제 법정에서 이루어지는 형사재판 과정에 따르되, 간략화된 형태로 실시되어야 할 것인데, 그 절차를 제시하면 다음과 같다.

① 재판장의 재판 개시 선언: "지금부터 피고 ○○○에 대한 재판을 시작하겠습니다."와 같이 재판장이 재판의 시작을 알리는 절차다.

② 피고인에 대한 진술거부권 고지: 재판장이 피고인에게 자신에게 불리한 진술을 거부할 권리가 있음을 알리는 절차다.

③ 인정 신문: 피고인의 이름, 생년월일, 주소 등을 물어 본인임을 확인하는 절차다.

④ 검사의 최초진술(모두진술): 검사가 피고인의 죄상을 밝히는 절차다. "피고인 ○○○은 ○월 ○일에 ◇◇범죄를 저질렀습니다. …… 그리하여 본 검사는 피고인을 ◇◇죄로 기소하였습니다."와 같은 형식으로 한다.

⑤ 피고인의 최초진술(모두진술): 검사의 최초진술에 대하여 피고인이 자신은 그런 범죄를 저지르지 않았다든가, 딱한 사정 아래서 부득이하게 했나든가 하는 식으로 자신을 옹호하는 절차다. 보통 "저는 검사님이 말하는 그 범죄를 저지르지 않았습니다." 혹은 "제가 그날 그런 행동을 한 것은 사실입니다만, 불가피한 사정이 있었습니다."와 같은 식으로 한다.

⑥ 증거 조사 및 피고인 신문: 증인 1, 증인 2, 증인 3의 증언 및 이에 대한 검사 및 변호사의 질문, 증거조사가 이루어지는 절차다. 증인은 증언 전에 '선서'를 해야 한다. 이때 배심원이 질문하고 싶은 경우에 그것을 종이에 적어 재판장에게 제시하면, 재판장은 배심원을 대신하여

피고인 또는 증인에게 질문할 수 있다. 다만, 우리나라 국민참여재판에서는 미국식 배심제와는 달리 배심원이 피고인이나 증인에게 직접 질문할 수 없다. 증거조사(증언)에서는 재판장의 주도하에 검사와 변호인이 각각 피고인에 대하여 질문(신문)을 한다.

⑦ 검사의 의견 진술: 증인 증언, 증거조사 등을 토대로 검사가 피고인에 대한 처벌 정도를 말하는 절차다. 구형(求刑)이 이루어지는 단계다. 검사는 "이상과 같은 증인, 증거에 비추어 볼 때, 피고인은 그 범죄를 저질렀음이 확실하고 이에 본 검사는 피고인에게 형법 제○조에 의해, 징역 ○개월에 처할 것을 구형합니다."와 같은 식으로 한다.

⑧ 피고인과 변호인의 최후진술: 피고인 변호인은 마지막으로 무죄주장을 하든지 아니면 그 범죄 사실을 인정하고 선처(善處)를 호소하는 절차다. 예를 들어, 변호인은 "피고인은 어려운 형편에서 그러한 행위를 하였으나 지금은 마음 깊이 반성하고 있으므로 선처를 바라는 바입니다."와 같이 최후진술을 한다.

⑨ 배심원 토의: 정식 국민참여형사재판에서는 보통 7명으로 구성된 배심원단이 토의에 들어가는 절차이지만, 모의재판 학습에서는 5명 1개조로 배심원단을 구성하여, 자리에 앉아 있는 학급 아동 전원이 배심활동을 벌이도록 한다. 각 배심원단에는 대표가 있어야 하므로, 대표를 호선(互選)으로 뽑도록 한다.

⑩ 각 배심단의 토의 결과 발표: 각 배심단의 대표가 교실 앞쪽으로 나와 토의한 결과를 발표한다. 정식 형사참여재판에서는 배심단의 결정은 만장일치제를 택하고 있으며, 만장일치가 되지 않을 경우에 재판장이 관여할 수 있도록 되어 있다. 이 과정을 반영하기 위해서 교사가 각 배심원단을 순회하면서 배심원들 사이에 이견(異見)이 있는 경우, 조정이 이루어질 수 있도록 유도한다.

⑪ 판결 선고: 재판장은 검사의 의견, 변호인의 변론, 증거 및 증언, 그리고 배심원단에서 토의된 것을 판단하여, 판결을 선고한다.

모의재판 학습을 하기 위해서는 시나리오가 있어야 한다. 모의재판 시나리오의 소재로는 ① 아동들의 일상생활에서 일어남 직한 일, ② 문학작품이나 전래동화, ③ 사회에서 실제 일어난 사건 등이 있을 수 있는데, 각각은 그 특징이 있다. 아동의 일상생활에서 일어나는 다툼 등을 소재로 한 시나리오는 아동들에게 흥미가 있고 그 내용이 평이하다는 장점이 있다. 공

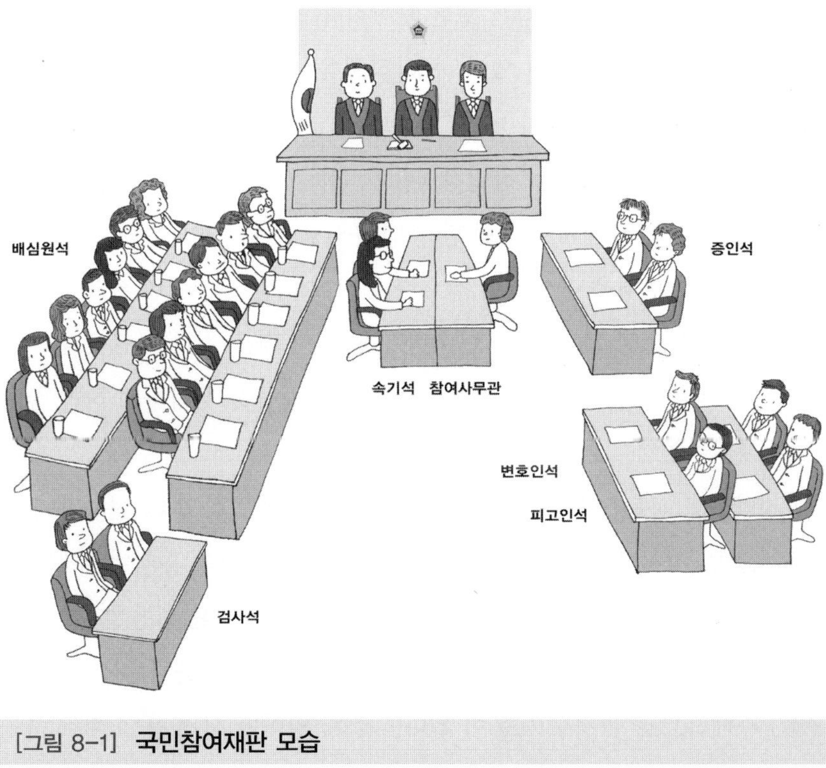

[그림 8-1] **국민참여재판 모습**

출처: 대법원 홈페이지

주교대 학생들이 인터넷에서 찾아온 사건을 예로 들면, '남의 도시락을 몰래 먹어 버린 사건'과 같이 비교적 가벼운 소재가 있다. 그러나 이러한 내용은 비교적 '가볍게' 해 볼 수 있다는 장점이 있지만, 너무 쉬운 나머지 아동들이 '재판의 본질'에 대해 생각하지 못하는 경우가 많다는 것이 단점이다. 두 번째의 문학작품이나 전래동화 등에서 가져온 소재는 대부분의 아동들이 알고 있는 내용이어서 재판 내용을 이해하기가 쉽고 실제 일어난 일이 아니기 때문에 그 내용이 '순화된' 측면이 있다. 사회에서 실제로 일어나는 흉악 사건을 적나라하게 제시하는 것은 초등학생들에게는 교육상 문제가 있을 수 있다. 이에 비해, 문학작품은 아동들의 정서에 심각한 영향을 주지 않는다는 장점이 있다. 또한 문학작품 등은 세대를 이어 읽는 것이기 때문에 항상성(恒常性)이 있다. 문학작품을 소재로 한 모의재판의 경우 이러한 장점이 있어서, 필자는 제7차 사회과 교육과정에 따른 6학년용 사회과 교과서 집필 시, 소설 『장발장』(원제: 레미제라블)을 사례로 제시한 바 있다. 『장발장』은 가난에 굶주린 한 소년(주인공, 장발장)이 빵 한 조각을 훔쳤다는 이유로 평생을 수사관의 집요한 추적에 시달려야 했던 상황을 그리고 있는데, 이 스토리는 '법의 가혹함' 대(vs.) '죄를 지은 사람은 반드시 그 대가를 치러야 한다'는 두 명제 사이에서의 갈등을 생각하게 하는 좋은 소재가 될 수 있다.

마지막으로 '사회에서 실제 일어난 사건'을 소재로 하면 더 현실감이 있고 구체적일 것이다. 현재, 대법원을 포함한 각급 법원의 홈페이지에는 수시로 새로운 판결문의 요약이 탑재되어 올라오므로 이를 활용할 수 있다. 대법원에서는 1년에 한 번씩 1년 동안의 주요 판결 내용을 시디(CD) 출반(出盤) 판매하므로 이것도 도움이 된다. '실제 일어난 사건'을 소재로 하는 경우에도 형량이 좀 가벼운 사건을 가지고 할 수도 있고 더 무거운 사건을 가지고 할 수도 있는데, 초등학생을 대상으로 하는 모의재판 수업에서는

전자가 더 나을 것으로 생각된다. 법교육에서는 실제 사례를 들어 법적 사고를 길러 주는 것이 좋다.[5)]

모의재판 학습 이외에도 모의활동은 모의국회, 모의 국무회의, 모의 유엔총회, 모의 G20 정상회의 등 여러 가지로 응용할 수 있다.

4) 모의재판 학습 시나리오

모의재판 학습지도안의 사례로 영국의 민화(民話)인 '아기 돼지 3형제'를 소개할까 한다. '아기 돼지 3형제' 이야기는 우리나라의 동화책에도 자주 나오는 이야기다. 줄거리를 살펴보면, 엄마 돼지 품을 떠나 제 집을 지어야 하는 아기 돼지 3형제가 각각 자신의 집을 짓는데, 첫째와 둘째는 짚과 나무라는 빈약한 자재로 집을 지었기 때문에 늑대에게 집이 헐리고 만다. 그런데 셋째의 집은 벽돌로 지었기 때문에 튼튼하여 늑대가 뚫고 들어오지 못한다. 이에 늑대는 억지로 연통(煙筒)을 타고 아기 돼지의 집으로 들어오다가 셋째 돼지가 물을 끓이고 있던 큰 냄비에 빠져 죽게 된다. 이 이야기는 어떤 일을 할 때는 처음부터 잘 해야 한다는 교훈이 담겨져 있다. 그런데 이 이야기에서 셋째 아기 돼지가 끓여 놓은 냄비 물에 빠져 "늑대가 죽었다."는 데에 착안하여, 셋째 아기 돼지가 살인죄(늑대를 사람이라고 가정하고)를 저지른 것이 아닌가 하고 생각해 볼 수 있다. 이 경우, 셋째 아기 돼지가 살인죄를 저질렀다고 볼 수도 있지만, 다른 한편으로는 늑대가 첫째, 둘째 아기 돼지에 이어 셋째 아기 돼지를 잡아먹으러 온 것이기 때문에, 셋째 아기 돼지가 한 행동은 어디까지나 자신의 목숨을 방어하기 위한 것으로 '정당방위'에 해당된다는 주장도 있을 수 있다. 바로 이런 점을 아동들에게 판단해 보도록 하자는 것이다.

"늑대 살해 사건"의 모의재판 학습지도안[6)]

발 문	자 료	교수 · 학습활동	학습되는 내용
• '아기 돼지 3형제' 이야기를 알고 있나요? • '아기 돼지 3형제' 이야기의 줄거리를 이야기해 준다. • 아기 돼지들은 늑대를 죽게 하고 말았는데, 이것은 죄를 지은 것일까요?		T: 발문한다. P: 대답한다. T: 설명한다. T: 발문한다. P: 대답한다.	• 알고 있어요, 몰라요, 잊어버렸어요 등등. • (앞에서 제시했으므로 생략) • 죄를 저지른 것이에요, 죄를 물을 수는 없어요, 잘 모르겠어요.
• 지금부터 모의재판을 해 봅시다. '관련 법 조항'과 '재판 시나리오'를 보면서, 아기 돼지를 유죄로 할 것인지 무죄로 할 것인지 생각해봅시다. 그럼 지금부터, 재판장, 아기 돼지, 검사, 변호인, 늑대 역을 할 사람을 정하고, 앞에 나와 시나리오를 읽어 봅시다. • 시나리오 대사를 들은 뒤, 각자가 배심원이라고 생각하고, 유죄라고 생각하는지 무죄라고 생각하는지 각자의 생각을 학습지에 적어 보세요. • 유죄라고 생각한 사람은 그 이유와 근거에 대해 모여서 이야기해 봅시다. • 무죄라고 생각한 사람도 모여서 그 이유와 근거에 대해 이야기해 봅시다.	자료 1 자료 2 자료 2 워크시트	P: 각각의 역할을 할 사람을 정한다. P: 교실 앞쪽으로 나와, 시나리오 대사를 읽는다. T: 발문한다. P: 각자의 생각을 적는다. T: 발문한다. P: 그 이유를 정리 · 요약한다. T: 발문한다. P: 그 이유를 정리 · 요약한다.	(6명의 역할을 정하고, 교실 앞에 나와 '재판 시나리오'에 나와 있는 대사를 읽는다) • 유죄다. • 무죄다. • 유죄인 이유는 아기 돼지는 늑대가 연통을 타고 내려온다는 것을 미리 알고, 큰 냄비에 물을 붓고 끓였으며, 늑대가 미끄러지는 순간을 잡아 뚜껑을 덮어 늑대를 죽게 했다. 뿐만 아니라, 늑대고기를 먹기까지 했기 때문이다. • 무죄인 이유는 아기 돼지는 두 형이 늑대에게 잡아먹혔다고 생

• 유죄인지 무죄인지 학급 전체로서 하나의 결론을 내려 봅시다.		T: 발문한다. P: 결론을 내린다.	각했고, 자신을 지키기 위해 한 행동일 뿐이기 때문이다. • 유죄 혹은 무죄
• 재판에서 유무죄를 정할 때에는 무엇에 근거하여 판단을 내려야 할까요? • 사실에만 입각하여 판단을 내리면 안되는 이유가 무엇일까요? • 재판이란 과연 무엇일까요?		T: 발문한다. P: 대답한다. T: 발문한다. P: 대답한다. T: 발문한다. P: 대답한다.	• 재판과정에서 밝혀진 사실에만 입각해서 판단을 내려야 한다. • 편견이나 자의적 판단을 배제하고, 공정한 판단을 하기 위해서다. • 재판이란 법관이 소송을 제기한 사람과 소송을 당한 사람 간의 분쟁에 대해서 사실에 입각하여 판결을 내리는 것이다.

다음은 이 모의재판의 시나리오다.[7)]

제목: '늑대 살해 사건'

배역(配役): 6명

〈재판장〉

피고인: 아기 돼지(남학생)

피해자: 늑대(살해됨, 남학생)

검사: 1명(남학생 혹은 여학생)

변호인: 1명(남학생 혹은 여학생)

증인: 살해된 늑대의 엄마 늑대 1명(여학생)

관련 법 조항

형법 제250조(살인): ① 사람을 살해한 자는 사형, 무기 또는 5년 이상의 징역에 처한다.

형법 제21조(정당방위): ① 자기 또는 타인의 법익에 대한 현재의 부당한 침해를 방위하기 위한 행위는 상당한 이유가 있을 때에는 벌하지 아니한다.

② 방위행위가 그 정도를 초과한 때에는 정황에 의하여 그 형을 감경 또는 면제할 수 있다.

③ 전항의 경우에 그 행위가 야간, 기타, 불안스러운 상태하에서 공포, 경악, 흥분 또는 당황으로 인한 때에는 벌하지 아니한다.

헌법 제12조 제2항(불이익 진술의 강요 금지): 모든 국민은 …… 형사상 자기에게 불리한 진술을 강요당하지 아니한다.

형사소송법 제283조의 2(피고인의 진술거부권): ① 피고인은 진술하지 아니하거나 개개의 질문에 대하여 진술을 거부할 수 있다.

② 재판장은 피고인에게 제1항과 같이 진술을 거부할 수 있음을 고지하여야 한다.

형사소송법 제156조(증인의 선서): 증인에게는 신문 전에 선서하게 하여야 한다.

형사소송법 제157조(선서의 방식): ① 선서는 선서서에 의하여야 한다. ② 선서서에는 「양심에 따라 숨김과 보탬이 없이 사실 그대로 말하고 만일 거짓말이 있으면 위증의 벌을 받기로 맹서합니다」라고 기재하여야 한다. ③ 재판장은 증인으로 하여금 선서서를 낭독하고 기명날인 또는 서명하게 하여야 한다. ④ 선서는 기립하여 엄숙히 하여야 한다.

형사소송법 제158조(선서한 증인에 대한 경고): 재판장은 선서할 증인에 대하여 선서 전에 위증의 벌을 경고하여야 한다.

형법 제152조(위증, 모해위증): ① 법률에 의하여 선서한 증인이 허위진술을 한 때에는 5년 이하의 징역 또는 1천만 원 이하의 벌금에 처한다.

② 형사사건 또는 징계사건에 관하여 피고인, 피의자 또는 징계혐의자를 모해할 목적으로 전항의 죄를 범한 때에는 10년 이하의 징역에 처한다.

* 여기에서는 우리나라의 관련 법 조항을 제시하였다.

재판장: 지금부터 '늑대 살해 사건'에 대한 재판을 시작하겠습니다. 피고인은 진술하지 아니하거나 개개의 질문에 대하여 진술을 거부할 수 있습니다.

피고인, 이름은 무엇입니까?

아기 돼지: 아기 돼지 ○○○입니다.

재판장: 검사, 공소장을 낭독해 주십시오.

검사: 예. 공소사실을 낭독하겠습니다.

피고인은 두 형이 늑대에게 잡아먹혔다는 소문을 듣고, 늑대를 죽여야겠다고 생각했습니다. 그래서 호시탐탐 그 기회를 노리고 있었는데, 2003년 3월 15일 늑대가 마을축제에 함께 가자고 하자, 피고인은 늑대를 약 오르게 하면 틀림없이 연통(煙筒)을 타고 자신의 집으로 쳐들어올 것이라고 생각했습니다. 이에 피고는 난로에 물을 끓일 준비를 해 놓고, 약속 시간보다 먼저 마을축제 장소로 가 둥근 나무통 속에 숨어 있다가 그것을 굴려 늑대를 놀라게 했습니다. 뿐만 아니라 나중에 피고인의 집으로 쫓아온 늑대를 모욕했기 때문에, 화가 난 늑대가 연통을 타고 피고인의 집 안으로 들어오려고 하자 계획했던 대로 늑대를 죽이기로 마음먹고, 난로 위에 있던 냄비 뚜껑을 열어 미리 끓여 놓았던 냄비 물에 늑대가 빠지게 하였습니다. 그런 다음 곧장 냄비 뚜껑을 덮어, 늑대에게 전신화상을 입혀 죽게 한 것입니다.

이상의 사실은 형법 제250조의 살인죄에 해당하므로 엄히 처벌해 주시기 바랍니다.

재판장: 이제 피고인에게 묻겠습니다. 방금 검사가 낭독한 공소사항은 사실과 맞습니까?

아기 돼지: 전혀 맞지 않습니다. 제가 늑대를 죽이려고 노리고 있었다니요. 천만의 말씀입니다. 제가 어떻게 감히 무서운 늑대를 죽이겠다고 생각

했겠습니까? 그날은 저녁 식사로 '삶은 두부'를 해 먹으려고, 연통 아래에 있는 난로에 물을 끓여 놓았습니다. 그런데 늑대가 "네놈을 잡아먹어 버리겠다."며 연통을 타고 들어오려고 했습니다. 그래서 "들어오지 마!"라고 말하면서, 경고의 의미로 냄비 뚜껑을 집어 들었던 것입니다. 그러자 뜨거운 김이 확 퍼져 올랐습니다. 그리고 그곳에 늑대가 빠져 버렸습니다. 그때 늑대는 큰 소리로 "네놈을 죽여 버리겠다!"며 또다시 저에게 덤벼들었습니다. 순간 저는 무서움에 늑대를 쳐다볼 겨를도 없이, 필사적으로 냄비 뚜껑을 덮었던 것입니다. 그러자 늑대가 이내 조용해졌습니다.

재판장: 변호인 의견 있습니까?

변호인: 재판장님! 검사의 기소 내용은 맞지 않는 이야기입니다. 아기 돼지에게 늑대가 얼마나 무서운 존재인가 하는 것은 늑대가 피고인의 두 형을 잡아먹은 것에서도 알 수 있습니다. 그 무서운 늑대가 "네놈을 잡아먹어 버리겠다."며, 억지로 피고인의 집 안으로 들어오려고 했던 것입니다. 이에 피고인은 늑대로부터 자신의 목숨을 지키려고 했으므로, 그것은 분명 정당방위이며 무죄입니다. 만일 피고인이 그렇게 하지 않았더라면, 피고인이 잡아 먹혔을 것입니다.

재판장: 피고인과 변호인의 의견은, 피고인이 늑대를 죽게 한 것은 틀림없지만, 그것은 정당방위이며 따라서 무죄라는 것이군요. 그러면 다음으로 증거조사 절차로 들어가도록 하겠습니다. 검사, 어떤 사실을 가지고 공소 사실을 증명하겠습니까? 검사는 증명하고자 하는 바에 대하여 먼저 말씀해 주십시오.

검사: 예. 본 검사가 증명하고자 하는 사실은 다음과 같습니다. 먼저, 피고인은 돼지 3형제의 셋째로 태어났습니다. 피고인은 피고인의 두 형이 늑대에게 잡아 먹혔다는 말을 듣고, 늑대에게 원한을 가지게 되었습니

다. 그래서 기회를 보아 늑대를 죽이겠다고 생각한 뒤 치밀하게 계획을 짜고 있었습니다. 그러던 중 피고인은 2003년 3월 15일, 늑대가 마을축제에 함께 가자고 하자, 늑대를 화나게 하면 피고인을 죽이기 위하여 연통을 타고 집 안으로 쳐들어올 것이 틀림없다고 생각하였습니다. 피고인은 늑대와 함께 마을축제에 가기로 하고 곧 난로에 많은 물을 끓여 놓았습니다. 그러고는 약속된 시간보다 더 일찍 마을축제에 혼자 가 버렸습니다. 게다가 둥근 나무통 속에 들어가 통을 굴려 늑대를 놀라게까지 하였습니다. 또한 피고는 마을축제에 오지 않은 피고인의 안부가 걱정되어, 집으로 찾아온 늑대를 약 올렸던 것입니다. 피고는 늑대에게, "들어올 테면 들어와 보시지!" "들어올 수 있는지, 볼 테니까" 하면서 놀려댔고, 화가 난 늑대가 피고인의 집 연통을 타고 들어오려고 하자, 계획대로 늑대를 죽여 버리겠다고 결심한 것입니다. 그래서 난로 위의 냄비 뚜껑을 집어 들어, 미리 냄비 속에 끓여 놓은 뜨거운 물에 늑대를 빠뜨린 다음, 냄비 뚜껑을 닫아 늑대에게 전신 화상을 입게 한 후 사망하게 한 것입니다.

이 사실을 입증하기 위하여, 살해된 늑대의 엄마를 증인으로 청구합니다.

재판장: 변호인, 증인 청구에 대하여 의견 있습니까?

변호인: 재판장님의 판단에 따르겠습니다.

재판장: 그러면 증인으로 채택하겠습니다. 증인은 앞으로 나와 주세요. 먼저 거짓을 말하지 않겠다는 것을 선서해 주세요. 선서문을 읽어 주세요.

엄마 늑대: "양심에 따라 숨김과 보탬이 없이 사실 그대로 말하고, 만일 거짓이 있으면 위증의 벌을 받기로 맹세합니다."

재판장: 지금 선서한 것과 달리 거짓을 말하면 증인은 위증죄로 처벌될 수 있습니다. 그러면 증인은 의자에 앉아 주세요. 검사, 질문해 주세요.

검사: 피고인이 냄비에 삶아 살해한 사람(늑대)은 증인의 아들이지요?

엄마 늑대: 그렇습니다. 매우 착한 아들이었습니다. 이 살인마 아기 돼지에게 살해된 그날도, 친구가 된 아기 돼지와 함께 마을축제에 가서 아기 돼지에게 무엇인가를 사 주어야겠다고 말하고, 집을 나섰습니다.

검사: 실제로 피고인과 함께 축제에 간 것 같았습니까?

엄마 늑대: 아니요. 아기 돼지의 집에 갔지만, 아기 돼지가 집에 없었기 때문에, 할 수 없이 혼자서 마을축제에 갔는데, 언덕 위에서 둥근 나무통이 굴러 내려와 무척 놀란 나머지, 물건 사는 것도 그만두고 집으로 돌아왔다고 말하면서 매우 낙담한 표정이었습니다.

검사: 그러고 나서 아들은 어떻게 했습니까?

엄마 늑대: 혹시 아기 돼지가 몸이 아파 누워 있어서 대답이 없었는지도 모른다면서, 한 번 더 아기 돼지의 집에 가서 살펴보고 오겠다고 말하고 나갔습니다.

검사: 그러고는 다시는 집으로 돌아오지 않은 것이군요.

엄마 늑대: 예. 너무 늦게까지 돌아오지 않았기 때문에 걱정이 되어, 어찌 된 일인가 하고 아기 돼지의 집에 가 보았습니다. 가 보니, 아기 돼지가 냄비 속에 제 자식 놈을 넣고 삶고 있었던 것입니다. 제 자식 놈은 이미 축 늘어져 있었습니다.

검사: 참 가엾군요. 피고인은 그때 무엇을 하고 있던가요?

엄마 늑대: 예. '늑대 따위는 무섭지 않아' 라는 노래를 부르면서, 기쁜 듯이 온 집 안을 돌아다니며 춤을 추고 있었습니다.

검사: 피고인 옆에 무엇인가 놓여 있지 않던가요?

엄마 늑대: 예, 『늑대를 속이는 법』이라는 책이 놓여 있었습니다.

검사: 증인은 피고인의 집 안으로 들어갔습니까?

엄마 늑대: 아닙니다. 창 너머로 집 안을 들여다보았을 뿐입니다.

검사: 왜 집 안으로 들어가지 못했습니까?

엄마 늑대: 당연히 노크를 하고 집 안으로 들어가려고 하였습니다. 노크를 하자, 아기 돼지가 누구냐고 물었습니다. 그래서 "네 친구 늑대 엄마야. 안으로 들어가게 해 주렴." 하고 말했습니다. 하지만 아기 돼지는 "싫어요." 하면서, 안으로 들여보내 주지 않았습니다. 그러면서 제 자식 놈이 습격을 해 왔기 때문에 생긴 일이라고 하면서 어쩔 수 없었다며 이런저런 변명만 늘어놓고 있었습니다. 그것은 임시방편으로 둘러대는 거짓말이 틀림없습니다.

검사: 저의 질문은 이상입니다.

재판장: 변호인, 반대신문해 주세요.

변호인: 그러면 반대신문을 시작하겠습니다. 증인의 아들 늑대는 돼지고기 요리를 좋아한 것이 아닙니까?

엄마 늑대: 아닙니다. 늑대이므로 돼지고기를 먹기도 하였습니다만, 아들 녀석은 피고인을 친구로 생각하고 있었습니다. 친구를 먹다니요, 터무니없는 말입니다.

변호인: 증인의 아들이 피고인의 형제를 둘 씩이나 잡아먹었다는 소문이 있습니다. 두 돼지의 집을 입으로 불어 날려 버린 뒤 이들을 잡아 먹었습니다. 그 밖에도 이와 비슷한 짓을 많이 한 불량 늑대가 아니었습니까?

검사: 이의 있습니다. 변호인은 상상해서 질문을 하고 있습니다.

재판장: 이의를 인정합니다. 변호인은 질문 방식을 바꾸어 주세요.

변호인: 증인은 아들 늑대가 피고인의 형들을 잡아먹어 버렸다는 것을 모릅니까?

엄마 늑대: 저는 그것에 대해서는 전혀 모릅니다. 그 말은 마을의 소문에 불과합니다. 제 자식 놈이 아기 돼지의 형제들을 잡아먹는 것을 본 사람이 있습니까?

재판장: 진정하세요. 증인은 질문받은 것에 대해서만 대답해 주세요.

변호인: 댁의 아들의 성격에 대해서 묻고 싶은데, 걸핏 하면 화를 내는 그런 성격이었습니까?

엄마 늑대: 약간 성미가 급한 데가 있어서, 곧잘 "죽여 버릴 거야. 죽여 버릴 거야." 하고 거칠게 말하곤 했습니다. 그러나 말만 거칠게 할 뿐 실은 착한 아이였습니다.

변호인: 댁의 아들은 어떤 순간에 버럭 화를 내면서, 남의 집에 쳐들어간 일이 있습니까?

엄마 늑대: 예, 딱 한 번 있었습니다. 그래서 경찰에 불려 갔었지요. 그러나 그때는 아들놈을 화나게 만든 상대방이 나빴던 것입니다. 늑대를 화나게 하면 어떻게 될 것인지는 생각해 보면 아는 것 아닙니까? 그런데도 화를 나게 했다니 어처구니없는 일이지요.

변호인: 그런데 증인이 형편을 살피러 피고인의 집으로 간 것은 몇 시경이었습니까?

엄마 늑대: 저녁 식사 시간이 다 되어서 네리러 갔으니까, 6시쯤이었다고 생각합니다.

변호인: 그때 피고인 집에는 불이 켜져 있었습니까?

엄마 늑대: 글쎄요. 불이 켜져 있지는 않았다고 생각됩니다.

변호인: 저녁 6시경이었다면, 집 안은 꽤 어두웠지 않았습니까?

엄마 늑대: 5월이었으니까, 깜깜하지는 않았지만 약간 어두웠다고 생각합니다.

변호인: 『늑대를 속이는 법』이라는 책이 있었다고 말씀하셨는데, 어두운 집 안을 창문 너머로 들여다보았는데도 그렇게 자세한 것까지 보였습니까?

엄마 늑대: 어쨌든 보였습니다.

변호인: 증인은 당연히 피고인을 증오하고 있겠지요?

엄마 늑대: (화를 내면서) 소중한 자식이 살해되었는데…… 당연하지요.

변호인: 증인은 피고인이 증인 아들을 살해한 것을 보았습니까?

엄마 늑대: 아니요.

변호인: 그렇다면, 증인 아들과 피고인 사이에 어떤 일이 벌어졌는지는 모르시겠군요. 그런데도 피고인이 증인 아들을 약 올려 자신의 집으로 유인하여 죽이고자 일을 꾸몄다고 단정하실 수 있습니까? 증인은 피고인을 증오한 나머지, 피고인이 증인의 아들을 죽였다고 단정하신 것이 아닙니까?

엄마 늑대: (약간 대답이 궁해진다) 하지만 저에게는 그렇게 보였습니다.

변호인: 이것으로 반대신문을 마칩니다.

재판장: 증인은 원래의 자기 자리로 돌아가 주십시오. 변호인은 입증(피고인 신문) 절차에 들어가 주십시오.

변호인: 예, 피고인에게 질문을 하겠습니다.

재판장: 그러면 변호인부터 질문해 주십시오.

변호인: 피고인은 사건 당일, 늑대로부터 마을축제에 함께 가자는 권유를 받았습니까?

아기 돼지: 예, 그런 권유를 받았습니다. 그러나 함께 가지는 않았습니다.

변호인: 왜 안 갔지요?

아기 돼지: 나를 잡아먹으려고 유인하고 있다는 것을 알고 있었기 때문입니다.

변호인: 왜, 피고인을 잡아먹으려 한다고 생각했나요?

아기 돼지: 늑대는 저의 집으로 찾아와 "아기 돼지야, 아기 돼지야, 문을 열어 줘."라고 말하면서 우리 집 안으로 들어오려고 한 적이 있었습니다. 제가 "절대 안 열어 줄 거야."라고 거절하자, "그래? 그렇다면 '후우' 하고 입으로 불어 날려 버릴 거야!" 하며, 집을 날려 버리려고 하였습니

다. 이는 저의 두 형을 잡아먹은 방식과 완전히 똑같은 방식입니다. 그러나 제가 지은 집은 벽돌로 되어 있기 때문에 끄떡 없었습니다. 그 일이 있은 후부터, 늑대는 저를 집 밖으로 꾀어내려고 사과를 함께 따러 가자는 등의 온갖 방법을 다 썼습니다.

변호인: 그랬군요. 그래서 피고인은 마을축제에 혼자 갔습니까?

아기 돼지: 예. 늑대와 함께 가기는 싫었지만 마을축제에 가고는 싶었습니다. 둥근 나무통을 사고 싶었습니다.

변호인: 엄마 늑대의 증언에 의하면, 피고인은 그 나무통 속에 숨어들어 언덕길을 굴러 내려와 늑대를 놀라게 했다고요?

아기 돼지: 일부러 놀라게 하려고 한 것이 아닙니다. 집으로 돌아오고 있는데 늑대가 오고 있는 것이 보여 깜짝 놀란 나머지 둥근 나무통 속으로 숨었는데, 그만 나무통이 굴러 버린 것입니다.

변호인: 집에 도착했는데, 또 늑대가 따라왔군요.

아기 돼지: 그렇습니다. 마을축제에 갔었는데 나무통이 굴러 내려와 깜짝 놀랐다고 늑대는 말했습니다. 그냥 잠자코 있었으면 좋았을 것을, 내 집 안에 있으니 안심이다 싶어, 나도 모르게 “통 속에서 너를 깜짝 놀라게 한 것은 나였지롱! 나무통이 굴러간 것 정도 가지고 깜짝 놀라다니, 참으로 겁쟁이 늑대야! 온 마을 사람들한테 퍼뜨릴 거야.” 하고 늑대에게 말하고 말았습니다.

변호인: 그 말을 들은 늑대는 당연히 화가 났겠군요.

아기 돼지: 예. 화가 나서 길길이 날뛰었습니다. 그리고 한동안 “문 열어! 문 안 열 거야?”라고 말하며 난리였습니다. 하지만 문을 열었다가는 죽게 될 것이라고 생각했기 때문에 열어 주지 않았습니다. 저는 벽돌 집에 살고 있다는 안심감에서, “안 열어 줄 거야! 분하면 어디 들어와 봐!”라고 말했습니다. 늑대는 한동안 밖에서 소동을 벌였는데, 그러다가 “연

통을 타고 내려가, 너를 잡아먹어 버릴 거야!" "죽여 버릴 테야."라고 소리 지르며 정말로 지붕 위로 올라갔습니다. 그때 저는 이제 죽었구나, 하고 생각했습니다. 늑대가 연통을 타고 들어오리라고는 전혀 상상도 못했으니까요. '어떻게 하면 좋나?' 하고 생각하다가 문득 난로를 보자, 마침 저녁 식사에 삶은 두부를 먹으려고 물을 끓여 놓은 것이 있어서, 재빨리 냄비 뚜껑을 집어 들었던 것입니다. 늑대를 그 안에 떨어지게 해야겠다든가 하는 것을 생각할 여유는 없었습니다. 하지만 뚜껑을 집어 들었을 때, 확! 하고 뜨거운 김이 연통을 타고 퍼져 올랐는데, 그 순간 늑대가 냄비 속으로 떨어진 것입니다. 저는 '큰일 났네! 화가 난 늑대가 냄비 밖으로 나오면, 내가 죽는다.'고 생각하여 냄비 뚜껑을 덮고 필사적으로 눌렀던 것입니다.

변호인: 얼마나 뚜껑을 그렇게 누르고 있었습니까?

아기 돼지: 글쎄요. 5분 정도나 되었을까요? 어쨌든, 늑대가 냄비 속에서 바둥거리니까, 잠시라도 힘을 덜 주었다가는 늑대가 뛰어나와 내가 잡아먹힐 것이라고 생각하고, 냄비 안이 조용해질 때까지 누르고 있었던 것은 틀림없습니다.

변호인: 이상으로 반대신문을 마치겠습니다.

재판장: 검사도 질문하시겠습니까?

검사: 예. 몇 가지 질문할 것이 있습니다. 먼저, 피고인은 우연히 물을 끓이고 있었다고 말했는데, 물을 끓이기 시작한 것이 몇 시경이었습니까?

아기 돼지: 글쎄요. 저녁 식사 준비를 해야겠다고 생각한 시간이었으니까, 5시가 조금 지난 시각이었을까요?

검사: 5시 조금 지나서입니까? 늑대가 찾아온 것은 몇 시경이었지요?

아기 돼지: 5시 반이 채 되지 않았다고 생각합니다.

검사: 그렇다면, 물을 끓이고 있던 시간은 20분 정도라는 얘기가 되지요?

늑대가 퐁당 빠질 정도로 큰 냄비에 물을 끓인다면, 20분 정도로는 뜨거워지지 않지요? 그런데 사건 당시 물은 펄펄 끓고 있었지요? 논리적으로 보아, 더 일찍부터 물을 끓이고 있었다는 얘기가 되지 않나요?

아기 돼지: 글쎄요. 더 일찍부터 물을 끓이기 시작했는지도 모르겠습니다. 5시 이전이었는지도 모르겠습니다.

검찰관: 그렇다면 저녁 식사 준비를 하기에는 아직 이른 시간이었군요. 어째서 그렇게 이른 시각부터 물을 끓일 필요가 있었지요?

아기 돼지: 검사님께서 방금 말씀하신 대로, 큰 냄비에 물을 끓이려면 그만큼 시간이 걸리지요.

검사: 그렇습니까? 그건 그렇고, 삶은 두부 요리를 해 먹는 데 어찌하여 그렇게 큰 냄비에 물을 끓일 필요가 있었습니까? 도대체 얼마나 많은 두부를 넣을 요량이었지요? 피고인은 혼자 살고 있지 않습니까?

아기 돼지: 예, 혼자 살고 있긴 합니다만, 삶은 두부 요리는 물을 듬뿍 부어 만들어야 제맛이니까요.

검사: 그래요? 그러면 두부는 미리 사 두었겠네요.

아기 돼지: 예. 마을축제에서 사 왔습니다.

검사: 마을축제에서 사 가지고 왔다고요? 그렇다면 피고인은 두부를 몸에 지닌 채, 둥근 나무통 속에 들어가 언덕길을 굴렀겠군요. 그런데도 용케 두부가 으깨어지지 않았군요.

아기 돼지: 아니요. 조금은 으깨어졌습니다.

검사: "조금은 으깨어졌습니다."라는 식으로 얼버무린다고, 납득이 된다고 보나요? 어쨌거나 그 두부는 먹었나요? 엄마 늑대의 신고로 경찰관이 피고인 집에 도착했을 때에는, 두부가 없었다는데…….

아기 돼지: 예. 모두 먹은 뒤였습니다.

검사: 냄비 속에는 늑대가 미끄러져 떨어져 있었겠지요? 늑대가 냄비에 떨

어졌다면, 냄비 안에 있던 두부는 냄비 밖으로 튀어 올랐겠지요? 하지만 난로 주위에는 두부가 튀어 떨어져 있지 않았습니다. 사실 두부는 처음부터 안 산 것이 아닙니까?

아기 돼지: 그렇지 않습니다.

검사: 엄마 늑대의 증언에 의하면, 피고인이 있던 곳 가까이에 『늑대를 속이는 법』이라는 책이 놓여 있었다고 하지 않습니까? 『늑대를 속이는 법』이라는 책은 어떻게 하면 늑대를 감쪽같이 속일 수 있을까에 대해 자세히 적어 놓은 책이 맞지요? 피고인은 사실 늑대를 화나게 하여 살해하겠다고 계획한 것이 맞지요?

아기 돼지: 그렇지 않습니다. 그리고 제가 가지고 있던 책은 『늑대를 속이는 법』이 아니라, 『늑대를 부러뜨리는 법』이라는 책입니다. 엄마 늑대가 잘못 본 것입니다.

검사: 확실히, 경찰의 조사로는, 피고인 집에 『늑대를 부러뜨리는 법』이라는 책도 있었습니다. 하지만 그런 책은 식사를 하면서 읽을 책은 아니지요. 게다가 경찰관이 피고인 집에 들어갔을 때, 난로 위에 종이 같은 것을 태운 재가 있었습니다. 『늑대를 속이는 법』은 두부를 먹어 치운 뒤, 재빨리 태워 버린 것이 아닙니까?

변호인: 재판장님! 의의 있습니다. 검사는 근거도 없이 상상만으로 질문하고 있습니다.

재판장: 이의를 각하합니다. 이 부분은 중요합니다. 피고인은 『늑대를 속이는 법』이라는 책을 태워 버렸느냐는 검사 질문에 대답하세요.

아기 돼지: 저는 『늑대를 속이는 법』 따위는 가지고 있지 않았습니다.

검사: 그러면, 피고인은 마을축제에 다녀온 후, 늑대가 다시 집으로 따라올 것이라고 예상하였습니까?

아기 돼지: 늑대가 하는 일이므로, 올지도 모른다고 생각하였습니다.

검사: 늑대의 성격에 대해 어떻다고 생각하였습니까?

아기 돼지: 성미가 급하고 무서운 놈이라고 생각하고 있었습니다.

검사: 그런데도, 피고인은 늑대를 화나게 할 만한 말을 했군요.

아기 돼지: 그렇게까지 화를 내리라고는 미처 생각하지 못하였습니다.

검사: 피고인은 늑대가 냄비에 떨어져 움직이지 않게 된 후, 구급차를 불렀습니까?

아기 돼지: 아니요. 죽었다고 생각했기 때문에 구급차를 불러도 소용이 없을 것이라고 생각하였습니다.

검사: 늑대를 도와주려고 하는 마음이 있었습니까?

아기 돼지: 예, 조금은 있었습니다. 그러나 섣불리 잘못 도와주면 도리어 제가 잡아먹힐지도 모른다고 생각했습니다.

검사: 늑대가 냄비에 떨어진 후, 피고인은 "늑대 따위는 무섭지 않아."라는 노래를 부른 적이 있습니까?

아기 돼지: 예, 그렇지만 그것은 늑대가 무서웠기 때문에 나 자신에게 용기를 불러일으키기 위해서 부른 것입니다. 늑대의 엄마는 제가 기쁜 듯이 춤추고 있었다고 말하지만 그것은 오해입니다. 저는 너무 무서워서 떨고 있었습니다. 그 모습이 그녀에게는 마치 춤추고 있는 것처럼 보였다고 생각합니다.

검사: 이것으로 질문을 마칩니다.

재판장: 이것으로 심리를 마칩니다. 검사는 논고해 주십시오.

검사: 재판관 및 배심원 여러분. 먼저, 피고인이 늑대를 삶아 죽게 했다는 것, 이것은 피고인도 인정하고 있습니다. 그리고 피고인은 그것이 정당방위이었다고 주장하고 있습니다. 그러나 정말 정당방위였을까요? 피고인은 언젠가는 늑대를 죽여 버려야겠다고 생각하고, 그 기회를 기다리고 있었던 것입니다. 늑대가 피고인의 집에 침입하려고 한 것은 확실

히 바른 일은 아니었습니다. 하지만 그것은 피고인이 파 놓은 함정에 걸려든 것은 아닐까요?

늑대가 피고인의 집에 침입하려고 한 시각은 저녁 5시 30분이 조금 못되어서였다는 것을 피고인도 인정하고 있습니다. 그런 시각에 늑대가 풍덩 빠져 버릴 만한 큰 냄비에 물이 펄펄 끓고 있을 수 있을까요? 적어도 5시 이전부터 물을 끓이지 않았더라면, 그 많은 물이 그렇게 펄펄 끓고 있지는 않았겠지요. 그뿐 아니라, 삶은 두부 요리를 하려고 했다면, 더 작은 냄비에 물을 끓였겠지요. 피고인은 마을축제에 함께 가자는 늑대의 청을 거절했기 때문에 늑대가 찾아올 것이 틀림없다고 예상하고, 물을 끓여 놓고 때를 기다리고 있었던 것입니다. 늑대의 침입은 피고인에게 '생각지도 못한 공격'이 아니었습니다. 피고인은 늑대의 공격을 예상하였던 것입니다. 아니, 늑대의 공격을 유도했다고 말할 수 있습니다. 그러므로 피고인의 정당방위는 성립되지 않습니다. 정당방위는 고사하고, '과잉방위'도 성립되지 않습니다. 여러분! 피고인에게 살인죄가 성립하는 것은 분명합니다. 부디 정의에 합치되는 판단을 하시어 늑대 엄마의 원통함을 풀어 주시기 바랍니다.

재판장: 변호인, 최종 변론해 주십시오.

변호인: 여러분, 정당방위라는 법률 규정은 무엇 때문에 존재할까요? 설사 사람을 죽였다 하더라도, 정당방위에 해당된다면, 무죄로 하는 것은 왜일까요? 곰곰이 생각해 보아 주시기 바랍니다. (5초 정도 뜸을 들인다) 여러분, 정당방위가 인정되고 있는 것은 누구에게나 자신의 몸을 스스로 지킬 권리가 있기 때문입니다. 피고인의 이번 행동을 범죄라고 한다면, 피고인은 어떻게 행동했어야 한다는 말입니까? 늑대가 피고인을 잡아먹기 위해 집 안으로 억지로 들어오려고 했을 때, 도망갔어야 했단 말입니까? 그렇게 했다 하더라도 곧 늑대에게 잡혀 버렸겠지요. 이미 피고인

의 두 형제는 늑대에게 잡혀 먹었다는 소문이 온 마을에 퍼져 있습니다. 그리고 이번에는 피고인을 노리고, 온갖 구실을 붙여 피고인을 집 밖으로 유인하려고 하였습니다. 설사 그날이 아니었다 하더라도, 늑대는 언젠가는 연통을 타고 피고인의 집 안으로 들어가려고 했을 것입니다. 이런 처지에 놓인 피고인으로서는 지혜를 짜내 늑대를 죽이든지, 그저 앉아서 늑대에게 잡아먹히든지 둘 중의 한 가지밖에 없었습니다. 피고인은 어린 돼지였지만 용감하게도 늑대와 싸웠던 것입니다. 어찌하여 피고인이 범죄자란 말입니까?

여러분! 검사는 피고인이 물을 끓여 놓고 늑대를 기다리고 있었다고 말했습니다. 사실은 그렇지 않습니다. 피고인이 물을 끓인 것은 우연이었습니다. 그것도 매우 운이 좋은 우연이었습니다. 만의 하나, 검사님이 말하는 것처럼 피고인이 늑대가 침입해 올 것을 예상하고 대책을 세운 것이라고 하여도, 여전히 피고인에게는 정당방위가 성립한다고 본 변호인은 주장합니다. 정당방위가 성립되지 않는다고 하면, "너는 평생동안 늑대로부터 도망만 다녀라. 절대 늑대와 싸워서는 안 돼!"라고 말하는 것이 됩니다. 여러분, 늑대에게 표적이 된 불쌍한 피고인에게 그렇게 말할 수 있습니까? 피고인은 전부터 늑대를 죽여 버려야겠다고 생각한 것이 아니라, 어디까지나 집에 침입해 들어오려고 한 늑대로부터 몸을 지키려다가 이번 행동에 이르게 된 것입니다. 즉, 늑대가 피고인의 집에 침입해 들어오려고 하지만 않았다면, 이번 사건은 일어나지 않았을 것입니다.

확실히 이번 사건은 엄마늑대에게는 안 된 일입니다. 그러나 이렇게 된 것은 늑대의 자업자득이라고 말할 수밖에 없습니다. 피고인은 정당방위로 무죄입니다. 저의 의견은 이상입니다.

재판장: 그럼, 이제부터 배심원들은 평결(評決)에 들어가 주십시오. 평의는

만장일치로 결정해야 합니다. 그러나 아무리 해도 의견일치를 보지 못하는 경우에는 제2차 평의를 하게 됩니다. 제2차 평의에서는 만장일치가 안 되면, 다수결로 결정하게 됩니다.

마지막으로, 여러분께서는 각자 자신의 양심에 따라 말씀해 주시고 판단해 주시기 바랍니다. 양심이란 정의의 목소리에 따르는 것입니다. 그것은 여러분의 마음속 깊은 곳에 꼭 존재합니다. 그 소리에 귀를 기울여 주십시오. 다른 사람의 의견도 잘 들어 주십시오. 그에 따라 자신의 생각이 바뀌는 일도 있을 수 있을 것입니다. 그리고 마지막에는, "다른 사람이 어떻게 말하고 있는가?" 가 아니라, "나의 양심은 어떻게 말하고 있는가?" 에 따라 판단하여 주십시오.

판결문 쓰기

〈주문〉 피고인은 무죄 혹은

피고인을 ……에 처한다.

〈이유〉 ____

5) 신문활용 학습

민주주의를 '다수에 의한 정치'라고 한다면, '다수의 의견' 곧 여론은 민주정치에서 매우 중요하다. 그런데 여론을 형성하는 것 중 하나가 신문이다. 민주주의에서 신문이 중요하다는 얘기다. 오늘날 텔레비전, 인터넷 등의 발달로 인해 신문의 영향력이 줄어들긴 하였지만, 아직도 신문(인터넷판 포함)의 여론형성 기능은 적지 않다. 그러므로 아동들에게 일찍부터 신문에 대하여 접하게 하여, 그것을 이해하고 활용하며 비판할 줄 아는 능력을 길러 주는 것은 시민교육에서 매우 중요하며, 최근에는 신문활용교육(newspaper in education, NIE)이 중요시되고 있다.

신문은 활자로 되어 있는 매체이기 때문에 아동들의 읽기능력을 향상시키는 데에도 도움을 줄 수 있다. 요즘 세대는 '영상세대'라서 읽기능력이 저하되고 그에 따라 분석력, 종합력 등의 고급 사고력의 저하가 문제되고 있는데, 신문활용교육은 아동들의 문장매체에 대한 능력을 향상시켜 사고력을 키우는 데에도 도움을 줄 수 있다. 또한 사회과의 입장에서 보면, 신문기사는 그때그때의 사회상을 보여 주므로 사회를 이해하는 좋은 소재가 될 수 있다. 그런 의미에서 신문활용교육은 다른 말로 말하면 '시사학습'이다.

한편, 각 신문들은 나름의 사회관을 가지고 있으며, 이는 다른 쪽에서 보면, '편견'이라고도 할 수 있는데 그것이 아동들에게 여과 없이 전달될 수 있고, 아동들의 자유로운 정신의 발전에 방해가 될 수도 있다. 그래서 하나의 신문만을 활용하기보다는 여러 신문을 활용하여 아동들이 여러 가지 견해에 접하도록 주의를 기울일 필요가 있다.

신문기사의 종류에는 보도기사, 해설기사, 르포기사 등 여러 가지가 있으나[8] 그중 사회과 수업시간에 가장 많이 활용될 수 있는 기사는 보도기사(news)다. 보도기사는 어떤 사건이나 일에 대하여 언제, 어디에서, 누가, 무엇을, 어떻게, 왜라는 육하원칙(六何原則, 5W1H, when, where, who, what, how, why)을 구성요소로 하여 쓰인 기사다. 육하원칙 중 앞쪽의 5가지는 객관적인 사항(혹은 객관적이어야 하는 사항)이며, 마지막의 '왜?'라는 원칙도 객관적인 것이 바람직하지만, 이것은 어떤 사건의 '원인'을 말하는 것이기 때문에, 경우에 따라서는 기자(혹은 신문사)의 견해가 들어가는 경우가 많다.

보도기사는 다시 정치, 법, 경제, 사회 등의 각 분야별 기사로 나누어 볼 수 있다. 이 중 정치 분야 기사의 경우, 해당 사건에 대하여 찬반이 엇갈리는 경우가 많으므로, 특히 '정치적 중립성'(헌법 제31조 제4항 규정 사항)에 유의하여야 한다. 기사를 다루면서 교사는 논쟁문제의 어느 한쪽이 좋다는 식의 언급은 자제(自制)해야 하며, 객관성을 유지하여야 한다. '법' 분야 기사는 판결에 대한 것이 많다. 같은 '법'에 관한 기사라 할지라도, 입법에 관한 기사는 그 법을 둘러싼 찬반 등도 많고 하여 '정치 분야' 기사라고 할 수 있고, 재판의 결과 등을 알리는 기사가 순수 '법'에 관한 기사라고 할 수 있다. 판결에 관한 기사는 헌법재판, 형사재판, 민사재판, 행정재판 등 여러 종류의 재판 판결이 있을 수 있는데, 교사는 이런 신문기사를 눈여겨보았다가 적절한 때에 활용하면 좋다. 그런데 신문에 보도되는 판결기사는 사람들의 '관심을 끄는 것' 위주이기 때문에 그런 판결이 우리 사회에서 이루어지는 판결의 전부라고 생각해서는 안 된다. 예를 들어, 헌법재판 판결보도를 살펴보면, 대체로 '위헌' 판결 위주로 보도된다. 그래서 그것만 보고 있으면 우리나라의 국가기관에서 하는 일이 '위헌'인 것으로 판단하기 쉬운데, 실은 대부분은 합헌 판결을 받고 드물게 위헌 판결이 나오는데 '위헌' 판결은 '어쩌다 나오기 때문에' 뉴스거리가 되는 것이다. 하지만 '관심을 끄는' 판결, '새로운' 판결은 새로운 판례가 형성되어 가고 있음을 나타내며 나름대로 우리 사회의 중요한 변화상을 나타내기도 한다.

신문기사 중에는 범죄, 사건, 사고 등 사회의 어두운 측면을 보여 주는 기사도 많다. 이런 기사를 다룰 때에는 세심한 주의가 필요하다. 최근 보도되는 것에는 아동 성범죄에 관한 것이 많은데, 이러한 기사들은 특별히 성범죄의 범죄성과 그 처벌의 엄중함을 가르치고자 하는 경우를 제외하고는 아동들에게 제시하는 데에 신중을 기하여야 할 것이다.

사회과에서 신문이 활용되는 형태를 보면, 수업에서 교과서 내용의 보조자료로 활용되는 유형과 신문 자체를 읽거나 만들거나 하는 유형이 있다.[9]

전자를 '수단'으로서의 신문활용학습, 후자를 '목적'으로서의 신문활용학습으로 명명(命名)할 수 있다. 필자는 기본적으로 전자, 즉 '수단'으로서의 신문활용학습이 사회과에서 가장 많이 쓰일 수 있는 신문활용학습이라고 본다. 이 유형의 교수학습에서는 일반적으로 교육과정과 교과서에서 가르쳐야 할 내용을 잘 나타내는 신문기사를 교사가 미리 준비하여 '읽기자료'로서 활용한다. 교대 학생들이 만든 학습지도안에 '국회의 기능' 중 '예산심사 기능'을 가르치기 위해 예산심사를 다룬 신문기사를 수업에 가져와 활용한 적이 있었는데 시사성이 뛰어나, 구체적으로 가르칠 수 있어서 좋았다. 특히, 우리나라 초등학교 사회과 교과서는 그 문장의 양(文章量)이 적은 편이므로, 신문기사를 '읽기자료'로 적극 활용할 필요가 있다.

대부분의 신문기사는 성인을 대상으로 한 것이므로 문장 수준이 아동들에게는 어려울 수 있다. 따라서 교사가 기사의 의미를 훼손하지 않는 방향에서 신문기사를 수정해서 제시할 수도 있다. 신문기사 활용 시, 많은 경우 교사가 기사를 해설해 주게 되겠지만, 한편으로는 아동 스스로 기사의 의미를 점차 파악할 수 있도록 지도하는 것도 필요하다. 어려운 단어가 나오면 아동들이 쓰는 단어로 바꾸어 제시할 것이 아니라, 가끔은 아동들이 접하게 하여 이해의 수준을 높여 가야 한다.

신문활용교육의 두 번째 방법은 아동이 학교나 집에서 스스로 신문을 읽도록 지도하는 것이다. 아동들이 신문을 읽고 그 내용을 요약하게 하는 숙제를 내주고, 그중 잘 된 것을 교실 뒷면 게시판에 게시해 주는 것이 많이 활용되는 기법 중 하나다.

2. 사회과 시민교육 영역 학습지도안

사회과 시민교육 영역 학습지도안은 앞에서 말한 수업방법이 총동원되어 종합적으로 제시되는 학습지도 계획서다. 사회과 학습지도안을 작성하기 위해서는 '수업'에 대해 생각해 볼 필요가 있다. '수업'이란 어떤 목표를 달성하기 위해서 하는 의도적 교육 행위라고 할 수 있다.[10] 수업은 ① 교사, ② 학생, ③ 교재의 3요소로 구성된다([그림 8-2] 참조). 교사는 가르치고(교수하고) 학생들은 학습한다. 그리고 교사의 교수와 학생의 학습을 매개해 주는 것이 교재(教材)다.

'교재'란 한자말을 풀이하면 가르치는 데에 있어 재료라는 뜻인데, '교육내용'과 '교재'를 구별해 볼 필요가 있다. '교육내용'이란 가르치고자 하는 관념(idea)이며, '교재'란 이 관념을 가르치는 데 필요한 소재다.[11] 예를 들어, "국회는 국민의 대표기관이다."라는 것은 하나의 관념이며, 이를 가르치기 위해 수업에서 "한 국회의원의 활동 모습"을 들었다면 이것이 '교

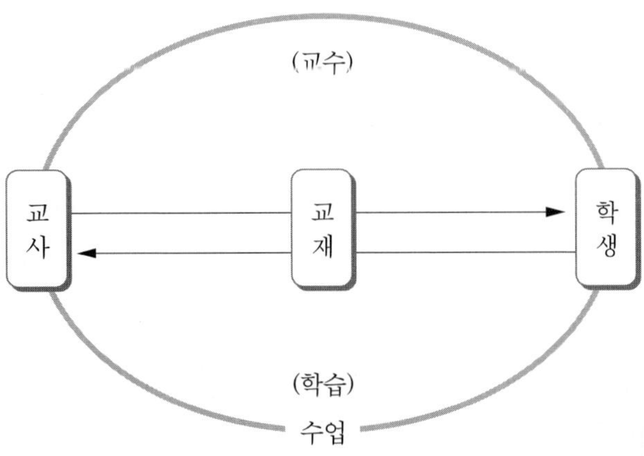

[그림 8-2] **수업의 구조**

재'가 된다. 이 '교재' 중 물적인 것을 '교구'라 한다. '한 국회의원의 활동'을 나타내는 것 중에 '국회의원 배지(모조)'가 있을 수 있는데 이 경우 이것이 '교구'가 된다. '교재'는 '교구'를 포함하는 개념이다. 수업을 잘하기 위해서는 '교재'를 잘 찾고 만들어야 한다.

교육대학 학생들이 만든 학습지도안에 '인권'에 대한 것이 있었는데, 그 학습지도안은 "흉악범에 대해서 보도할 때에, 얼굴을 가려야 하는가?"라는 것에 대해 디베이트를 하도록 되어 있었다. 이때, 이 물음과 물음에 딸린 동영상, 토론카드, 판정표 등을 모두 합쳐 '교재'라고 한다. 이런 의미에서 보면, 수업 구상에 있어서 '교재연구'가 매우 중요하다고 할 수 있다. 좋은 교재란, ① 교육내용을 정확히 반영하는 전형적인 것(典刑性), ② 교사에게나 아동에게나 흥미 있고 관심 있는 것, ③ 아동의 고정 관점에 도전하거나 의문을 불러일으키는 것, ④ 내용의 폭이 넓고 깊이가 있어, 그것에서 아동의 다양한 생각을 이끌어 낼 수 있고, 여러 학습활동으로 발전해 나갈 수 있는 것, ⑤ 현 사회현상을 잘 나타내고 있는 것 등을 들 수 있다.

수업을 설계할 때에는 먼저 교육과정과 교과서를 잘 분석하여야 한다(현실적으로 '교육과정'부터 분석하는 경우는 많지 않을 것이다). 교과서를 잘 읽고 교과서에서 무엇을 의도하고 있는지를 나름대로 파악하는데 여기서 '교육내용'이 설정될 것이다. 사회과에서 교과서의 '위상'에 대해서는 "교과서를 가르치지 말고, 교과서로 가르치라."라는 말이 있다. 이것은 사회과 교과서를 너무 금과옥조(金科玉條) 식으로 법률 조문을 하나하나 해설하듯이 가르치지 말고, 그 '뜻'과 '의도'를 가르치라는 것이다. 여기서 '뜻'과 '의도'는 '교육내용'이라고 할 수 있다(교과서를 잘 읽어 보라는 것이 교과서대로 가르치라는 것은 아니다). 그다음에 방금 전에 말하였던 '교재'를 찾고 개발해야 한다.

필자는 교대생들의 학습지도안(약안) 발표를 들으면서, 초등학교 사회과 시민교육 분야에서는 다음과 같은 특징이 있을 때 좋은 학습지도안이라고 보았으며, 이런 점은 좀 곤란하다고 판단하였다. 이는 앞에서 제시한 '좋은 교재'의 5가지 특징을 시민교육 분야에 초점을 맞추어 구체화한 것이다.

① 아동에게 흥미 있는 것이며, 그 수준 또한 적당한 것. 교대생들이 도입부에서 제시하는 동영상 중에 외국영화 등의 장면이 있는데, 외국영화는 초등학생들에게는 너무 어려워서 흥미가 떨어질 것으로 생각된다. 또한 지나치게 자극적인 장면을 제시하는 것도 바람직하지 않은 측면이 있다. 우리나라의 '민주주의의 발달'과 관련하여, 소개하는 영화 장면 중에는 '폭력'이 난무하는 장면이 있다. 인권과 관련해서는 우리의 전래동화인 '콩쥐팥쥐' 이야기를 플래시로 만든 것이 아동들에게 흥미 있고 수준도 맞을 수 있다.

② 필자는 앞에서 '현 사회 실정을 보여 주는 생생한 것'이 좋은 소재라고 하였는데, 그렇다고 텔레비전 뉴스만을 자주 제시하는 것은 식상할 수 있다. 초등학생들은 그 발달단계가 '상상하기'를 좋아하기 때문에 경우에 따라서는 '플래시' 같은 것으로 현실을 '한 번 돌려 놓은 것'(이미지화한 것)이 더 좋은 효과를 가져올 수 있다. 뉴스를 택하는 경우, 평범한 것보다는 '교육적 의미'가 있는 것이 좋다. 사실 텔레비전 뉴스는 아동들이 매일 보는 것이기 때문에 수업에서 사용하면 '신선도'가 떨어지는 측면이 있다.

③ '활동'이 중심이 된 수업이 더 좋다. 사회과 수업에서 '내용'과 '활동'은 서로 조화되는 것이 바람직하지만, 초등학교의 경우에는 다소 '활동 중심적'이다 싶은 수업이 더 활기가 있다. '내용'을 지나치게 강조한 수업은 딱딱하고 지루하다. 그 반면, 활동이 너무 많은 수업은 '정신이 없고' 지식이 정착되지 않는 경우가 있다. 그럼에도 일반적

으로 말해, 초등학교 사회과에서는 활동 중심적인 수업이 더 좋다.

④ 도입부에서 언급된 문제가 수업의 끝부분에서 연관되어 나오면 좋다. 수업이란 하나의 물음(그것이 순수학문상의 물음이든 아동의 일상생활상의 물음이든 사회정책상의 물음이든 간에)에 답해 가는 과정이어야 한다. 그렇다면 도입부에서 제시했던 물음이 중간에 '증발'해 버리면 안 될 것이다. 앞에서 말한 것(혹은 활동)이 다음으로 연결되고 그다음으로 연결되고 하여, 마지막에 가서 그 결론이 맺어지는 것이 바람직하다.

다음에서는 교대생들이 작성하여 발표한 학습지도안 중 좋은 사례를 몇 가지 소개하고자 한다.

- 신문기사를 적절히 활용한 지도안: 국회를 가르칠 때, '실제로 제정된 법'에 관한 신문기사를 가지고 국회의 기능을 가르치도록 되어 있는 학습지도안이었다. 특히, 그 법이 '아파트, 학교, 백화점에서 자전거 주차장을 의무적으로 설치하게 한 법' '공휴일 확대법' 등으로 국민들의 실생활과 밀착된 것들이어서 좋았다.
- 앙케트 조사법 활용: '일상생활 속의 민주주의'에서 학급 아동들이 학급생활에서 다른 친구들과 갈등을 일으킨 경험 등을 '앙케트 조사'하여 그럴 경우에 어떻게 하면 민주적으로 해결할지를 생각해 보게 한 지도안이었다('설문지' 참조).
- '인권과 관련하여 "흉악범의 얼굴을 가려 주어야 하는가?"라는 물음과 그에 관련된 방송기사 등의 자료를 가지고 디베이트를 하도록 되어 있는 학습지도안
- '인권'과 관련하여, '장애인 수영 제1인자……' 사례를 가지고, '상황'을 설정하여 제시한 학습지도안

일상생활의 민주주의에 대한 설문조사

안녕하십니까? 저희는 공주교대 수학교육과 제2학년생(2010년도 기준)입니다. 이 설문조사는 학급생활을 어떻게 하면 민주적으로 해 나갈지에 대해 생각해 보기 위해 실시하는 것입니다. 여러분의 성실한 응답을 부탁 드립니다(* 이 설문은 같은 반인 수학과 학생들을 상대로 하여 실시되고 발표에서 그 결과가 공개되었다).

1. 학급 내에서 친구와 의견이 맞지 않아 문제를 해결하기 어려웠던 적이 있었나요?
   ① 예　　② 아니요

2. 의견이 맞지 않았다면, 어떤 경우에 그랬나요?
   ① 청소 구역을 나눌 경우　　② 조별 활동을 하는 경우
   ③ 편을 가를 경우(게임 등)　　④ 기타(　　　　　)

3. 이 문제를 어떤 방법으로 해결하였나요?
   ① 선생님의 중재　　② 나(또는 친구)의 양보
   ③ 해결하지 못함　　④ 기타(　　　　　)

4. 해결했다면, 그 방법은 만족스러웠나요?
   ① 예　　② 아니요

5. 만족스럽지 않았다면, 왜인가요?
   ① 선생님의 일방적인 중재　　② 한쪽 의견에 치우친 해결책
   ③ 기타(　　　　　)

6. 서로에게 만족스러운 해결방법을 찾으려면 어떻게 해야 할까요 ?

*설문에 응해 주셔서 감사합니다.

장애인 수영 제1인자 조○○ 선수, 장애보다 높은 '수능 벽'

장애인 수영계의 '박태환'으로 불리는 조○○(18) 선수가 수학능력시험을 앞두고 원하는 대학에 갈 수 없을 것 같아 애를 태우고 있다. 수영 실력은 뛰어나지만 장애인이라도 수능 성적을 제출해야 대학교 진학이 가능하기 때문이다. 몸은 성장했지만 지능지수(IQ)가 매우 낮은 ○○ 군에게 수능시험은 넘기 힘든 높은 벽이다.

○○ 군은 2009년 7월 체코에서 열린 국제대회에서는 금메달 2개를 비롯해 9관왕을 차지했다. (중략) ○○ 군은 체계적인 수영교육을 받기 위해 ○○대학과 △△대학 진학을 원했다. 그런데, △△대학은 수능성적 7등급 이상을 요구했다.

○○ 군의 어머니는 "지적 장애인에게는 "수능(1~9등급) 7등급도 높은 수준이다. 장애인 운동선수들은 차별 아닌 차별을 받고 있다."고 주장했다. 그리고 "지적 장애인들을 배려해 줬으면 좋겠다."고 말했다.

〈○○ 신문 2010. 11. 16.〉

1. 이 기사의 주인공 ○○ 군은 어떤 어려움을 겪고 있나요?

2. 다른 장애인은 어떤 어려움을 겪고 있나요?

3. 수업 외에서의 시민교육

수업 외에서의 시민교육으로는 '학급의 민주적 운영' '지역사회 활동'을 통한 시민의식 함양, 그리고 국가의 상징, 기념일 등을 통한 시민교육이 있을 수 있는데 앞의 2가지에 대해서는 여러 곳에서 언급되었다고 보고, 여기에서는 국가의 상징, 기념일 등을 통한 시민교육에 대해서 언급하고자 한다.

1) 국가의 상징에 대한 교육

일반적으로 국가의 상징에 대해서는 우리나라 사회과 교육에서는 잘 다루지 않는 경향이 있다. 이는 우리나라에서는 도덕과가 있어서 도덕과에서 주로 다루는 것으로 인식하기 때문이다. 또 이 소재가 '민주' 시민의 교육으로는 덜 적합하다고 생각하는 경향도 있다. 이것은 '지나친 국가주의' 혹은 '애국심' 교육과 관련하여 논란이 있을 수 있는 소재이기는 하나, 민주국가의 시민이 그 나라의 상징물의 의미를 알고 그것을 생활 속에서 실천하는 것은 필요한 일이다.

여기에서는 '태극기'의 그 유래 등에 대해 간단히 적어 보고자 한다. 태극기(太極旗)는 19세기 말(1882) 우리나라(당시 조선)가 세계 각국과 본격적인 교류를 시작할 무렵 제정되었다. 당시는 전통적인 수교국이었던 중국과 일본뿐 아니라 미국, 영국 등 서양 열강과도 국교를 맺어 가는 시기였는데 이때, 서양 열강들은 각기 자국(自國)을 상징하는 기(旗)가 있었고 우리도 우리의 기를 제정할 필요가 있었다. 태극기가 국기로 정해진 과정, 태극 문양(紋樣)이 처음 만들어질 때의 자세한 과정은 아직 세세히 밝혀지지는 않았으나[12], 태극기가 나라의 깃발로 처음 사용된 것은 1882년 박영효(朴泳孝)에 의해서였다. 그해 박영효는 특명전권대신 겸 수신사로서 배를 타고 도일(渡日)할 때, 배 안에서 영국인 선장과 의논하여 조선(朝鮮)의 국기로 태극기를 만들었고, 이 기(旗)를 일본에 머무를 때 숙소에 내걸어 조선의 사절이 그곳에 있음을 알렸다. 그 후 박영효는 귀국하여 고종(高宗)에게 이 사실을 복명하였고, 이에 조정은 이듬해인 1883년 정식으로 태극기를 국기로 정했다. 태극기에 대한 교육도 이루어져 1907년 학부(學府, 오늘날의 교육과학부)가 발행한 『국어독본』 제1권에는 '국기'라는 단원을 두었고, '국기가'(國旗歌)라는 태극기 찬양가가 불려졌다.

1910년 국권을 상실한 뒤에도, 태극기는 우리 민족의 상징기(象徵旗)가 되었다. 1919년 3 · 1 운동 당시 '대한독립만세'를 외치던 사람들이 손에 든 것은 태극기였다. 이때 사람들은 목숨을 내걸고 태극기를 제작하고, 사람들에게 나누어 주고, 그것을 손에 들고 흔들며, 조국의 독립을 부르짖었다.[13] 상하이임시정부에서도 태극기를 국기로 사용하였다.

1945년 8월 광복 당시 사람들이 손에 들고 나온 것은 역시 태극기였으며, 6 · 25 동란 중 서울을 수복했을 때(1950. 9. 28.) 당시 중앙청에 올라간 것도 태극기였다. 특히, 2002년 한일 월드컵 축구 경기 기간에는 많은 젊은이들이 태극기를 재치 있게 도안화하여 사용함으로써 태극기에 대한 새로운 감각을 선보였다. 종전에는 태극기란 '엄숙한 것' '신성한 것'이라는 생각에서 태극기에 대한 외경심(畏敬心) 같은 것이 강조되었는데, 태극기를 경건한 마음으로 대하는 것은 당연한 일이지만, 그것이 지나쳐 태극기를 생활 속에서 살리지 못한다면 태극기에 대한 친근감이 안 생긴다는 문제점이 있다. 이런 점을 고려하여, 정부에서는 2002년 월드컵을 계기로 국기의 제작과 사용을 자율화하였으며, 태극문양을 산업 디자인화하는 것도 허용하였다. 이런 점에서 볼 때, 태극기에 대한 교육도 너무 딱딱하고 어려운 쪽에서만 접근하지 말고, 아동들이 친근감을 가질 수 있도록 지도하는 것이 필요할 것이다.

초등학교 사회과에서는 역사 분야의 제5학년의 근대사 영역, 현대사 영역에서 태극기 관련 지도를 할 수 있을 것이다. 앞에서도 언급하였지만, 3 · 1 운동 시, 광복 시, 서울 수복 시 그리고 국민을 하나로 하는 데 태극기가 중요한 역할을 했다는 것을 예화 등을 통해서 지도할 필요가 있다. 국기 등 국가 상징 교육과 관련해서는, 그것이 과도한 혹은 맹목적인 애국심 교육이라고 하여 비판하는 경우도 있다. 물론 '과도한' 것은 바람직하지 않겠지만 상징을 통한 통합은 한 정치공동체가 유지되기 위해 필요한 요소다. 미국에서도 우리들의 예상과는 달리, 어렸을 때부터 국기 교육이 강조되고 있다. 학교행사뿐 아니라 학급행사에도 성조기(星條旗)가 자주 사용되어 아동들은 어린 시절부터 자연스럽게 자국기(自國旗)에 다가가는 것이다.

이와 관련하여 외국 국기에 대한 최소한의 예의 표시 역시 지도하여야 한다. 오늘날과 같이 외국과의 교류가 빈번해지고, 우리나라의 경제가 무역으로 유지되고 있는 정세에서 이 점은 중요하다. 자기 나라의 국기가 소중하면, 타국의 국기 또한 그 나라 사람들에게 소중하다. 오늘날 위성 통신의 발달로 한 나라 안에서 이루어지는 일은 거의 즉시 전 세계로 전파된다. 어떤 나라에서 외국의 국기를 훼손한다면 그것은 곧바로 해당 국가에도 알려지게 되고, 그것을 본 그 나라 국민들의 감정은 상하게 될 것이다. 우리 헌법의 중요 원리 중의 하나는 '국제평화주의'다. 이런 면에서도 어렸을 때부터 외국 국기의 유래라든가 하는 것에 대해 지도할 필요가 있다. 초등학교 사회과에서는 6학년에서 '우리나라의 민주정치' 다음 단원에 '세계의 여러 나라'가 나오는데 이 부분에서 다른 나라의 국기에 대하여 지도할 수 있을 것이다. 우리와 관계가 깊은 국가나 지역을 중심으로 다음과 같이 간단히 소개하겠다.

미국 미국기는 50개의 별(星)과 13개의 줄(條)로 이루어진 성조기(星條旗, Stars and Stripes)다. 13개의 줄은 독립 당시 주의 숫자를 나타내며, 50개의 별은 현재 주의 숫자를 나타낸다. 국기에서 미국은 연방국가임을 나타내고 있는 것이다. 성조기가 처음 만들어졌을 때는 13개의 줄과 13개의 별로 이루어져 있었는데 그 후 주가 늘어남에 따라 별의 수도 늘어나 오늘날처럼 50개가 되었다. 마지막으로 미합중국이 된 주는 하와이 주다.

일본 일본의 국기는 일장기(日章旗)다. 이 문양은 해가 떠오르는 것을 상징한다. '일본'이라는 나라 이름 자체가 '해가 뜨는 나라'라는 뜻이다. 일본 내에서는 이에 대해 논란과 갈등이 있었는데 현재는 법률로 정식 국기로 정해져 있다.

중국 중국의 국기는 붉은색 바탕에 다섯 개의 별이 그려져 있는 오성홍기(五星紅旗)다. 다섯 개의 별 중 왼쪽 위의 큰 별은 중국 공산당을 그리고 네 개의 작은 별은 각각 노동사, 농민, 시식계급, 애국석 자본가의 네 계급을 나타낸다. 중국과 구 소련 등 공산권 국가의 국기에 붉은색이 들어간 것이 많은데, 이것은 적색혁명을 뜻한다. 이 적색은 원래는 프랑스대혁명 당시 정부군(王) 편이 표시하기 시작하였으며, '계엄령'을 뜻했다고 한다.

타이완 타이완(중화민국)의 기는 청천백일기(青天白日旗)다. 푸른 하늘에 떠 있는 해에서 빛이 나오는 것을 상징하고 있으며, 청백홍(青白紅)의 3가지 색은 손문(孫文)의 삼민주의(三民主義)를 나타낸다.

타이 타이의 국기는 아래쪽은 하얀색, 위쪽은 붉은색으로 되어 있다. 각각 '결백'과 '용기'를 나타낸다.

2) 기념일을 통한 시민교육

해마다 연말이나 연초가 되면, 내년도(혹은 금년도)의 '노는 날'이 몇 개나 되는지를 알아보는 사람들이 많고, 또 그것이 뉴스에 보도가 된다. 그래서 속칭 '빨간 표시가 된 날'이 일요일 등과 겹치지 않는지 그래서 겹쳐지는 날이 많아서 전체적으로 '노는 날'의 수가 많은지 적은지를 알아보고 일희일비(一喜一悲)한다. 한때는 공휴일이 일요일과 겹치면 그다음 날도 쉬는 제도를 시행한 적도 있었고(당시는 토요휴무제가 실시되고 있지 않았음), 현재에도 그 제도를 다시 도입해야 한다고 주장을 펴는 사람도 있다.

각종 기념일을 단순히 '노는 날'로만 생각하고 넘어가는 것은 바람직하지 않다. 필자가 초등학교에 다닐 때는 삼일절 등 국경일에는 수업을 받지 않았으나, 학교에 나가서 기념식을 하였다. 그런데 의식(儀式)만을 행하기 위해 학교(또는 직장)에 왔다 갔다 하는 것은 번거로운 일이며, 또 시간을 낭비하는 일이어서 오늘날에는 아예 안 나가는 쪽으로 제도가 바뀌었다. 그러나 그 기념일의 본뜻을 생각해 보는 것이 필요할 것이다.

현재 우리나라에서는 '국경일'과 '국가 기념일'을 제정해 놓고 있으며 이와 비슷하지만, 조금 다른 의미를 가진 '공휴일'이라는 제도도 있다. 우리나라의 '국경일'은 국회에서 제정한 '국경일에 관한 법률'로 정해져 있는데, 삼일절 · 제헌절 · 광복절 · 개천절 · 한글날의 5가지다. '국경일'의 의미는 말 그대로 국가의 경사스러운 날을 말한다. '국가기념일'은 대통령령인 '각종 기념일 등에 관한 규정'에 따라 정해져 있으며, 40종이다(이는 2010년 조사 당시 기준이며, 대통령령으로 정하므로 '국경일'보다 더 자주 변동될 수 있다). 이 40종을 아동들과 관련이 많거나 시민교육에 중요하다고 생각되는 19종을 선정하여, 그것을 각 생활영역별로 분류해 보았다(〈표 8-2〉 참조).

〈표 8-2〉 각종 주요 기념일

영 역	명칭(날짜)
가족생활	어린이날(5 · 5), 어버이날(5 · 8), 스승의 날(5 · 15)
사회생활	납세자의 날(3 · 3), 장애인의 날(4 · 20), 법의 날(4 · 25), 환경의 날(6 · 5), 저축의 날(10월 마지막 화요일)
국가생활 (민주주의 포함)	4 · 19 혁명 기념일(4 · 19), 5 · 18 민주화운동 기념일(5 · 18), 현충일(6 · 6), 6 · 10 민주항쟁 기념일(6 · 10), 6 · 25 사변일(6 · 25), 국군의 날(10 · 1), 국제연합일(10 · 24)
역사 관련	대한민국임시정부수립기념일(4 · 14), 충무공탄신일(4 · 28), 학생독립운동기념일(11 · 3), 순국선열의 날(11 · 17)

'공휴일'은 '관공서의 공휴일에 관한 규정'(대통령령)에 따라, 관공서 근무자들이 출근하지 않는 날을 말하는데, 엄밀히 말하면 '국경일'이나 '기념일'과는 다른 개념이다. 그래서 국경일 중에서도 '한글날'은 공휴일이 아니며, 설이나 추석은 국경일이나 기념일은 아니지만 공휴일로 지정되어 있다. 대부분의 '기념일'은 '공휴일'이 아니다.

이러한 국경일에는 꼭 태극기를 게양하도록 지도할 필요가 있다. 각 가정에서 태극기를 게양하는 것은 어른들의 몫이지만, 어렸을 때부터 태극기를 게양해야 하는 것으로, 가능하면 집에서 부모님과 함께 게양하도록 지도하는 것이 필요하다. 그리고 교사 자신이 그날 국기를 게양하고, 그다음 날 학급에서 아동들에게 "선생님도 어제 태극기를 게양했다."는 말을 해주는 식으로 지도하면 아동들은 자연스럽게 따라 할 개연성이 높다. 좀 더 나아간다면, 국경일 · 기념일과 관련한 어린이용 도서를 소개하여 읽게 한다든가, 신문기사를 읽어 보게 한다든가, 글짓기를 하게 한다든가, 노래를 불러 본다든가, 관련 일화(逸話, 에피소드)를 들려준다든가 하는 방법으로 그 의미를 새기도록 지도할 수 있을 것이다. 이 중에서 별로 시간이 많이 걸리지 않고 간편하게 할 수 있는 방법이 교사가 아동들에게 이야기(일화)

를 들려주는 것이다. 이를 위해서는 교사 자신이 각종 기념일에 관심을 가지고 해당 기념일의 유래 · 의의 등을 인터넷이나 주무부서의 홈페이지를 검색하고, 관련 도서를 읽어 이해하고 그것을 토대로 '이야기거리'(교재)를 준비하는 것이 필요하다.

읽어 볼 자료

김수희, 원성연(2010). **태극기가 펄럭펄럭**. 고양: 한국차일드아카데미.

김홍주 편역(2010). **국가사랑과 태극기의 역사**. 서울: 세광문화기획사.

이지선(2007). 애국가 형성과정 연구: 올드랭사인 애국가, 대한제국 애국가, 안익태 애국가. 서울대학교 학위논문.

행정안전부 의전담당관실 편(2008). **태극기**.

인용 자료

1) 네이버 백과사전 '심의' (2010. 10. 27. 검색).
2) Parker, Walter C. (2006). "Talk Isn't Cheap: Practicing Deliberation in School", Social Studies and the Young Leaner, 19(1).
3) Parker, Walter C. ibid. pp. 12-15.
4) 서재천(2004). 유천. p. 240(원래는 佐久間 順教室ディベート2. 東京: 學事出版 1994. p. 96).
5) 이윤정(2008). "서사적 관점을 도입한 법교육 사례연구법의 의의". 한국법교육학회. **법교육연구**. 제3권 제2호.
6) 大杉 昭英(2006). **法教育實踐の指導テキスト**. 東京: 明治図書. pp. 64-66.
7) http://www.geocities.jp/lre_ibaraki/frame-kyouzai.html(2010. 3. 16. 검색)
8) 정영주(2006). **신문활용교육과 논술: 이론과 실제**. 대구: 태일사. pp. 31-32.
9) 정영주(2006). 같은 책. pp. 25-26.
10) 伊東 亮三(1994). **社會科教育學**. 東京: 福村出版社. p. 44-58.

11) 藤岡 信勝(1992). 授業づくりの發想. 東京: 明治図書. pp.12-30.

12) 이선근. 태극기에 대한 역사적 고찰. 지방행정 vol.8, no.73: 권석봉, 국기 제정의 유래, 역사학보. 제23집.

13) 윤선자. 독립운동과 태극기. 호남사학회, 역사학 연구. 제35권.

참고 자료

권오정 외(2007). 사회과교육학의 구조와 쟁점. 서울: 교육과학사.

권효숙 외(2006). 사회과교육의 논리. 서울: 교육과학사.

김원겸(2006). 사회과교육연구의 이론과 실제. 서울: 학연사.

김정호 외(2006). 사회과교육학신론. 서울: 문음사.

남경희 외 역(2001). 사회과교수 · 학습론. 서울: 교육과학사.

남호엽(2008). 사회과교육입문. 서울: 교육과학사.

박상준(2011). 사회과교육의 이론과 실제. 서울: 교육과학사.

박인현(2001). (제7차교육과정) 초등사회과교육. 서울: 교육과학사.

이동원 편저(2008). 초등사회과 좋은 수업안 쓰기. 서울: 교육과학사.

전숙자(2007). 사회과교육의 새로운 이해. 서울: 교육과학사.

차경수, 모경환(2008). 사회과교육. 서울: 동문사.

최용규 외 공역(2004). 살아 있는 사회과교육. 서울: 학지사.

최용규 외(2008). 사회과, 교육과정에서 수업까지. 서울: 교육과학사.

제 9 장

미국과 영국의 시민교육

1. 미국의 시민교육
2. 영국의 시민교육

제 9 장

미국과 영국의 시민교육

활동적 시민적 자질 및 시민교육의 목표

"우리의 목표는 다음과 같다. 국가와 지방 수준에 있어서 정치문화까지 바꾸는 것이다. 사람들이 스스로를 활동적인 시민이라고 생각할 것, 즉 공적 생활에 영향을 미칠 수 있다는 의지, 능력, 소양을 갖출 것. 발언하거나 행동에 옮기기 전에 증거를 음미하는 비판적 능력을 가질 것"

이 문장은 영국 '시민과(citizenship)' 신설의 이론적 토대가 되었던 '크릭(Crick) 보고서'에 나오는 것이다. 크릭(Crick)은 이 보고서에서 고대 아테네에서의 시민상(市民像)을 염두에 두면서, 공적인 일에 적극적으로 참여하고 그에 필요한 지식, 기능, 가치 · 태도를 가진 유능한 젊은이를 육성할 것을 목표로 하였다. 전통적으로 시민과(civics)를 두지 않았던 영국에서 유럽연합에의 가입, 인구의 다양성 증가 등 제반 사회 여건의 변화에 발맞추어 시민교육을 활발히 전개하고 있다. 한편, 미국은 전통적으로 시민교육이 강한 나라로 우리나라의 시민교육 이론에 많은 영향을 끼쳤고 또한 끼치고 있다. 제9장에서는 미국과 영국의 시민교육에 대하여 생각해 보자.

1. 미국의 시민교육

1) 미국에서의 시민교육의 개념

미국은 건국 초부터 미국의 이상인 민주주의 체제를 유지 · 발전시켜 나갈 수 있는 시민을 육성하는 데 관심을 가졌다. 미국독립선언서(1776)를 초안하였으며, 미국 제3대 대통령이었던 제퍼슨(T. Jefferson)은 민주주의의 신념을 가진 젊은이들을 육성하기 위한 국립대학 설치를 제창한 바 있다.

미국에서 근대 시민교육이 확립되게 된 것은 19세기 말에서 20세기 초에 걸친 시기다. 미국은 남북전쟁이 끝난 19세기 후반부터 본격적으로 산업화되기 시작한다. 공업이 발달하고 그에 따라 인구가 도시에 집중하였다. 공업이 발달하면서 많은 인력이 필요하게 됨에 따라 이민이 격증하게 되었는데, 미국은 원래 이민의 나라이므로 이민이 늘어난 것 자체는 별로 새로운 현상이 아니라고도 할 수 있으나, 19세기 말 미국으로 이민 온 사람들은 이전의 사람들과는 달랐다. 그전까지 미국으로 이민을 온 사람들은 영국, 독일, 북유럽 등 서부 유럽과 북부 유럽에서 온 사람들이었으나, 이때부터는 중부 유럽과 남부 유럽에서 온 사람들이 많았다. 그리고 캘리포니아(California) 주 등 태평양 연안에는 중국에서 온 사람들도 많았다. 이들은 주로 공장, 광산, 대륙 횡단 철도 공사장 등에서 일했으며, 도시에서는 빈민가를 형성하여 위생, 범죄 등 많은 문제를 안고 있었다. 그러므로 이러한 이민자 자녀들을 미국 사회에 동화시킬 필요성이 증대하였다.

또한, 사회사상사적으로는 '미국 사회는 이상 사회다'라고 하는 기존 생각에 반기를 들고 미국 사회가 빈부 격차 등 많은 문제를 안고 있으며 이를 해결하기 위해서는 종전처럼 개인에게만 맡겨 둘 것이 아니라 국가가 나서야 한다는 생각이 나타나게 되었다(혁신주의, reformist). 새롭게 들어오는 이민들을 미국 사회에 적응 · 동화시키고, 미국 사회가 안고 있는 여러 문제를 직시하고 해결해야 한다는 맥락 속에서 미국의 근대 시민교육이 새로운 전기(轉機)를 맞이하게 된다.[1)]

미국 시민교육의 확립은 사회과(social study)의 출현과도 밀접한 관련이 있다. 즉, 미국 시민교육의 확립의 한 형태가 사회과의 출현으로 귀착되게 된 것이다. 19세기 말부터 시민교육이 모색되기 시작하여 1916년에 사회과 원칙을 제시한 보고서가 발표됨으로써 미국의 새로운 시민교육은 그 형태를 갖추게 된다. 그리고 이러한 과정에서 여러 가지 시민교육론이 분출하는데 이것은 그 후 미국 시민교육의 여러 유형의 원형(原型)을 이루게 된다. 미국의 시민교육학자 본츠(Vontz)는 이 시기에 미국에서 시민교육론이 형성되어 가는 과정을 잘 정리하고 있다. 여기에서는 본츠의 논문에 따라 미국 시민교육의 개념 혹은 유형에 대하여 설명한다.[2)]

미국 시민교육론(civic education)은 ① 내용 중심 시민교육론, ② 가치 중심 시민교육론, ③ 실생활 중심 시민교육론의 셋으로 나뉜다([그림 9-1] 참조). 첫 번째인 '내용 중심 시민교육론(Substantive Civic Education)'이란 각 교과의 내용을 잘 가르침으로 해서 훌륭한 시민(good citizen)을 육성할 수 있다는 것으로 각각 역사학, 정치학, 사회학이 그 배경에 있으며 이 셋은 서로 경쟁 관계에 있었다. 다시 말하면, 이 세 영역의 학자들은 서로 자신의 전공이 시민교육의 내용으로 가장 적절하다고 주장하였다. 이 세 학문 중에서, 미국에서 오랫동안 시민교육의 중추적 역할을 담당한 것은 역

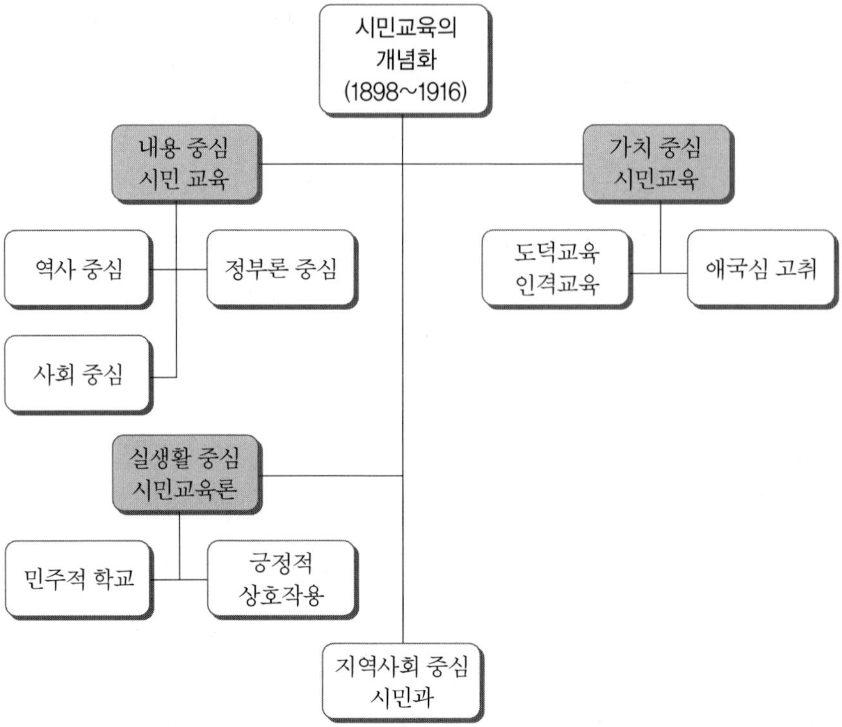

[그림 9-1] **20세기 초 미국 시민교육의 개념화**

사 내용, 즉 역사과였다. 역사 내용은 미국이라는 나라의 형성과정과 그 속에서 활약한 인물에 대해서 다루고 있으므로 그러한 내용을 통하여 미국에 대한 자부심을 길러 줄 수 있다고 미국 교육자들, 역사학자들은 생각한 것이다. 예를 들어, 미국의 초대 대통령 워싱턴(G. Washington)의 '사과나무' 이야기를 통해서 '정직'의 중요성을 가르침과 동시에 미국 건국의 아버지들이 매우 훌륭한 사람들이었다는 것을 가르쳐 국가(미국)에 대한 자부심을 길러 준다는 것이다. 또한 미국 '역사' 속에서 미국 정부의 역할, 헌법 제정 과정 등도 얼마든지 가르칠 수 있다고 생각하였고, 나아가 그리스 · 로마 문명 이래의 서양사를 가르침으로써 '교양인', 즉 바람직한 시민을 길러 낼 수 있다고 생각하였다. 이것을 주도한 것은 역사학자들의 모임인 미국역사학회(American Historical Association: AHA)였다.

이에 대해 먼저 이의(異議)를 제기한 사람들은 정치학자들이었다. 1905년에 미국 정치학회(American Political Science Association: APSA)가 조직되었는데 이를 계기로 정치학자들은 미국 정부에 관한 내용이 초·중등학교 교육과정에서 어떠한 비중을 차지하고 있는지에 대하여 관심을 가지고 조사한 바, 이러한 내용이 초·중등학교에서 거의 가르쳐지지 않고 있음을 알아냈다. 당시 정치학자들은 학교교육에서 가장 중요한 것은 '시민교육(the civic purposes of education)'이라고 주장하였다. 이들이 주장한 '시민교육'은 역사 전공자들이 주장한 것과는 차이가 있는데, 이들은 '시민교육'이 당시 공업화, 이민 유입 등에 따른 사회적 문제나 사회악(惡)의 해결에 도움이 되어야 하며, 미국 역사를 가르칠 때에도 잘한 점도 가르쳐야 하지만 실패나 잘못에 대해서도 가르쳐야 한다고 하였다.

정치학자에 이어서 사회학자들도 과거의 역사내용 중심의 시민성 교육에 이의(異議)를 제기하였다. 당시에 미국 교육계에는 '사회적 효율성(social efficiency)' 운동이 활발히 전개되었는데, 여기에 사회학자들이 많은 영향을 끼쳤다. 이 '사회적 효율성'이란 오늘날(1994) 미국사회과교육학회에서 제정한 '교육과정 표준안'에서도 사회과의 핵심 개념으로 선정될 만큼 중요한 개념인데, 이 개념은 종전의 역사 중심 시민교육에 대한 비판을 그 밑바탕에 깔고서 나온 것이었다. 종전 역사 중심의 시민성 교육은 '교양 중심'이었다고도 할 수 있다. 앞에서도 언급하였듯이 그리스·로마 문명 이래의 서양 역사를 아는 것은 적어도 서양인(미국인)들의 입장에서는 필수적으로 갖추어야 할 하나의 교양이었던 것이다. 이 '교양 교육(liberal art education)'은 서양 교육의 전통이기도 하다. 그런데 이러한 전통적인 교육은 당시 산업화, 도시화, 도시 빈민의 발생 등과 같은 많은 사회문제를 안고 있는 사회에서는 부적합하였다. 그래서 개인을 도야(陶冶)시키는 데 중점을 두는 교육이 아니라, 현재의 사회문제 해결에 도움이 되는 교육이 필요하다고 주장하였는데 현재의 사회문제를 해결해 나갈 수 있는 능력이 '사회적 효율성'의 개념이다. 쉽게 말하여 한가하게 옛날 이야기나 들려주고 있을 것이 아니라, 현재 당면한 문제를 해결할 수 있는 능력을 길러 주는 것이 '효율성'을 높여 준다는 것이다. 이러한 맥락에서 당시의 한 사회학자(David. Snedden)는 역사와 정부론과 정치경제학 등이 모두 시민교육의 일부분이 되어야 한다고 주장하였다. 그러나 그는 이들 과목을 따로따로 가르쳐서는 시민교육이 안 된다고 하였다. 그는 이 과목들을 '통합적'으로 가르쳐야 한다고 하였는데, 이때 '통합'의 중심이 되는 것은 '사회문제'라고 하였다. 결국 여기서는 사회학적 시각에서의 '사회문제'가 시민교육 내용의 중심이 된다.

지금까지 말한 것은 그 내용이 '역사'인가, '정치'인가 아니면 '사회'인가의 차이는 있지만 모두 '지식 중심' 시민교육의 범주에 들어간다고 할 수 있는데, 이에 대하여 '가치 중심'의 시민교육(Valuative Civic Education)을 주장한 사람들도 있었다. 교과 지식 중심의 시민교육을 주장한 사람들이 내용학 전공학자들이었던 것에 비하여, 가치 중심 시민교육을 주장한 사람들은 장학사 · 교사 등 교육 일선에서 일하는 사람들이었는데 이들은 학생들에게 지식을 가르치는 것보다 가치 · 도덕 · 신념 등을 심어 주는 것이 시민교육에서 더 중요하다고 하였다. 여기에서는 인격교육, 도덕교육, 애국심 고취 등이 강조되었는데, 그것을 본츠는 ① 도덕 · 인격 교육(Moral and Character Education), ② 애국심 고취 교육(Patriotic Indoctrination)의 두 형태로 나눈다. 전자에서는 시민교육이란 단순히 지식을 가르치는 것 이상이며, 민주주의의 정신 · 가치를 가르치는 것이 무엇보다 더 중요하다고 하였다. 여기에서는 시민적 덕(civic virtue)과 애국심이 강조되었다. 또한 특정 교과를 설치하는 것이 중요한 것이 아니라, 각종 단체 활동 등의 훈련(discipline)을 통해서 사회적 의무, 준법정신, 이타주의(利他主義), 정부의 엄격함 등을 가르치는 것이 중요하다고 보았다. 훌륭한 시민이란 자신의 지역사회, 나라를 사랑하고 시민성이 요구하는 의무를 다하는 사람이었으며, 개인의 이익보다는 공동체의 가치를 더 중요시하는 그러한 사람을 가리켰다. '가치 중심' 시민교육의 '애국심 고취' 유형은 방금 언급한 도덕 · 인격교육에서 한 걸음 더 나아가 '나라 사랑'을 강조한 것인데, 이민(移民)의 경우 떠나온 모국을 잊고, 새로운 조국인 미국에 충성할 것을 강조하는 그러한 것이었다.

세 번째 유형은 '실생활 중심 시민교육(Practical/Participatory Civic Education)'으로, 여기에는 ① 학교조직을 민주적으로 만드는 것(Democratic School Organization), ② 긍정적 상호작용을 중요시하는 것(Positive Social Interaction)이 포함된다. '실생활 중심의 시민교육'에서는 학생들에게 민주적 가치를 가르치는 것도 중요하지만 학생들이 직접 민주적인 생활을 실천하고 참여하는 것이 더 중요하다는 입장이다. 이 중 ① '민주적 학교 조직' 주장에서는 민주국가의 시민을 육성하기 위해서는 학생들이 학생자치기구 등을 통해 학생들이 직접 '정부(학교 자치 기구)'를 운영해 보아야 한다는 것이다. 이들은 학교, 특히 중등학교의 구조가 귀속정(貴族政) 형태로 운영된다고 하면서 이런 비민주적 구조 속에서 어떻게 시민교육이 이루어지겠는가 하고 비판한다. 여기에서는 학교 자체가 민주적으로 운영되는 시정(市政)과 같은 구조로 운영되어야 한다고 하면서 '학교-시 일체형(school-city)' 모델을 제시하였다. 여기에서는 모든 것을 학생들이 자치적으로 결정해 가며, 실제 힘을 가지고 어떤 결정을 내리고 그것을 시행한다. 두 번째 세부 유형인, ② '긍정적 상호작용을 중요시하는 것'도 방금 말한 첫 번째 세부 유형과 비슷한데, 학생들을 실사회 생활에 참여하게 함으로써 도덕교육의 목표를 달성할 수 있다는 입장이다. 이는 듀이(J. Dewey)가 주장하였는데, 듀이는 '학교-시 일체형' 운동에 대하여 명시적으로 의견 표명을 하지는 않았지만, 학교가 '민주적 지역사회'의 부화장(孵化場)이 되어, 그 안에서 학생들이 긍정적 · 사회적 관계를 키워 가는 것이 중요하다고 하였다. 광복 후 우리나라 사회과에서 강조한 '생활방식으로서의 민주주의'는 이 유형이었다.

본츠는 지금까지의 교과지식(역사, 정부론, 사회학) 중심, 가치 중심(바람직하다고 생각되는 가치를 주입), 민주적 생활(학교 혹은 지역사회)에의 참여론이 하나로 종합되어 나타난 것이 '지역사회 시민과(community civics)'라고 말한다. 이 과목은 당시 초등학교 단계에서 고등학교 1학년 단계까지 가르치도록 되어 있었다. 여기에서는 학생들이 지역사회의 일에 직접 관여하는 것을 강조하며, 정부의 구조를 정태적(情態的)으로 학습하는 것이 아니라 학생들의 생활과 관련시켜 그 기능을 학습해야 한다고 주장하였다. 그러므로 이것은 역사, 정부론, 사회학을 통합한 것이며, 자신이 사는 지역사회의 여러 문제를 직접적으로 다루게 된다. 또한 자신이 사는 지역사회 복지의 중요성을 깨닫고, 복지를 위해 일하는 기관에는 어떤 것들이 있으며, 지역사회의 구성원으로서 해야 할 의무에는 어떤 것들이 있는지를 배우도록 되어 있다. 결론적으로 지금까지 말해 왔던 내용 중심, 가치 중심, 실생활 중심 시민교육이 통합되어 나타난 것이 '지역사회 시민과'라고 할 수 있다. 이것은 미국교육학회(National Education Association: NEA) 사회과 분과위원회(the Committee on Social Studies)의 1916년 보고서의 기본 입장이기도 하며 당시 사회과의 기본입장이기도 하다.

지금까지 20세기 초에 확립된 미국 시민교육의 개념화에 대하여 본츠가 정리한 것을 살펴보았다. 이것을 보면, 현재 우리가 말하는 '시민교육'의 개념이 여기에 포함되어 있다는 것을 알 수 있다. 이것을 정리해 보면, 역사학 중심 대(vs.) 사회문제 중심, 시민적 덕성·애국심 주입 중심 대(vs.) 민주적 생활 실천 중심의 구도로 나누어 볼 수 있다. 그리고 각각의 대립 구도에서 전자가 우(右) 혹은 보수에 속하고, 후자가 좌(左) 혹은 진보에 속한다고 할 수 있다. 미국 사회과는 이러한 구도가 각각의 시대 상황에 따라 변화하여 왔다고 볼 수 있다. 우리나라 사회과에서는 이러한 여러 미국 시민교육론 중에서(적어도 이론상으로는) 후자의 입장이 소개되었다고 할 수 있다.

다음은 미국 시민교육론을 정치·사회적 입장 등에 따라 필자가 분류해 본 것이다(〈표 9-1〉 참조). 이것은 필자가 임의로 분류한 것이지만, 이 표를 보면, 정치적 스펙트럼에 따라 '내용' 면에서는 '역사' 중심 접근법이 비교적 보수적 성격을 띠며, 사회문제 중심 접근법이 진보적 성격을 띤다고 볼 수 있다. '생활/덕목주입' 주입 차원에서는 '애국심 고취' 접근법이 가장 우측에 있고, '도덕·인격' 교육은 약간 우측에 있으며, '민주적 학교' 접근법과 '긍정적 상호작용' 접근법은 비교적 좌측에 있다고 볼 수 있다. 그리고 '지역사회 시민과' 접근법은 이러한 것들을 종합한 성격을 가지지만, 전체적인 경향으로서는 진보 측에 있다고 볼 수 있다. 그리고 '이론 대(vs.) 현실' 면에서 보면, 이론상으로는 특히 사회과 이론상으로는 진보적 입장에서의 주장이 많지만 실제의 학교 실천에 있어서는 보수적인 것이 많지 않은가 생각된다. 그런 의미에서 좌측에 있는 접근법은 이론상 이

〈표 9-1〉 미국 시민교육론의 정치적 스펙트럼

<table>
<tr><th></th><th colspan="2">진보적</th><th colspan="3">보수적</th></tr>
<tr><td>내 용</td><td>사회문제 중심</td><td colspan="2">정치론 중심</td><td colspan="2">역사 중심</td></tr>
<tr><td>생활/덕목 주입</td><td colspan="2">민주적 학교, 긍정적 상호작용</td><td colspan="2">도덕·인격 교육</td><td>애국심 주입</td></tr>
<tr><td>통 합</td><td colspan="5">지역사회 시민과(사회과)</td></tr>
</table>

상적(理想的)인 것으로서의 성격이 강하고 우측에 있는 접근법은 현실의 모습이라고 할 수 있다.

2) 미국 '시민교육센터'의 활동 및 교재

오늘날 미국의 초등학교에서는 시민교육으로 무슨 내용을 어떻게 가르치고 있을까? 다음에서 언급하는 바와 같이, 오늘날 미국 시민교육은 앞의 여러 유형이 현대적 형태로 다양하게 주장 · 전개되고 있지만, 실제로 학교에서 행해지고 있는 미국 시민교육의 주류 형태는 역시 역사내용 중심인 것으로 보인다. 미국 학교에서 시민교육을 담당하는 교과인 사회과 교과서를 보면 우리나라나 일본과 달리, '정치' 내용을 별도로 다루는 단원이 없다. 그렇다고 미국 사회과에서 시민교육이 이루어지지 않고 있다는 말은 아니다. 미국은 역사, 특히 제5학년 사회과(완전히 미국사로만 되어 있음)* 에서 시민교육 내용을 많이 다루고 있다. 미국의 역사 자체가 민주주의의 발전과정이기 때문에 미국 역사를 공부하면 자연스럽게 미국 사회에 필요한 지식 가치 등도 함께 배우게 된다.

다음으로, 시민교육에 관한 '전국 수준' 교육과정을 보면, 미국에서는 우리나라와 같이 국가수준의 교육과정이 없고 각 주(州) 수준의 교육과정이 있으나, 각 학구(學區)나 학교가 꼭 이것에 속박받는 것은 아니므로, 시민교육 내용이 학교구 혹은 학교에 따라 매우 다양하다고 한다. 그러나 미국사회과교육학회(NCSS)나 시민교육센터(Center for Civic Education) 같은 단체가 자체적으로 교육과정을 발표하는데 이것이 전국적으로 영향력이

---

* 우리나라 초등사회과 교육과정에서 5학년의 내용을 '역사'로만 바꾼 것은 미국의 사회과 구조와 같은 것이다.

있어 전국적으로 공통된 시민교육 교육과정 기능을 한다. 또한 대 메이커가 교과서 시장을 많이 확보하면서, 몇 개의 출판사 교과서가 널리 채택되면 교육과정이 통일되는 경향을 보일 것이다. 시민교육과 관련해서도 이 두 기관에서 각각 발표한 교육과정이 있는데, 전자가 개발한 교육과정은 '통합'을 지향한다는 관점에서 만들어졌기 때문에 시민교육 내용이 사회과 교육과정의 일부분으로 들어가 있고, 후자가 개발한 교육과정은 시민교육 분야만을 대상으로 한 것이라는 특징이 있다. 다음에서 제시하는 것은 후자, 즉 시민교육센터에서 개발한 것 중에서 유치원 · 초등학교 저학년용의 큰 제목만을 뽑은 것이다.[3)]

미국 시민교육센터에서 제시한 유치원 · 초등학교 저학년 시민교육과정

1. 정부는 무엇이고, 정부는 무엇을 해야 하는가?
2. 미국 민주주의의 기본적 가치는 무엇인가?
3. 헌법에 의하여 수립된 정부는 어떻게 미국 민주주의의 목표와 가치, 그리고 원칙을 구현하는가?
4. 세계적인 일에서 다른 나라와 미국 정부의 관계는 무엇인가?
5. 미국 민주주의에서 시민의 역할은 무엇인가?

미국은 정식 교과서 이외에도 여러 책(text)이 개발되어 있고 활용되고 있다. 시민교육센터는 『민주주의의 기초 시리즈(*The Foundations of Democracy Series*)』 『미국 헌법과 시민(*We the People…… The Citizen and Constitution*)』 등을 개발하여 각 학교와 제휴하여 실천하고 있다. 『민주주의의 기초 시리즈』는 민주주의에서 가장 중요하다고 생각되는 개념 4개—권위, 사생활, 책임, 정의—를 각각 1권의 책으로 구성한 시리즈물이다. 이 중 '사생활' '책임' '정의' 등의 용어는 독자들에게도 어느 정도 익숙

할 것으로 생각되는데, '권위'라는 개념은 생소할지도 모르겠다. 『민주주의의 기초 시리즈』는 유치원 및 초등학교 저학년용, 초등학교 중 · 고학년용(3~5학년), 중학교 학생용, 고등학교 학생용의 4단계가 있는데, 여기에서는 초등학교 중 · 고학년용 중 '권위' 책을 통해 미국 시민교육 내용의 일단(一端)을 알아보고자 한다. 필자가 여기서 4권의 책 중 '권위' 책 내용을 소개하는 이유는 현재 우리나라에서는 이 개념이 부정적 의미로만 쓰이는데, 한 사회가 공동체를 유지해 나가기 위해서 꼭 필요한 개념이기 때문이다(물론 이 개념이 악용되어서는 안 되지만).

『권위』는 다음과 같은 줄거리로 그 내용이 전개된다. '권위'와 '권력'은 구별된다. '권력(force)'은 다른 사람에게 영향력을 행사할 수 있는 힘을 말한다. 경찰관이 교통규칙을 위반한 사람을 정지시키면 그 사람은 정지하기 싫어도 정지를 하는데, 이때 경찰관은 그 사람에게 '권력'을 행사하고 있다고 한다. 그런데 으슥한 골목길에서 불량배가 강제로 행인을 멈추게 하는 경우에도 힘(권력)을 행사하고 있다고 할 수 있다. 그러나 그 불량배에게는 앞의 경찰관과는 달리 '권위'가 없다. '권위'란 '권력'을 행사할 때의 '정당성'이나 '자격'을 말한다. 그러므로 수업 중 떠드는 학생을 지적하여 떠들지 못하게 하는 교사, 자신의 자녀가 말을 듣지 않아 벌을 주는 부모는 모두 '정당한' 권력을 행사한 것이며 '권위'가 있는 주체다. 이렇게 해서, 판사는 피고인을 재판할 수 있는 '권위'가 있으며, 시의원이나 국회의원은 각각의 공동체에 필요한 규칙이나 법을 만들 수 있는 '권위'가 있는 것이다.

그렇다면, '권위'는 왜 필요한가? 공동생활을 하기 위해서다. '권위'가 없다면, 한 공동체의 질서는 무너지고 만다. 그런데 민주주의 사회에서는 권위를 가진 지위에 오를 사람을 선거를 통해 뽑는다('부모' 등 생물학적인 지위는 그렇지 않지만). 선거에 의해서 선출된 사람들, 즉 권위를 가진 사람들은 공동체에 필요한 규칙과 법을 만들며 공동체는 그 법에 의해 운영된다. 공동생활을 해 나가기 위해서는 '권위'가 필요하지만 '권위'에는 단점도 있다. '권위'에 의해 사람들의 '자유'가 제약을 받게 된다는 것이다. 그래서 우리는 '권위'가 남용되지 않도록 해야 하는데, 한편으로는 '권위'가 필요하고 다른 한편으로는 그 남용을 경계해야 하는 것이 딜레마다.

대략 이런 줄거리를 가지고, 『권위』의 내용이 전개되는데 총 4개 단원 12개 과(lesson)로 구성되어 있다. 이 책에서는 '지상낙원'이라는 '읽기자료'를 중심으로 소개한다. 이 '읽기자료'는 모두 4개로 되어 있으며, 초등학교 학생인 A 양을 주인공으로 하여, 가상의 지역사회(공동체)인 '지상낙원'에서 어떤 일이 일어났다고 가정하고 이야기가 전개된다. 첫 번째 '읽을거리'만 소개해 본다.[4)]

'권위' 개념을 가르치기 위한 읽기자료 1

A 양은 그날따라 하는 일마다 자신의 뜻대로 되지 않았습니다. 아침 등굣길에서는 교통경비원이 건너가라는 신호를 너무 오랫동안 주지 않아, 지각을 하고 말았습니다. 하루 수업이 끝나고서는 바이올린 교습을 받기 위해 복도를 뛰어가다가 선생님께 걸려 벌을 받았습니다. 그 바람에 바이올린 교습시간에 늦고 말았습니다. 밤에는 사소한 일로 동생과 다투게 되었는데, 어머니께서 꾸지람을 하시면서, 일찍 잠자리에 들라고 하셨습니다. A 양은 침대에 들어서야, 휴! 하고 안도의 숨을 내쉬었습니다.

A 양은 침대에서 '지상낙원'에 관한 책을 꺼내 읽었습니다. 그 이야기에 점점 빠져들다가 깜빡 잠이 들었습니다. A 양은 꿈속에서 '지상낙원'에 가게 되었습니다. '지상낙원'은 규칙이나 법 같은 것이 없고, 누구나 지시를 받지 않고 자신이 원하는 대로 할 수 있는 곳이었습니다. 그곳에는 학교도 없었고, 인형이나 만화책이 널려 있는 곳이었습니다. 하지만 그 인형이나 만화책들은 아무런 제약 없이 누구나 가져갈 수 있기 때문에 아이들은 너나

할 것 없이 가져가 A 양에게는 한 권도 돌아오지 않았습니다.

A 양이 마을 이곳저곳을 거닐어 보니, 가는 곳마다 쓰레기가 쌓여 있었습니다. 사람들 간에 사소한 다툼만으로도 곧 큰 싸움이 되고 말았습니다. 재판도 받지 않고 교도소로 끌려가는 사람도 없었습니다. 차들은 보행자는 아랑곳하지 않고 달렸기 때문에 길을 건너는 것은 매우 위험하였습니다. 그리고 집에 돌아와 보니, 도둑이 들어 아끼던 인형과 만화가 없어져버렸습니다.

이 책을 보면, '권위' 개념을 가르치기 위하여 그에 적당한 '어떤 교육적 상황'이 있는 소재(교재)를 제시하고 있음을 알 수 있다. '권위란 무엇이다'라는 식으로 주입하려는 것이 아니라, '상황'을 주고 그것을 토대로 '권위'에 대해 이해시키려 하고 있다. 아동의 홍미를 끌 수 있도록 주인공을 초등학생으로 하고 있으며 '이야기' 식으로 되어 있는 형식도 눈여겨볼 대목이다.

미국 시민교육센터가 개발한 또 다른 교재인 『미국 헌법과 시민』은 제목에서 알 수 있듯이 미국 헌법의 기본원리와 통치구조, 미국인의 권리와 의무에 대한 내용으로 구성되어 있다. 이 교재는 4~6학년용, 7~9학년용, 10~12학년용의 세 수준의 책으로 구성되어 있는데, 그중 초등학교용 책의 목차는 다음과 같다.

『미국 헌법과 국민』(4~6학년용)의 목차

제1장: 건국의 아버지들이 정부에 대하여 가지고 있던 생각은 무엇이었나?

제1과: 1700년대 아메리카에 있던 영국 식민지들은 어떤 상태였나?

제2과: 건국의 아버지들은 왜 국민이 정부를 가져야 한다고 생각했나?

제3과: 공화적 정부란?

제4과: 입헌정부란?

제5과: 독립선언서에 나타난 기본정신은 무엇인가?

제6과: 처음에 만들어진 주 정부들의 모습은 어떠했나?

제2장: 헌법 기초자들은 우리나라 헌법을 어떻게 썼나?

제7과: 처음에 만들어진 연합정부의 모습은 어떠했나?

제8과: 필라델피아(Philadelphia) 대륙회의는 어떻게 조직되었나?

제9과: 각 주는 의회에서 몇 석을 차지해야 하나?

제10과: 헌법 기초자들은 노예문제를 어떻게 다루었나?

제3장: 헌법은 정부를 어떻게 조직하고 있는가?

제11과: 헌법 전문에 나타난 기본생각은 무엇인가?

제12과: 헌법은 정부의 권력을 어떻게 제한하는가?

제13과: 입법부란 무엇인가?

제14과: 행정부란 무엇인가?

제15과: 사법부란 무엇인가?

제16조: 헌법은 연방정부 시스템을 어떻게 만들어 냈는가?

제4장: 헌법은 우리의 기본적 권리를 어떻게 보장하고 있는가?

제17과: 헌법은 표현의 자유권을 어떻게 보장하고 있는가?

제18과: 헌법은 종교의 자유권을 어떻게 보장하고 있는가?

제19과: 헌법은 법 앞의 평등권을 어떻게 보장하고 있는가?

제21과: 헌법은 적법절차의 권리를 어떻게 보장하고 있는가?

제5장: 시민의 의무에는 어떤 것이 있나?

제22과: 오늘날 세계에서 미국의 역할은 무엇인가?

제23과: 시민의 중요한 의무는 무엇인가?

제24과: 시민은 공동선을 어떻게 증진시키는가?

부록: 독립선언서, 미국 헌법

앞의 목차를 보면, 우리나라 6학년 교과의 '우리나라의 민주정치' 대단원 내용과 비슷하다. 미국 헌법의 제정 과정 및 그 기본정신, 미국의 정부 기구, 국민의 권리와 의무순으로 되어 있다. 이 책의 구체적 내용의 일부를 소개하면 다음과 같다.

『미국 헌법과 국민』: 제1수준 "항해선 위에서의 생활" 학생용 교재 제31~32쪽	학 생 ( )
	교 사 ( )

5학년용 이야기 지문

> 다음 이야기는 선장의 권력을 적정하게 제한하는 법이 없을 때, 과연 어떤 일이 벌어질지를 보여 주고 있다. 이 이야기에 나타난 사실 때문에 그리고 다른 여러 사람의 노력으로 선장의 권력을 제한하는 법이 통과되었다. 이 이야기를 읽고 다음 학습지에서 제시하는 질문에 답하라.

선상에서의 생활

우리 배의 선장은 사소한 일에도 곧잘 성을 냅니다. 선장은 요리사가 갑판 위에 나무를 던졌다며 그를 채찍질하겠다고 위협하였습니다. 선장은 그 친구가 자신보다 선원들을 단합하게 할 수 있다고 했을 때도 성을 내었습니다. 그중에서도 그가 가장 성을 자주 내는 상대는 샘(Sam)이었습니다.

샘은 말을 잘 하지 못하는 편이었고, 다른 사람보다 일하는 것이 다소 더디었습니다. 그러나 그는 꽤 훌륭한 선원이었고, 매사에 최선을 다했습니다. 그러나 선장은 아무 이유 없이 그를 싫어했습니다.

어느 토요일 아침, 나는 선장이 화내는 소리를 들었습니다.

"너 따위는 나한테 말대꾸를 하면 안 돼. 내가 너를 고용해 주었잖아! 너는 언제나 내 말에 대꾸하고 있어! 망할 놈 같으니." 하고 선장이 말했습니다.

"저는 그런 적이 없습니다. 선장님." 하고 샘이 말했습니다.

"그런 대답을 들으려는 게 아니야. 너는 언제까지 말대꾸만 할 거니?"

"저는 그런 적이 없습니다." 샘이 다시 말했습니다.

"내 말에 대답이나 해, 이 녀석아. 그렇지 않으면 채찍으로 내려칠 거야!"

"저는 노예가 아닙니다." 샘이 말하였습니다.

"뭐? 노예가 아니라고? 그렇다면 노예로 만들어 주지!"라고 선장은 말하였습니다. 그는 갑판 위에서 펄쩍 뛰면서 항해사를 불렀습니다. "당장 이 녀석을 묶어! 나는 너희들 모두에게 이 배의 주인이 누구인지 보여 주겠다!"

이때 "선장님, 저 남자에게 정말 채찍질을 하실겁니까?" 하고 스웨덴 사람인 존(John)이 말했습니다. 이 말을 들은 선장은 존에게 쇠고랑을 채워 버렸습니다.

이 광경을 목격한 나는 정의감을 느꼈습니다. 나는 선장을 제지하려 했으나 내 편을 들어줄 사람은 몇 명 안 되었습니다. 우리가 선장에 대항하여 싸운다 하더라도 질 것이 뻔했습니다. 그렇게 되면, 선상반란죄로 처벌을 받습니다. 설사 우리가 이긴다 하여도, 해적이 되어 평생을 떠돌아다닐 수밖에 없을 것입니다. 그리고 언젠가 붙잡히면 처벌을 받게 될 것입니다. 선원들에게는 아무런 권리가 없었습니다. 선원들은 선장이 시키는 대로 해야 했고, 이를 어기면 정처 없이 떠돌아다니는 해적이 되었습니다.

선장은 두 사람을 채찍으로 사정없이 내리쳤습니다. 존이 왜 자기가 맞아야 되느냐며 항의하자, 선장은 "네 놈은 내 말에 토를 달았기 때문이다!"고 말하였습니다. 그리고 그에게 점점 더 채찍질을 세게 하였습니다.

나는 몸서리쳤고, 차마 더는 볼 수 없었습니다.

이윽고 선장은 채찍질을 멈추었습니다. 그는 우리를 돌아보며 말하였습니다.

"지금 너희들이 본 대로다! 이제 내가 누구인지 알겠지? 나는 '노예몰이꾼'이며, 너희들 모두

나의 노예들이다. 너희들은 내 말에 절대복종해야 되며, 그렇지 않은 경우에는 너희들 모두를 채찍질할 것이다. 알겠나?"

『미국 헌법과 국민』: 초등학교용, pp. 31-32.

이 글에서 제시하는 상황은 미국독립전쟁 발발 직전의 역사적 상황을 미국인의 시각에서 보여 주고 있다. 여기 나오는 악덕 선장은 영국 왕(조지 3세)을 나타내며, 악덕 선장에게 시달리고 있는 선원들은 북미 식민지에 살던 사람들이다. 당시의 상황을 선원에 비유하고 있는데, 실제 그 시절의 선원들은 가혹한 생활을 강요당한 것으로 알려져 있다. 어쨌거나 여기에서는 미국의 시민교육 내용의 일단을 엿볼 수 있다.

3) 서비스 러닝을 통한 시민교육

미국 시민교육에서 큰 영향력을 미치고 있는 방법에 서비스 러닝(service learning)이라는 것이 있다. 서비스 러닝은 하나의 학습방법 원리로 학생들이 자신이 사는 지역사회에 직접 뛰어들어 지역사회를 이해하고, 문제를 파악하며, 지역사회의 발전을 위해 참여하는 능력을 기르는 교육운동이다.

서비스 러닝과 같은 교육방법은 듀이의 '행함으로써 배운다(learning by doing)'는 원리도 있듯이, 그 뿌리가 깊지만, '서비스 러닝'이라는 이름으로 학교교육에서 다시 부각된 것은 1990년대부터다. 미국에서는 1990년에 '국가 및 지역사회 서비스 법(National and Community Service Act)'이 제정되었고, 1993년에는 서비스 러닝 연구자들과 실천가들이 모여, '교육개혁을 위한 서비스 러닝 연합(Alliance for Service-Learning in Education Reform)'을 결성한 후, 전 미국의 초 · 중 · 고등학교 및 대학에서 서비스 러닝 교육이 활발히 전개되고 있다. 이 '연합'에서는 서비스 러닝을 실시하기 위한 조건으로 다음과 같은 7가지를 제시하고 있다.[5)]

① 지역사회의 실제적 과제 해결을 꾀할 것
② 학교와 지역사회가 서로 협력해서 추진해 나갈 것
③ 각 교과의 교육과정과 결합시킬 것
④ 서비스 활동을 하면서 보고 들은 것에 대해서 그 활동이 끝난 뒤 그 것에 대해 생각해 보고, 서로 이야기해 보고 써 보는 등의 활동을 꼭 할 것
⑤ 교과에서 새로 배운 기능이나 지식을 지역사회의 현실 생활에서 활용할 수 있는 기회를 줄 것
⑥ 학습의 장을 교실에서 지역사회로 확대함으로써, 학교에서 배운 것이 더 심화되어 가도록 할 것
⑦ 다른 사람에 대해 배려하는 마음(care)과 시민으로서의 책임감을 길러 줄 것

이처럼 서비스 러닝은 학생들이 소극적으로 교실에서만 배우는 것이 아니라, 지역사회에 뛰어들고 교실에서 배운 학습을 심화시켜 나가는 것을 중요시하고 있다.

미국 서비스 러닝에서 학생들이 하는 서비스 활동을 ① 직접적 서비스, ② 간접적 서비스, ③ 시민행동의 3가지 유형으로 분류할 수 있다.[6)] '직접적 서비스'란 서비스를 필요로 하는 곳에 학생들이 가서 직접적으로 서비스를 제공하는 것이다. 예를 들어, 양노원에 가서 노인들을 위문한다든지, 빈곤한 사람들을 위한 급식 시설에 가서 도와준다든지 하는 것이다. 우리로 치면 '봉사활동'을 말한다. '간접적 서비스'란 국제 어린이 아동기금(유

니세프) 등의 모금활동에 돈을 낸다든지, 고아원 아동을 위해 집에서 안 쓰는 물건이나 옷 등을 모아 전달하는 활동 등을 말한다. 마지막으로 '시민행동'은 민주적 정치과정에 학생들이 직접 참여하는 것으로 이 유형은 사회과와 관련이 많다고 볼 수 있다. 이 유형의 예를 들어, 지역사회의 현안 문제해결을 위해 주민들과 함께 뛴다든지 혹은 시 의회 등 지역사회의 의사결정기관에 학생들이 직접 영향력을 행사하는 것 등을 들 수 있다. 미국 어느 중학교 1학년생들은 지역사회에서 흔히 목격되는 '노숙자 문제'를 해결해야 할 과제로 정하고, 이 문제를 해결하기 위해 관계 시민단체 전문가들로부터 강연을 듣기도 하고, 노숙자 문제에 관해 신문을 읽고 관련 기사를 스크랩하여 이 문제가 발생하는 원인을 탐구하였다. 학생들은 그것을 토대로 노숙자를 도울 수 있는 구체적 행동계획을 세워 관련 단체로부터 자금을 확보하는 등 노숙자들을 돕는 활동을 하였다.

4) 미국 시민교육의 전반적 경향

미국의 시민교육 이론가 패트릭(Patrick)은 최근 미국 시민교육의 경향을 다음과 같이 10가지로 정리하였다.[7)]

① 시민교육의 정의(혹은 개념)를 시민적 지식, 시민적 인지적 기능, 시민적 참여 기능, 그리고 시민적 가치태도의 네 요소가 포함된 틀에 따라 실시하고 있다.

② 민주주의의 기본개념 및 정부 · 시민사회 관련 내용을 체계적으로 교수 · 학습하고 있다.

③ 사례(재판 사례 혹은 구체적 정치적 결정) 중심으로 다루어, 지식 · 기능 · 가치 · 태도를 통합하여 가르치고 있다.

④ 의사결정 기능(decision-making skill)을 발달시키는 데 중점을 두고 있다.

⑤ 개방적 교수 · 학습 분위기 조성에 힘쓰고 있다.

⑥ 과외 활동(각종 학생 조직, 단체 · 스포츠 활동 등)을 활발히 하고 있다. 이러한 활동들은 학생들에게 참여 성향을 길러 주는 것으로 보고되고 있다. 시민으로서 적극적으로 참여하는 기능 혹은 가치 · 태도는 교실에서 배운 것을 이러한 과외활동에서도 적용하였을 때 그 효과가 크다.

⑦ 지역사회의 시민적 활동에 참여를 강조하고 있다. 미국 학생들은 지역사회 서비스 활동에 적극적으로 참여하고 있으며, 어떤 때는 참여하도록 강제된다. 지역사회의 공동선을 위한 서비스 활동에 참여함으로써, 학생들은 시민으로서의 참여적 기능, 참여 정신을 키워 갈 수 있다.

⑧ 특정 과목뿐 아니라 여러 과목을 통해 민주주의 및 시민성에 대해서 가르치고 있다. 고등학교의 경우, '미국정부론(American Government)' 과목이 필수로 되어 있는데, 이 과목뿐 아니라 국어, 경제, 지리, 역사, 사회과에서도 정부 및 시민 내용에 대하여 가르치고 있다.

⑨ 학교 전체의 분위기에 '민주주의의 근본정신(ethos or spirit of democracy)'이 배도록 하는 데 노력하고 있다. 학교 전체에 민주주의의 정신이 스며들면, 학생들은 학교에서 그 인권을 보호받고, 그 개별성과 존엄성이 존중될 것이라고 확신하게 될 것이다.

⑩ 지식, 인지적 기능, 참여 기능, 가치 · 태도를 통합적으로 지도하고 있다. 시민적 지식, 시민적 기능, 참여 기능, 시민적 가치 · 태도를 가르칠 때 '내용'과 '과정'을 결합시켜 가르친다. 이것들은 서로 분리된 것이 아니다. 이것들이 분리된다면 효과적으로 가르칠 수 없다. 따라서 교사들은 이 3가지 요소가 서로 통합 혹은 관련되도록 하여 가르친다.

패트릭이 말하는 이 경향을 앞에서 언급한 본츠의 분류 틀에 비추어 보면, 20세기 초에 확립된 시민교육의 여러 개념이 '종합적으로' 적용되고 있음을 알 수 있다. ⑤, ⑥, ⑦, ⑨번은 본츠의 '실생활 중심' 유형에 들어간다. 다만, 본츠의 분류에 있는 '가치 중심' 시민교육 유형은 패트릭이 말하는 '경향'에 포함되어 있지 않다. 그러나 실제 미국의 시민교육에서는 미국 국기(성조기)에 대한 교육 등 애국심, 가치관 교육이 중요하게 다루어지고 있다고 알려져 있다. 특히, 9 · 11 테러 사건 이후에는 애국심 교육이 강조되고 있다. 마지막으로, 패트릭의 '경향'에 '의사결정 기능'이 있음을 눈여겨보아야 한다. 이 개념은 사회과 교육에서도 중요하게 취급되는데, 그 취지는 민주사회의 시민으로서 학생들이 스스로 합리적인 결정을 내릴 수 있는 능력을 지니는 것이 중요하다는 것이다.

2. 영국의 시민교육

1) 영국의 정부기구 및 교육에 관한 기초 사항

영국의 정식명칭은 '그레이트브리튼과 북아일랜드의 연합왕국(United Kingdom of Great Britain and Northern Ireland: UK)'으로, 잉글랜드(England), 스코틀랜드(Scotland), 웨일스(Wales) 그리고 북아일랜드의 4개의 지방으로 구성된다. 영국과 관련하여, '영연방(英聯邦, common wealth of nations)'이라는 용어가 있는데, 이것은 영국의 옛 식민지였던 나라들과 영국을 묶은 연방체인데, 캐나다나 오스트레일리아, 뉴질랜드도 영연방 국가의 하나다.

영국은 입헌군주국으로 국가원수는 왕이지만, 실제 정치는 하원 다수당의 당수가 행정부인 내각(cabinet)을 구성하고 총리직(Prime Minister)을 맡아 행한다. 영국 정치의 중심은 의회(parliament)인데, 의회는 국민의 선거로 뽑히는 650명의 하원(House of Commons)과 국왕이 임명하는 약 800명(Wikipedia, 2011. 4.)의 귀족들이 모인 상원(House of Lords)의 두 원(院)으로 구성된다.

영국 대법원(The Royal Courts of Justice) 기능은 최근까지 상원의원 중 12명의 법률귀족(law lords)이 담당하고 있었으나 2009년부터 상원에서 독립하게 되었다. 첫 대법관은 종전의 상원의원들이 그대로 새 대법관으로 자리만 바꾸는 형태로 임명되지만, 그 후에는 상원의원이 아닌 평민 중에서 하원이 지명하도록 되어 있다(http://af103.blog.me/150035326152, 2011. 4. 3). 인원 수는 종전과 마찬가지로 12명이다.

영국의 학제(學制)는 6-5-2-3제로 초등교육(primary education)은 우리와 같이 6년제이지만, 실제 학교로는 5~7세 유아들을 위한 '유아학교(infant school)'와 8~11세 아동들을 위한 '초등학교(combined junior schools)'로 구성되는 지역도 있고, 6년제 '초등학교(primary school)' 한 학교로 된 지역도 있는 등 다양하다. 영국의 '국가수준 교육과정(the National Curriculum in England)'은 학년별로 제시하는 것이 아니라 '단계별'로 제시하는데, 초등교육 단계에 해당되는 제1, 2단계(key stages 1, key

〈표 9-2〉 영국 국가수준 교육과정에서의 각 단계

단 계		나 이	우리나라의 해당 학년	'시민과' 필수 여부
초등	제1단계	5~7세	유치원~초등 2학년	×
	제2단계	8~10세	초등 3~5학년	×
중등	제3단계	11~14세	초등 6학년~중학 3학년	○
	제4단계	14~16세	중학 3학년~고등 2학년	○

stages 2)와 중등교육 단계에 해당되는 제3, 4단계(key stages 3, key stages 4)가 있다. 제1단계는 5~7세(우리나라의 유치원~초등학교 2학년)까지를 말하며, 제2단계는 8~10세(우리나라의 초등학교 3~5학년)를, 제3단계는 11~14세(우리나라의 초등학교 6학년~중학교 3학년)를 가리킨다(〈표 9-2〉 참조).

제1단계(primary, key stage 1 curriculum)에서 가르치는 교과를 보면, ① 미술 및 디자인, ② 시민과, ③ 디자인 및 기술, ④ 영어, ⑤ 지리, ⑥ 역사, ⑦ 정보통신(ICT), ⑧ 수학, ⑨ 음악, ⑩ 체육, ⑪ 과학, ⑫ 개인적 · 사회적 · 건강 · 경제 교육(Personal, social, health and economic education: PSHE), ⑬ 종교교육(religious education)의 13개 교과로 구성되어 있다. 제2단계(primary, key stage 2 curriculum)와 제3단계에서는 '외국어'가 추가되어 14개의 교과로 구성되어 있다.

'시민과(citizenship)'를 보면 초등학교 교육과정에 포함되어 있기는 하지만 필수과목은 아니다. '시민과' 이외에 '지리과'와 '역사과'가 별도로 있어 분과형으로 되어 있음을 알 수 있다. 앞에서 열거한 13개 교과 중 '시민과'와 그 성격이 비슷하다고 생각되는 교과에 '개인적 · 사회적 · 건강 · 경제교육(Personal, social, health and economic education: PSHE)'이 있는데, 이 과와 시민과와의 관계는 자료가 부족하여 소상히는 알 수는 없으나 필자가 읽은 자료에는 초등학교 단계에서는 '시민' 교육이 이 과목을 통해 이루어진다고 하는 사람도 있었다. 이 밖에 '시민과'와 관련성이 있다고 생각되는 교과가 '종교교육'인데 이 과목은 필수과목이긴 하지만, 그 내용을 국가에서 정하고 있지는 않다.

2) 영국 '시민과' 신설의 배경과 그 경과

영국에서는 시민교육을 강화하기 위하여 1999년 '시민과(citizenship)'를 신설하여, 3년 뒤인 2002년부터 실시해 오고 있다. 영국은 1990년대 초부터 시민교육을 강화할 필요성이 논의되었는데, 직접적인 배경으로 지적된 것은 젊은 세대의 정치적 무관심 및 투표율의 저하였다. 민주주의 국가는 모든 국민이 정치에 관심을 가지고 참여하는 것을 그 이상(理想)으로 삼는 정치체제인데, 젊은 세대의 정치 이탈은 민주주의의 위기라고 생각된 것이다. 그리고 영국 청소년들의 무단결석, 폭력범죄 현상도 증가하여 시민교육의 필요성을 논의하게 되었다.

옛날 영국의 식민지였던 인도, 파키스탄 등을 중심으로 이민해 오는 사람들이 증가함에 따라 영국은 서로 다른 문화와 종교를 가진 사람들과 살아가야 할 필요성이 증가함과 더불어, 구성원들에게 영국적 정체성(identity)을 형성해야 할 필요성이 증가하였다.

대외적으로는 1990년대 후반에 들어와, 유럽연합이 탄생하고 영국은 우여곡절을 거쳐 가입하게 되는데, 이것 역시 종전과는 다른 '유럽시티즌'을 길러 내야 할 필요성의 증가를 가져왔다. 또한 1998년에는 '유럽인권조약'이 발효되고 이에 따라 영국에서도 인권법(Human Rights Act, 1988)이 제정되어 인권을 가르칠 필요성이 증대되었다. 영국은 본래 연합왕국으로 스코틀랜드와 웨일스 등을 포함하였지만, 1999년 양 지방에 각각 독자적인 '의회(parliament)'가 신설되어, 양 지방에 상당 수준의 자치권을 가지게 되는 큰 변화가 있었다.

이러한 사회적 배경 속에서 영국노동당 집권 시기인 1997년 영국 교육부(Department for Education: DfE, 영국 '교육부'의 명칭은 시기별로 여러 번 바뀌어 왔는데, 2010년부터는 '교육부'라 불리고 있다. 영국 '교육부'는 우리나라 '교육과학기술부'와는 달리, 중등교육 이하만을 담당하고 있다. Wikipedia 참조)는 정치학자인 크릭을 의장으로 하는 '시민성 자문위원회(Citizenship Advisory Group)'를 설치하였으며, 동 위원회는 그 이듬해인 1998년 시민교육의 강화를 주요 내용으로 하는 보고서(Education for citizenship and the teaching of Democracy in schools: Final report of the advisory group on Citizenship, 1998, 이하 '크릭 보고서'라 함)를 발표하였다. 이 보고서는 이후의 영국 시민교육의 방향을 제시한 것으로 중요한 문서다. 이를 받아 1999년에는 영국의 '국가수준 교육과정'이 개정되었으며, 여기에서 초·중등학교에 시민과(citizenship)가 신설되었고, 특히 중등학교에서는 법정 교과목

〈표 9-3〉 영국의 시민과 설치의 배경 및 그 과정

사회적 배경	시민과 관련 조치	비 고
1990년대의 논의: 젊은 세대의 정치적 무관심, 투표율 저하 무단결석, 폭력, 범죄의 증가 현상 이민의 증가에 따른 다문화사회화, 공통 가치관의 결여 현상	1998: 크릭(Crick) 보고서 발표 1999: 국가수준 교육과정을 개정하여, 시민과를 중등학교에서 법정과목화 제안 2002: 시민과 실시	1997: 노동당 집권
1990년대 후반의 논의: 유럽인권조약의 국내법화에 따른 인권법 시행(1998) 스코틀랜드 및 웨일스 의회의 창설 등 헌법적 개혁	2004: 시민과 학업성취도 평가 시작(제3단계에서만) 2007: 아제그보(Ajegbo)를 의장으로 하는 '교육과정평가위원회'가 시민성 교육에 대한 평가 보고서 '다양성과 시민성'을 영국 교육부에 제출	(노동당 집권시기)
2000년대의 상황: 이민의 계획적 증가, 9·11 테러사건(2001), 런던 동시다발 테러(2005) 발발	2007: 중등학교 국가수준 교육과정 개정('문화적 다양성' 강조) 2009: 개정된 교육과정 실시	2010: 보수당 집권

이 되었으며 3년 뒤인 2002년부터 실시되어 오고 있다(〈표 9-3〉* 참조).

3) 영국 시민교육의 원리

영국 시민교육의 기본원리나 방향에 대해서는 '크릭 보고서'가 잘 제시하고 있다. 먼저, 시민성 교육의 본질론에서 동 보고서는 사회의 '진보'(improvements)를 강조하고 있다[8](이하의 인용에서는 동 보고서의 쪽수를 표시함). 일반적으로 시민교육이란, '시민적 미덕(virtue)과 훌륭한 행동'에 관한 교육이라고 말하지만, 시민교육의 진정한 모습은 이것을 넘어서는 것이다. 여기서 '시민적 미덕'은 그저 순종하는 특성만을 의미하는 것이 아니라, '어떤 종류의 사회'에서 살아가야 할지, '현재의 정치구조의 장점과 단점'에 대해서 생각해 보는 '능동적 시민(active citizens)'의 그것을 의미한다.

시민성을 기르기 위한 효과적인 시민교육은 다음 3가지를 갖추어야 한다. 첫째, 아동의 시민성 학습은 '자신감(self-confidence)'과 '사회·도덕적으로 책임 있는 행동'을 배우는 것으로부터 시작되어야 하며, 이 '자신감' '도덕적 행동'은 교실 안에서 뿐만 아니라 밖에서도 일어나야 하며, 어른이나 높은 사람에게서만이 아니라 같은 또래 아이들에게도 그렇게 대해야 한다(크릭 보고서, p. 11). 여기서 크릭이 말하는 것은 시민교육이 아동들에게 자신감을 키워 주고 도덕적 행동을 하도록 해야 한다는 것이다. '크릭 보고서'는 본격적으로 정치의 세계에 들어가기 전에, 아동들이 일찍부터 일상생활의 여러 측면에서 '공정'의 개념, '규칙' '의사결정' '권위' '지방정부' 등에 대한 태도, '사회적 책임감' 등을 형성한다고 본다(크릭 보고

---

* 이 도표는 奧村牧人.「英米の教育とシティズンシップその課題」. 總合調査靑少年をめぐる諸問題을 토대로 하여 필자가 작성. 출처는 인터넷.

서, p. 11). 이런 것들은 '정부' 등 국가 기관에 대한 지식이라기보다는 일상생활 속에서 경험되는 것들이기 때문에 생활도덕과 관련이 많다고 볼 수 있는데, 나중에 초등학교 단계 영국 '시민과' 교육과정을 보면 알게 되겠지만, 영국 '시민과'는 우리나라로 치면 도덕과에 해당되는 성격을 많이 띠고 있다. 우리가 알기 쉬운 다른 표현을 쓰면 수신제가치국평천하(修身齊家治國平天下)와 같은 맥락이다. 시민교육이 먼저 '개인 수양'에서부터 시작되어야 한다는 것이다.

둘째, 시민교육은 지역사회 생활과 관련되어야 한다는 것이다(크릭 보고서, p. 12). 이는 지역사회의 문제를 해결하고, 지역사회의 단체나 사람들과 함께 행동해야 한다는 것을 뜻한다. 그런데 이런 활동을 하다 보면 '정치적'이 되지 않을까 하는 우려가 있을 수 있다. 이에 대해 크릭은 '정치적'인 것과 '정파적'인 것을 구별하면서 이런 활동을 할 때 '정파적(partisan)'이어서는 안 되지만, '비정치적(non-political)'일 필요는 없다고 한다. 그가 말하는 '정치적'이란, "인간은 정치적 동물이다."에서의 '정치적'과 같이 넓은 의미다. 즉, 어떤 봉사단체를 만들어 활동하기 위해 행정당국과 접촉한다든지, 다른 사람을 설득한다든지, 홍보활동을 한다든지 하는 것들이 모두 '정치적'이라는 것이다. 그러므로 그에게 이런 의미의 '정치적' 활동은 오히려 장려된다.

셋째, 시민교육은 학생들이 보다 공적 생활에서 효율적으로 되는 것을 육성해 주어야 한다는 것이다. 지식만을 습득시키는 시민교육이 아니라 지식 기능, 그리고 실제 행동을 통해서 갈등을 해결하고 의사결정을 잘 할 수 있도록 교육해야 한다는 것이다. 이것을 '정치적 리터러시(political literacy)'라고 한다(크릭 보고서, p. 13). 이러한 '정치적 리터러시'라는 개념은 영국 시민교육이론의 핵심용어 중 하나다. 원래 '리터러시'란 읽기 · 쓰기 능력을 가리키는데, 모든 사람에게 읽기 · 쓰기 능력이 사회생활을 하는 데 꼭 필요한 것과 같이, '정치적 리터러시' 도 정치(앞에서 말한 것과 같이 여기서 정치란 '넓은 의미' 에서의 그것이다)에 참가하는 모든 사람이 꼭 갖추고 있어야 할 것이라는 뜻이다. 즉, 정치에 참여하는 데 있어서 필요한 지식 · 기능 · 가치관 · 성향 등을 가리킨다.[9)]

4) 영국 초등학교 '시민과' 국가수준 교육과정

영국 '시민과(citizenship)' 의 초등단계의 교육과정을 각 단계별로 소개하기로 한다(〈표 9-4〉 참조)[10)] (이하 동 교육과정에 의함).

(1) 제1단계 시기의 교육과정

이 시기(5~7세)의 유아 · 아동은 자신이 어떤 존재라는 것 그리고 자신 이외에 타인이 있다는 것을 배워 가면서 성장하는 시기다. 이 시기에는 개인적, 사회적, 정서적 발달을 해 나간다. 이 시기 어린이들은 자신에 대한 그리고 환경에 대한 책임감을 키워 간다. 이 시기의 어린이들은 자기 자신의 감정이 어떤 상태에 있는지 그리고 타인의 감정이 어떤 상태에 있는지를 배워 가며, 반 친구들과 다른 사람들도 각자의 견해 · 필요 · 권리를 가지고 있음을 의식하게 된다. 그들은 학급 · 학교 구성원의 한 사람으로서 놀이하고, 차례를 지키며, 다른 사람을 돕고, 말다툼을 해결하며, 남이 자신을 괴롭히는 것을 처리할 줄 아는 기능을 습득해 간다.

그들은 학교생활이나 이웃생활에 적극적으로 참여하기 시작한다. 이상은 '시민과' 제1단계 교육과정에 제시되어 있는 '안내문' 을 요약한 것인데, '안내문' 뒤에는 교육과정의 '내용' 이 나와 있다.

영국 '시민과' 교육과정 제1단계와 제2단계의 '내용' 은 ① 자신감과 책임감, ② 적극적 시민으로서의 역할, ③ 건강 · 안전 생활, ④ 서로 간의 '차

〈표 9-4〉 영국 시민과 교육과정 제1, 2단계에서의 영역 및 그 내용(필자 작성)

단 계	자신감	시민으로서의 역할	건강 · 안전	타인과의 좋은 관계
제1단계	1) 호 · 불호, 공정 · 불공정, 옳음 · 그름을 인식함 2) 의견 공유 및 자신의 견해를 밝힘 3) 자신의 감정을 긍정적으로 처리함 4) 스스로에 대해서 생각해 보고, 자신이 잘하는 것이 무엇인지를 앎 5) 목표를 세움	6) 토의에 참여함 7) 화젯거리에 대해 간단한 디베이트를 함 8) 선택을 할 수 있다는 것, 그리고 옳음 · 그름을 인식함. 9) 규칙을 지키고, 그 이점을 인식함 10) 사람 및 기타 생명체를 돌보려는 자세 11) 각자는 여러 집단 혹은 공동체(예: 가족, 학교)에 속함을 앎 12) 자연환경, 인공환경에 대한 보호의식 13) 학교 · 학급생활에 이바지하려 함 14) 돈에 대한 지도	15) 건강과 웰빙에 도움이 되는 선택을 함 16) 개인위생 17) 질병이 어떻게 전염되며 그것을 막는 방법 18) 어릴 때부터 어른으로 성장해 가는 과정 및 그리고 사람들의 필요(needs)가 변화해 가는 과정 19) 신체의 주요 부분의 명칭 20) 집에서 쓰는 여러 가지 것들(의약품 포함)을 조심해서 다루지 않으면 다칠 수 있다는 것 21) 안전('거리안전' 포함)을 위한 방법 및 규칙, 그리고 안전을 도와주는 사람들	22) 자신의 행동이 다른 사람에게 어떤 영향을 주는지를 인식함 23) 다른 사람의 말에 귀를 기울이고, 놀 때나 일할 때 서로 협력함 24) 사람들 사이의 '다름'과 '같음'을 인식하고 존중함 25) 다른 사람을 못살게 구는 것에는 여러 형태가 있다는 것, 그것은 나쁜 것이라는 것, 그것을 당하는 사람을 도와주는 방법
제2단계	1) 자신의 의견을 말하고, 견해에 대해 설명함 2) 자기 자신이 이룬 것이나 자기 자신을 긍정적으로 봄으로써, 자신이 가치 있는 존재임을 인식함 3)다가오는 도전들	7) 사회적 이슈 · 문제 · 사건을 연구 · 토의 · 디베이트함 8) 법 · 규칙이 제정 · 시행되는 이유 및 그 과정 9) 반사회적 행위(예: 인종주의)의 결과를 깨달음	18) 건강한 생활방식(운동, 식사) 19) 박테리아 바이러스 퇴치법 20) 사춘기가 다가옴에 따른 신체변화 21) 적법한 의약품과 불법적인 의약품 그리고 그 치료효과와	25) 다른 사람의 감정에 대해 신경을 씀 26) 다른 가치풍속에서 사는 사람들 27) 여러 유형의 관계(결혼, 친구, 가족)를 알고 잘 지키기 위한 기능 습득 28) 인종주의, 치근

제2단계	에 대해 적극적으로 맞섬(정보수집, 책임있는 선택, 행동) 4) 사춘기가 다가옴에 따라 정서가 어떻게 변화하는지를 알고, 자신의 감정에 적극적으로 대처함 5) 여러 종류의 직업을 알고, 자신의 미래 직업기능을 개발시켜 가는 방법을 이해함 6) 돈에 관심을 갖고, 장래에 원하는 것을 얻기 위해서는 저축이 필요함을 깨달음	10) 가정 · 학교 · 지역사회에서의 여러 권리 · 의무 11) 정신적 · 도덕적 · 사회적 · 문화적 이슈에 대하여 심사숙고 12) 대안을 찾아봄으로써 견해 차를 해결하고, 의사결정을 함 13) 민주주의의 의미 및 그 기본적 제도 14) 자원봉사단체, 지역사회단체, 압력단체의 역할 15) 영국에서의 국가적 · 지역적 · 종교적 · 민족적 정체성 16) 자원은 여러 가지 다른 방식으로 배분될 수 있다는 것, 그것이 개인 · 지역사회 · 환경에 영향을 미친다는 것 17) 미디어가 정보를 제공하는 방식	위험성 22) 여러 가지 위험상황에 대한 인식(도로에서 허용되는 신체접촉과 허용되지 않는 신체접촉) 23) 자신이 아는 사람 등으로부터 나쁜 행동을 하도록 압력받을 수 있다는 것과 그것을 물리치는 방법 24) 건강 · 안전에 관한 학교규칙 및 긴급상황 시 행동요령	댐, 못되게 구는 행동, 공격적 행동의 결과를 깨달음 29) 고정관념(stereotypes)을 깸 30) 여러 원인(문화적 · 민족적 · 인종적 · 종교적 다양성 그리고 성, 무능력의 면)으로 말미암아 생기는 사람들 사이의 '다름'과 유사성

이'를 인정하고 좋은 관계 유지하기의 네 영역으로 구성되어 있다(〈표 9-1〉 참조). ① '영역'은 나 자신에 관한 것으로 여기에서는 자신에 대한 긍정적인 생각을 키워 가는 한편, 사회에는 나 이외에도 나와 다른 타인이 있음을 인식하게 하는 영역이다. ② '영역'은 시민성과 직접 관련되는 영역으로 친구 집단이나 학급생활에서 그리고 가족생활 등에서 자신의 역할을 잘 해

나가도록 지도하는 영역이다. ③ '영역'은 '건강 · 안전 생활'로, 위생, 도로 교통안전 등이 다루어진다. ④ '영역'은 다른 사람을 존중하고, 좋은 관계를 유지하는 것을 지도하는 영역인데, 특히 '나와 다른 사람'을 관용으로 대하는 것을 강조하고 있다. 이것은 앞에서도 언급하였듯이 영국은 피부색, 종교, 각 민족적 풍습 등이 서로 다른 다민족으로 구성되어 있고 전부터 살고 있던 사람들(백인)도 서로 종교가 다르고 가치관이 다양화되고 있어서, 이런 다원사회 안에서 구성원이 공존하기 위해서는 서로의 '다름(differences)'을 인정하는 것이 필요하기 때문에 어렸을 때부터 이를 강조해서 가르치려는 것이다.

이 네 영역 중 ② '시민으로서 적극적 역할하기'를 좀 더 자세히 살펴보자. 여기에서는 먼저, '토의(discussion)와 디베이트(debate)에 참여하기'(6, 7번)가 있다. '토의'와 '디베이트'의 차이에 대해서는 앞 장(章)에서 설명하였다. 흔히 민주주의란 토의 · 토론의 과정이라고도 말해지는 바, 현존 민주주의 국가 중에서도 가장 토의 · 토론 문화가 발달한 나라인 영국에서는 이를 어렸을 때부터 가르치고 있다. 이때 디베이트의 주제는 어린 아동들인 만큼 사회적인 것보다는 그들의 일상생활에서 일어나는 가벼운 것들(topical issue)이며, 심하게 상대방과 대립하면서 하는 것은 아니다(simple debate).

두 번째 내용으로는 '선택(choice)'(8번)이 있다. 이것은 우리나라 사회과에서 자주 언급되는 '의사결정'과 같은 개념이다. '의사결정'을 했다는 것은 여러 대안 중 하나를 '선택'했다는 것을 의미한다. 아동들 각자 앞에는 이것을 할지 저것을 할지를 결정할 수 있는 선택지가 놓여 있다는 것을 가르친다는 것이다. 그런데 여기서 특기할 만한 것은 영국 '시민과'에는 '옳음과 그름(between right and wrong)'이 있다는 것이다. 무조건 자신에게 혹은 자신의 근시안적인 욕구에 사로잡혀 선택할 것이 아니라 세상일에는 '옳은 것'과 '그른 것'이 있으며, 그중에서 옳은 것을 선택하는 것이 더 바람직하다는 것을 가르치겠다는 것이다. '의사결정론'이 다소 '마키아벨리즘적인' 성격이 있다고 하여 비판하는 사람도 있는 것에 비추어 보면, 영국 '시민과'는 보다 도덕교육적 색채를 띠고 있다고 할 수 있다.

세 번째 내용으로는 '법 · 규칙'에 대한 내용이며(9번), 네 번째는 우리들은 어떤 집단에 소속되어 있다는 것(11번)이며, 다섯 번째는 환경보호에 관한 것(12번)이며, 여섯 번째는 학급 · 학교생활에 도움이 되어야 한다는 것(13번)이며, 일곱 번째는 금전에 관한 것(14번)으로 소득은 다양한 방법으로 얻어진다는 것과 저축의 필요성에 대해서 가르치도록 되어 있다.

필자는 10번 항목을 빼고 지나왔는데, 이 10번 항목은 "사람과 기타 생명체는 필요(needs)를 가지고 있다는 것, 그리고 그들(사람과 기타 생명체들)은 그것을 충족시킬 책임을 가지고 있다."이다. 사람은 먹을 것, 입을 것 등을 필요로 하며, 사람들은 이 '필요'를 충족시키기 위해 행동한다고 할 수 있다. 그런데 '필요로 하는 것'에는 의식주뿐 아니라, '안전' '소속감 · 사랑' '자아존중감' '자아계발(personal fulfillment)' '정체성' '자유' '참여' 등 심리적인 것도 포함된다. 이 항목은 이것을 이해시키기 위한 것이다.

(2) 제2단계 시기의 교육과정

제2단계(8~10세)에 있는 아동들은 제1단계의 어린 아동들보다 더 성숙해지고, 더 자립적이며, 더 자신감을 가지게 된다. 그들은 보다 넓은 세계를 알게 되고, 그 세계 속에서 지역사회들이 상호의존 관계에 있음을 알게 된다. 그들은 사회적 정의감(sense of social justice)과 도덕적 책임감(moral responsibility)이 싹트기 시작하며, 자신들의 선택과 행동이 지방 차원, 국가 차원 그리고 지구촌 차원의 이슈에 영향을 미치며, 정치적 · 사회적 제도에도 영향을 미친다는 것을 이해하기 시작한다. 소년 · 소녀기로 발달해 감에 따라 사춘기의 변화를 겪게 되고, 중등학교로 진학하게 되는데 이때 학교는 도움의 손길을 펴야 한다. 그들은 자신의 건강과 환경(their health and environment)에 대해 '더 자신 있고 현명한 선택' (more confident and informed choice)을 하는 것을 배워 가야 한다. 또한 '배움의 과정' 에서 '남들이 놀리는 것' 을 이겨 내야 한다.

이상은 제2단계 아동들의 발달단계를 요약한 것인데, 제1단계의 아동들에 비해서 사회적 정의감, 도덕적 책임감이 싹트기 시작하며, 자신의 행동이 주위 환경 등에 영향을 미친다는 것을 알고 보다 성숙된 판단(선택)을 할 것을 가르치고 있다.

제2단계의 내용 역시 제1단계의 내용과 마찬가지로 네 영역으로 나뉘어 있는데, 여기에서는 앞에서와 같이, ② '시민으로서 적극적 역할하기' 의 내용을 제1단계와 어떤 점이 다른지에 대해 유의하면서 보기로 한다(〈표 9-1〉 참조). 먼저, '토의 · 디베이트' 에서는 '토의 · 디베이트' 이외에도 '연구(research)' 가 추가되어 있고, 토의거리에서도 '문제와 사건(problem and event)' 이 추가되어 있다. 제1단계에서는 어린 아동들의 신변에서 일어난 것들을 소재로 토의하였지만, 이를 점차 확대해야 한다는 것을 나타내고 있다.

'법' 내용에서는 제1단계에서 '규칙에 동의하고 그것을 지키는 데' 에 중점이 있었으나, 제2단계에서는 '규칙 · 법이 왜 필요하며 그리고 그것이 어떻게 만들어지고 시행되는지에 대해서 가르치도록 하고 있다. 나아가 '서로 다른 상황에서는 서로 다른 규칙(rule)이 만들어진다는 것' 과 '규칙을 만들고 그것을 고치는 데 참여하는' 방법에 대해서도 가르치도록 되어 있다. 제1단계에서는 '규칙' 이라는 용어만을 사용하였으나 이 단계에서는 '법(laws)' 이라는 용어도 사용되고 있다. 이와 관련하여, '반사회적 행위(anti-social aggressive behavior)' 를 하지 않도록 지도하도록 되어 있는데 이것에는 '인종주의' '약자를 괴롭히는 것(bulling)' 등이 포함된다. 이 '불링(bulling)'이라는 단어는 제1단계에서부터 나오는데, '약자를 괴롭히는 것'의 유형에는 물리적 폭력뿐 아니라 정서적으로 모욕을 주는 것, 언어폭력, 성적인 것, 사이버상의 폭력 등이 있다고 되어 있다. 학교에서는 쉬는 시간, 체육기구실, 탈의실, 복도, 학교 통학버스 안, 학교 통학버스 정류장 등에서 주로 일어나며, 교실에서도 아이들끼리만 모여 소집단활동을 할 때, 그리고 방과 후 아이들이 집단활동을 할 때에도 일어난다고 한다(Wikipedia). 이러한 설명들로 보아, '약자를 괴롭히는 것'이란 학교에서 아동들 사이에 약한 아이를 놀린다든가, 욕설을 한다든가, 때린다든가 하는 행동을 말하며, 우리나라에서 말하는 '집단 따돌림' 같은 것도 이에 포함된다. 이는 생활지도, 도덕교육의 측면이라고도 할 수 있다.

지금까지 영국 초등교육 단계에서의 시민과 교육과정 내용에 대하여 살펴보았는데, 이것은 ① 자신, ② 건강, ③ 시민, ④ 대인관계의 네 영역으로 되어 있으며, 우리나라로 치면 도덕과, 사회과, 체육과, 과학과(생물 내용) 등이 복합적으로 어우러진 교과라고 할 수 있다. 이는 다음 장에서 언급할 일본 도쿄의 한 구(區)에서 실시하고 있는 '시민과'와 흡사하다(일본 시민과가 영국 시민과의 영향을 받은 것이다). 또한 이것은 우리나라의 초기 사회과의 내용구성과도 비슷한 점이 있다. 1950년대 초의 우리나라는 '교육과정 개선운동' 시기에 부산동광국민학교에서 만든 학교 교육과정을 보면, '도덕' '건강' '경제' 등 여러 영역의 내용이 통합되어 있었다. 이러한 것을 종합해 보면, 초등학교 단계의 시민교육은 아동들의 일상생활을 중심으로 하여 '바람직한 생활인'의 육성이 특징이며, 도덕과와 사회과가 융합되어 있으며(더 나아가서는 다른 교과까지 포함함), 학교에서 배운 것을 지역사회에서 실천하는 것을 중요시하는데 이러한 성격의 교육이 각국에서 시기마다 그 형태를 달리하면서 변형되어 나타나고 있다고 할 수 있다.

그런데 영국에서 '시민과(citizenship)'가 실시되고 있다고 하여 우리나라처럼 시민과에 주당 몇 시간으로 시간이 배당되거나, 별도의 교과서가 있어서 그것을 배우거나 하지는 않는다. 이 과목이 초등교육 단계에서는 필수과목이 아니기 때문이기도 하고, 또 영국에서는 '국가수준 교육과정'을 제시할 때, 주당 시간 수 등을 제시하는 방식이 아니라 '내용'과 '평가기준'만을 제시하고, 각 단계의 최종 학년을 마칠 때 시험을 실시하는 제도이기 때문이기도 하다. 그리고 영국 초등학교에서 전통적으로 '역사과'와 '지리과'는 설치・실시되어 왔으나, 시민과는 설치되지 않았기 때문에, 이러한 분위기가 하루아침에 바뀌지 않는 것도 그 이유다.

교과서가 없고, 법령상 별도의 시간이 배정되는 것이 아니기 때문에, 각 학교는 학교 사정에 따라 단원을 따로 구성해서 가르치거나, 학교 행사나 생활지도 등을 통해 시민성 교육을 실천하고 있다. '크릭 보고서'에서는 그 사례로 영국 중서부 지방 리버풀(Liverpool, 잉글랜드의 북서부)에 있는 윈저군(郡) 초등학교(Windsor County Primary School)의 어린이회(pupil council) 활동을 소개하고 있다(크릭 보고서, p. 12). 이 초등학교는 리버풀의 저소득 주민층 거주 지역에 자리 잡고 있는데, 지금까지는 '수석교사'가 모든 것을 결정하고 학생들은 학교 일의 결정에서 철저하게 배제되어 왔다고 한다. 그러던 것이 어린이회를 조직하고, 학교 일을 결정하는 데에 학생들의 의견을 많이 반영시키면서 아동들은 자치적으로 학교 일을 하고, 자부심을 갖게 되었으며, 이 학교의 시민교육 성공사례는 텔레비전 방송에 소개되기도 하였다. 또 필자가 인터넷을 검색하여 본 결과, 영국 잉글랜드 북동부 지방의 노턴(Norton)에 있는 사립학교인 '붉은 벽돌 유아학교(Red House Nursery & Infant School)'는 학교 홈페이지에서 다음과 같은 요지로 전교 어린이회 활동을 홍보하고 있다.[11)]

"우리는 학생들(pupils)이 학교생활에 더 많이 참여하고 자신들의 생각 · 의견을 더 많이 반영시키도록 하기 위하여 작년에 어린이회를 조직하였다. 이것은 매우 큰 성공을 거두었고, 어린이들에게는 자신의 생각이 비중 있게 받아들여진다는 느낌을 갖게 하였다. 또한 전교 어린이회 활동은 그들로 하여금 다른 사람들과 함께 일을 하는 방법, 그리고 다른 사람의 말에 귀 기울이는 법을 깨닫도록 해 주었다.

학년 초가 되면 각 학급에서 대표들이 뽑힌다. 제2학년과 제3학년 학생들은 자신들의 선거 공약(manifestos)을 적으며, 선거가 실시된다. 전교 어린이회의 회의는 매 반(半) 학기당(half-term) 두 번 열리며, 대표들은 학급 시간에 학급 어린이들에게 전교 어린이회 회의 결과를 보고한다. 한 학년 집단은 매 반 학기당 '맛있는 것 먹는 날(on Favourites Day)'의 점심 메뉴를 선택한다. 또한 자선단체 중 하나를 정하여 다양한 형태의 모금활동 방식을 결정한다. 자선활동에는 지역사회 차원의 것만이 아니라 국가 차원, 나아가 국제적 차원의 것도 포함된다."

이것을 보면, 이 학교에서는 유아들이 어린이회 활동을 통하여 학교 일에 참여하고, 지역사회나 국가 혹은 국제사회의 어려운 사람들을 돕는 모금활동 같은 것도 활발히 전개하고 있음을 알 수 있다. 영국의 시민교육은 적극적인 시민 육성을 목표로 하며, 법정 교과시간은 없지만 다양한 활동을 통하여 실천해 가고 있음을 알 수 있다.

읽어 볼 자료

서재천(2008). 「사회과 민주시민교육원리 모색: 파커의 민주주의 교육론을 중심으로」. 한국사회교과교육학회 **사회과 교육연구**. 제15권, 4호.

허영식(2007). **민주주의와 시민교육**. 서울: 원미사.

인용 자료

1) 앨런 브링클리/황혜성 외 역(2000). **미국인의 역사 2**. 서울: 비봉출판사. pp. 313-345.

2) Vontz, Thomas S. (1997). "Perspectives on Civic Education 1896~1916" (ERIC ED 420 597).

3) 최용규 외 역(2004). **살아 있는 사회과 교육**. 서울: 학지사. pp. 110-111.

4) Center for Civic Education(1977). Foundations of Democracy(Authority) (Upper Elementary). Calabus, CA.

5) 唐木清志(2008). **子どもの社會參加と社會科教育**. 東京: 東洋館出版社. pp. 52-53.

6) 唐木清志(2008). 같은 책. pp. 56-57.

7) John J. Patrick(2002). "Ten Trends in Education for Democracy in America" (ERIC ED 472 003).

8) Crick(1998). Education for citizenship and the teaching of Democracy in schools: Final report of the advisory group on Citizenship 1998. p. 10 (http://www.teachingcitizenship.org.uk/dnloads/crickreport1998.pdf (2011. 3. 10. 검색).

9) 岡崎 晴輝(2008). **はじめて學ぶ政治學**. 京都: ミネルヴァ書房. pp. 240-249.

10) http://curriculum.qcda.gov.uk(2011. 3. 10. 검색)

11) http://www.redhouseschool.co.uk(2011. 3. 10. 검색)

참고 자료

嶺井 明子 編著(2008). **世界の シティズンシップ教育**. 東京: 東信堂.

데릭 히터/김해성 역(2007). **시민교육의 역사**. 파주: 한울.

제 10 장

일본의 시민교육

1. 일본에 있어서 시민교육의 개념 변화
2. 일본 사회과 6학년 '정치' 내용
3. 일본의 법교육
4. 일본의 '시티즌십 교육'

제 10 장

일본의 시민교육

"시민 한 사람 한 사람이 사회의 구성원으로서, 지역사회와 사회 일반의 과제를 발견하고, 그것을 해결하거나 그에 관한 서비스를 제공하기 위한 기획 · 검토 · 결정 · 실시 · 평가의 과정에 참여함으로써, 급속히 변화해 가는 사회 속에서 자신을 지킴과 동시에 다른 사람과 적절한 관계를 확립하며, 직업에 종사하여 보람 있는 생활을 영위하며, 개성을 발휘하고 자아를 실현하며, 나아가 보다 더 좋은 사회를 만들어 가는 데 필요한 능력을 몸에 익힐 것."[1)]

이것은 일본 경제산업성이 제시한 시민교육의 목표를 한 지방자치단체의 '종합교육센터'가 정리한 것이다. 최근 일본에서는 시민사회에 걸맞은 시민을 육성하여 더욱 성숙한 시민사회를 만들어 가려는 노력이 '법교육' '시티즌십 교육' 등의 이름으로 추진되고 있다. 이 장에서는 일본의 이러한 시민교육의 양상에 대하여 알아보자.

1. 일본에 있어서 시민교육의 개념 변화

일본의 '시민교육'을 논할 때 그것에 제2차 세계대전 전의 교육도 포함해야 할 것인지의 논란이 있기는 하지만, 여기서는 일단 전쟁 전의 교육도 포함해서 일본 시민교육의 개념 변화에 대해 언급하고자 한다. 메이지 유신 이후부터 1945년 8월 15일 전의 일본의 시민교육은 대체적으로 시민으로서의 자각을 중시하기보다는 국가의 신민(臣民)으로서의 본분이 강조되었다. 일본은 메이지 유신을 단행하여 근대국가를 형성해 갈 무렵 교육에서도 이를 뒷받침하기 위하여 '교육칙어(教育勅語)'를 발표하고 천황과 국가에 대한 충성, 즉 충군애국(忠君愛國)을 강조하였는데, 이에 가장 관련이 많은 교과가 수신과(修身科)였다. 전전(戰前) 일본에서는 수신과와 공민과(公民科)가 각각 별도로 설치되어 '국가·체제'에 대한 교육을 담당하였는데, 공민과는 가정형편 등으로 소학교에 입학하지 못한 소년들을 대상으로 하는 학교인 실업보습학교(實業補習學校)에서 먼저 도입되었다. 그 후 공민과는 정규 중등학교에 개설되었으나 소학교에는 설치되지 않았고, 그 대신 수신과가 있었다. 이 실업보습학교에서 공민과의 교육목표는 일단 '입헌자치(立憲自治)의 국민'을 육성한다 하여 입헌민주주의에 입각하고 있음을 표명하였다. 그러나 천황제 교학(天皇制教學)에 의한 가치관 주입이 주를 이루었다. 어쨌든 초기 공민과의 목표는 일단 '입헌자치'였으나, 일본제국주의는 만주사변, 중일 전쟁, 그리고 태평양 전쟁으로 점점 침략 전쟁을 확대해 갔고, 이에 따라 일본의 공민교육도 점차 극단적 국가주의로 흐르게 되었다.

제2차 세계대전 후, 점령군 사령부는 교과서(주로 수신과, 국어과, 국사과, 지리과)에서 '극단적 국가주의' 사상을 기술하고 있는 부분에 '먹칠'을 하는 응급조치를 취하였으며, 이러한 분위기 속에서 군국주의 교육의 상징이었던 수신과가 폐지되고 그 대신 사회과가 신설되었다. 1947년에는 전후 일본 교육의 방향을 규정한 교육기본법이 제정되었는데, 이것은 그전의 '교육칙어' 와는 매우 달랐다. 교육의 목적에서는 '평화'가 강조되었고, 국가에 대한 무조건적인 복종보다는 '진리와 정의'를 사랑하는 정신이 강조되었으며, '전체(집단)'가 아닌 '개인의 가치'와 '자주적 정신'이 제시되었다. 교육의 방침 면에서는 추상적인 지식의 암기보다는 '실제 생활'에 입각할 것과 '자발적 정신'을 길러 줄 것이 강조되었다. 일본 교육기본법은 일본 교육의 방향을 종전의 황민(皇民) 육성에서 민주사회의 구성원 육성으로 그 방향을 전환하였다고 할 수 있다.

그 후(1951) 일본이 연합국과 정식 강화조약을 맺고 미군의 점령상태에서 벗어나 독립국으로 다시 출발하게 되자, 일본 정부는 제2차 세계대전 종전 이후의 교육이 일본인으로서의 자부심을 소홀히 하였다고 비판하면서 그 방향 전환을 시도하였는데 그중의 하나가 1967년판 사회과 교육과정에서 사회과의 목표로 '공민적 자질(公民的資質)'의 육성이 제시된 것이다. 논자(論者)들은, '공민적 자질'의 등장이 전쟁 전 교육에로의 회귀가 아닌가 하고 비판하였는데, 문부성에서는 '회귀'는 아니라고 하였다. 이 '공민적 자질'의 성격에 대해서는 시민사회의 일원으로서의 '시민'과 국가의 성원으로서의 '국민'이라는 2가지 성격을 함께 갖는 것이라고 하였다. 다시 말해서 정치적 스펙트럼상에서 '시민'과 '국민'의 중간 정도에 위치하는 것으로 해석되고 있다. 최근에 시민교육을 연구하는 학자들은 종전의 '황국신민교육' '공민교육' 등과 구별하기 위하여 '시티즌십' 교육이라고 영어 원어(原語) 발음 그대로 부르고 있다. 이렇게 보면, 일본의 시민교육 개념은 각 시기에 따라 혹은 각 논자(論者)에 따라, '황민' '국민' '공민' '시민' 등의 개념이 있었다(혹은 있다)라고 말할 수 있다[2](〈표 10-1〉 참조).

〈표 10-1〉 일본 국가 · 사회의 성격에 따른 시민교육 인간상의 유형

국가의 성격	시민사회	국민 국가		극단적 국가주의
인간상	시민	공민	국민	황민(皇民)

일본에서는 국기(일장기)와 국가(기미가요)에 대한 교육을 둘러싸고 대립이 있다. 패전 직후 일본이 미군의 점령하에 있을 때에는 일본 군국주의의 상징이었던 일본 국기를 게양하거나 국가를 제창하는 것이 사실상 금지되었으나, '교육칙어'와는 달리 그것이 정식으로 폐지 · 선언되지는 않았다. 앞에서 말한 바와 같은 사회정세의 변화에 따라 학교교육에서 국기 · 국가가 점차 허용되기 시작하여, 1958년의 소학교 학습지도요령에서는 "국경일 등에 의식을 거행할 경우 일장기를 게양하고 기미가요를 제창하는 것이 바람직하다."고 명시하였다. 그 후 1989년의 학습지도요령에서는 학교 행사 시 '일장기'를 게양하고 '기미가요'를 제창하도록 하였다. 그전까지는 국기 게양과 국가 제창을 하는 것이 '바람직하다' 정도로만 표현되었는데, 1989년 학습지도요령부터는 그것을 의무화한 것이다. 1993년 일본 국회는 국기 · 국가법을 제정하여 정식으로 '일장기'와 '기미가요'를 각각 일본의 국기 · 국가로 정하였다.[3] 또한 2006년 '교육기본법'이 약 60년 만에 전면 개정되었으며, '평화헌법'이라고 불리는 헌법의 개정이 논의되고 있다.

자라나는 세대에게 자국(自國)의 국기 · 국가에 대해 가르치는 것은 여러 나라에서 행하여지는 일반적 현상이지만, 일본의 경우에는 그 '깃발' 아래 일본 국민은 물론 아시아 각국, 나아가 세계 여러 나라 사람들이 고통을 받았기 때문에 문제가 되는 것이다.

2. 일본 사회과 6학년 '정치' 내용

일본의 국가수준 교육과정(학습지도요령)에 의하면, 초등학교 사회과 '정치' 내용은 6학년에서 다루도록 되어 있다(〈표 10-2〉 참조).[4] 그 내용은 〈표 10-2〉에서 보듯이 정치가 국민들의 일상생활에 영향을 미치고 있다는 것, 일본의 헌법이 민주주의를 기본으로 하고 있다는 것 등이다. 한

〈표 10-2〉 일본 교육과정상의 사회과 시민교육 영역

목표: (2) 일상생활에 있어서의 정치의 기능과 우리나라 정치의 근본원리: 우리나라와 관계 깊은 나라의 생활 및 국제사회에 있어서의 우리나라의 역할을 이해하게 하여, 평화를 사랑하는 일본인으로서 세계 여러 나라 사람들과 더불어 살아가는 것이 소중하다는 것을 자각하도록 한다(목표 (1), (3)은 생략함: 필자).
내용: (2) 우리나라의 정치에 대하여 다음 사항을 조사한다든지 자료를 활용한다든지 하여 알아보고, 국민생활의 안정과 향상을 달성하기 위하여 정치가 소중한 기능을 한다는 것을 국민주권과 관련하여 생각하게 하고, 오늘날 우리나라의 민주정치는 일본국 헌법의 기본원리에 입각하여 이루어지고 있다는 것을 생각하도록 한다(내용 (1), (2)는 생략함: 필자). 가. 국민생활에는 지방공공단체 · 나라의 정치가 반영되어 있다는 것 나. 일본국 헌법은 국가의 이상, 천황의 지위, 국민으로서의 권리 · 의무 등 국가 · 국민생활의 기본을 정하고 있다는 것 (3) 세계 속의 일본의 역할에 대하여 다음 사항을 조사한다든지 지도 · 자료 등을 활용한다든지 하여 알아보고, 외국 사람들과 함께 살아가기 위해서는 서로 다른 문화 · 습관을 상호 이해하는 것이 중요하다는 것, 세계평화의 소중함, 우리나라가 세계에서 중요한 역할을 하고 있다는 것을 생각하도록 한다. 가. (생략) 나. 우리나라의 국제교류 · 국제협력의 모습과 국제사회의 평화에 힘쓰는 국제연합의 역할

편, '세계(국제 관계)' 내용에 있어서는 유엔 등 국제평화기구와 환경 · 평화 등 지구촌의 문제를 다루고 있다.

다음에는, 이 교육과정 내용이 교과서 내용으로 어떻게 구체화되고 있는지 살펴보자. 일본의 도쿄(東京)서적주식회사에서 발행한 제6학년 사회과 교과서를 가지고 내용을 살펴보기로 하는데, 그 차시별 내용은 다음과 같다[5](〈표 10-3〉 참조). 〈표 10-3〉을 보면, '정치 · 법'에 관한 내용에 총 16시간이 배정되어 있는데 그중 제1중단원은 정치제도의 기본구조를 다루고, 제2중단원은 하나의 시(市)를 예로 들어 시정(市政)이 일본국 헌법에 입각하여 국민의 바람을 실현해 가고 있다는 것을 지도하도록 되어 있다. 일본의 헌법과 그에 따른 정치제도를 기본으로 하고 있는 점은 우리와 큰 차이가 없으나, 특정 시를 예로 들어 기술함으로써 아동들에게 친밀하게 다가가고, 구체적 사례를 보여 주고 있다는 점이 특징이다(우리나라에서는 '지방자치'를 4학년에서 다루도록 되어 있다).

오늘날 시민교육에서는 지구촌 시민으로서의 자질 또한 중요한 요소인데, 동(同) 교과서에 나타난 '세계' 내용은 다음과 같다(〈표 10-4〉 참조). 이 단원은 우리나라 사회과의 '세계지리' 단원과 '세계로 뻗어 가는 우리나라' 단원을 합해 놓은 성격의 단원이다. 그 내용을 살펴보면, '청년해외협력대' 'NGO' '유엔' '국제분쟁' '환경' '유니세프' '다른 나라와 교류' '일본과 세계의 미래' '국제협력' 등에 대해 다루고 있다.

그런데 이 교과서에는 '기념일'에 대하여 가르치는 차시가 1시간 있다(제9차시). 현행 일본 사회과 교육과정에서는 제6학년의 '정치' 내용 단원의 '내용 지도상의 유의점' 부분에서 ① '…… 국경일에 관심을 가지고 그 의의를 생각하도록 배려할 것', ④ '…… 천황에 대한 이해와 경애(敬愛)하는 마음을 깊게 할 것'이라고 규정하고 있어, 여기에 1차시분이 배정되어 있는 것이다.

〈표 10-3〉 일본 도쿄서적주식회사 제6학년 사회과 교과서 '정치' 내용

중단원	내 용	내용에 대한 설명
• 단원 도입(1시간)		
1. 우리들의 바람을 실현해 가는 정치 (9시간)	① 유아원에 견학가 보자.	–
	② '솔레(유아원)'에서 하는 일	–
	③ 더 좋은 시(市)를 만들기 위해	시청이나 시의회를 방문하여 시청 시의회의 하는 일에 대하여 조사한다.
	④ 세금의 쓰임새	–
	⑤ 나라의 정치 1: 국회가 하는 일	–
	⑥ 나라의 정치 2: 내각이 하는 일	–
	⑦ 나라의 정치 3: 법원이 하는 일	–
	⑧ 여러 가지에 대하여 더 알아보자.	히가시마쓰야마시〔東松本市〕에서 하는 여러 가지 복지사업에 대하여 알아본다.
	⑨ 더 좋은 시 만들기에 우리의 주장을 반영시키자.	–
2. 우리들의 생활과 일본국 헌법 (5시간)	① 여러 사람이 이용하는 공원시설	독특한 시정(市政) 프로그램(공원 조성에 관한 것)을 예로 들어, 살기 좋은 시를 만들기 위해, 시에서 어떻게 노력하고 있는지를 공부한다(사카이시 堺市).
	② 시의 정책과 일본국 헌법	앞에서 예로 든 '사카이' 시를 가지고 복지정책에 대하여 알아보는데, 이를 통하여 시의 복지정책에는 일본 헌법이 작용하고 있음을 깨닫게 한다.
	③ 시의 정치와 기본적 인권의 존중	앞과 마찬가지로 '시기이' 시(市)의 인권에 관한 시책 역시 일본 헌법에 입각하고 있음을 깨닫게 한다.
	④ 시의 정치와 국민주권	'사카이' 시의 정보공개제도나 선거, 시민들의 정치참여를 위한 제도 등을 통해 그것들에는 일본 헌법상의 국민주권원리가 작용하고 있다는 것을 깨닫게 한다.
	⑤ 시의 정치와 평화주의	'사카이' 시의 자료관을 견학해 보고, 거기에는 일본 헌법상의 평화원칙이 들어 있음을 깨닫게 한다.
단원정리(1시간)	신문 스크랩, 국회정부법원이 하는 일에 관한 기사 스크랩, 장래 선거권 행사에 대한 마음가짐 등에 대하여 생각해 본다.	

〈표 10-4〉 일본 도쿄서적주식회사 제6학년 사회과 교과서 '세계' 내용

중단원	내 용	내용에 대한 설명
2. 세계의 미래와 일본의 역할	① 세계에서 활약하는 일본인들	–
	②-1 청년해외협력대에 대하여 조사해 보자.	–
	②-2 NGO에 대하여 조사해 보자.	–
	③-1 유엔에 대하여 조사해 보자.	–
	③-2 유니세프(UNICEF)에 대하여 조사해 보자.	–
	④ 국제분쟁과 평화에 대하여 조사해 보자.	국제분쟁에 의한 난민의 증가, 국제적 테러, 기아 등의 문제와 평화실현에 대하여 학습한다.
	⑤ 환경문제에 대하여 조사해 보자.	지구온난화, 사막화, 물·공기의 오염 등 지구환경의 악화와 이를 막기 위한 유엔, 각국 정부, NGO 등의 활동에 대하여 학습한다.
	⑥ 세계 여러 나라와 일본과의 교류	정치·경제·문화·스포츠 등 여러 면에서의 일본과 세계 각국 간의 교류에 대하여 학습한다.
	⑦ 세계의 미래, 앞으로의 일본	평화로운 세계를 실현하기 위해 해야 할 노력에 대하여 학습한다.
	⑧ 우리가 할 수 있는 국제협력에는 어떤 것이 있나?	–
	중단원 정리: 세계 각국 사람들과 더불어 살아갈 때에, 중요한 점에 대하여 소논문을 작성하여 서로 의견을 교환한다.	

3. 일본의 법교육

시민교육과 관련하여, 일본에서는 최근 법교육이 강조되고 있다. 일본에서 법교육은 일본 법무성(法務省)이 중심이 되어 추진하고 있는데 법무성 산하에 설치된 '법교육연구회'는 "우리나라에 있어서 법교육의 보급발전을 지향하며"라는 보고서[6](이하 '법교육 보고서'라 함)를 통해 일본 법교육의 기본방침을 제시하였고 이후 법교육은 활발히 전개되고 있다. 법교육 강화에 발맞추어 변호사회, 법원 등에 의한 법교육 활동도 활발히 전개되고 있는데, 여기에서는 먼저, '법교육 보고서'를 중심으로 일본 법교육의 기본방향을 알아보고 초등학교 법 수업지도안, 그리고 초등학생용 법 부교재의 내용에 대하여 소개하고자 한다.

1) 법교육연구회에서 제시하는 법교육

(1) 법교육의 필요성 및 목표

'법교육보고서'에 의하면, 일본에서 법교육이 필요한 이유는 3가지다(법교육 보고서, pp. 2-4). 첫째, 일본 사회는 지금까지 과도했던 규제를 풀어 사회 각계의 자율성을 확대하는 방향으로 나가고 있는데 이에 따라 개인의 활동 범위와 자유도 넓어지게 되고 개인 간의 분쟁도 늘어날 것으로 예상되는데, 이때 분쟁을 법에 따라 공정하게 해결해야 할 것이다. 둘째, 미국에 대한 시장 개방에서 보듯이 일본 사회는 개방화가 진행되고 있으며, 문화와 가치관이 다른 사람들 간의 교섭이 늘어 분쟁이 생길 수 있는데, 이 역시 투명한 룰(rule)에 따라 공정하게 해결하는 것이 필요하다. 셋째, 일본도 우리나라와 같이 2008년부터 형사재판에서 배심제(裁判員制)가 실시되어 국민이 재판에 참여하게 되었는데, 이에 따라 국민들의 법에 대한 이해를 높이는 일이 시급해졌다는 것이다.

법이 필요한 3가지 이유 중에서도 특히 배심제의 실시가 법교육을 강화하게 된 가장 급한 이유였다. 일본은 제2차 세계대전 전에도 일시적으로 배심제를 실시한 적이 있으나 별 효과를 보지 못하고 중단되었다. 그러다 제2차 세계대전 이후 사회의 민주화와 더불어 배심제가 논의되었으나 이때도 도입에는 이르지 못하다가, 2000년대에 들어와서 사법개혁(司法改革)의 일환으로 배심제가 실시되었다. 배심제란 국민 누구나가 추첨에 의하여 선정되면 재판에 참여하여 판관(判官)이 되는 것이므로 국민 모두가 법 소양을 높여야 그 성공이 보장되는 제도다.

'법교육연구회'가 상정(想定)하고 있는 바람직한 사회의 모습과 법교육의 목표를 살펴보자. 법교육을 통해서 달성하려고 하는 사회상은 '자유롭고 공정한 사회'다. '자유롭고 공정한 사회'란 한마디로 자유민주주의 사회라고 할 수 있는데, 이를 동 보고서에서는 '다양한 가치관을 가지고 다양한 삶의 방식을 추구하는 구성원이 서로의 존재를 인정하고, 다양한 가치관과 삶의 방식을 인정하면서, 협력하면서 살아갈 수 있는 사회' (법교육 보고서, p. 12)라고 하고 있다. 이러한 '자유롭고 공정한 사회'를 실현하기 위한 법교육의 목표는 자유롭고 공정한 사회를 유지하는 데 필요한 "「법」적인 사고방식"(법교육 보고서, p. 12)을 기르는 것이다. 다시 말하면, 국민 한 사람 한 사람이 법과 사법(司法)의 역할을 이해하여 가능하면 분쟁이 일어나는 것을 사전에 막고, 분쟁이 일어났을 경우에는 그것을 해결하는 데 필요한 기초적 소양을 기르고, 국민 각자가 자유롭고 공정한 사회의 주인으로서 공적인 일에 주체적으로 참여하는 의식을 기르는 것이다(법교육 보고서, p. 12) ([그림 10-1] 참조, 이 도표는 법교육 보고서를 참조하여 필자가 구안한 것이다).

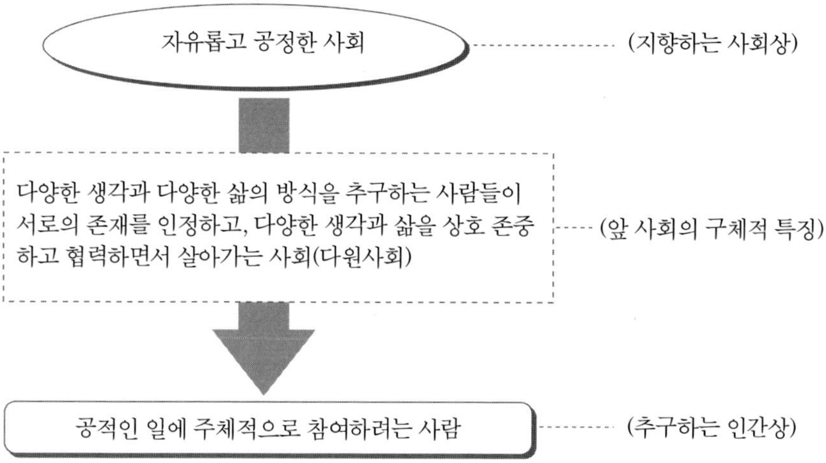

[그림 10-1] **일본 법교육의 목적**

(2) 법교육의 내용

'법교육연구회'에서 제시하는 일본 법교육의 내용은, ① 법이나 규칙(rule)의 필요성 및 의의, ② 사법(私法)과 소비자 보호, ③ 헌법의 의의, ④ 재판의 의의의 4영역으로 되어 있다(법교육 보고서, p. 13). ①에서는 법이란 다른 사람들과 함께 살아가기 위해서 필요한 것이라는 것을 이해시키고, ②에서는 계약자유의 원칙, 사적 자치(私的自治) 등 사법의 기본원리를 이해시키고, 기업활동이나 소비자보호 등의 경제활동이 법과 밀접한 관련이 있다는 것도 이해시킨다. ③에서는 개인의 존엄, 국민주권, 법의 지배 등 헌법의 기본원리를 이해시키며, ④에서는 재판이란 침해된 권리를 구제하고, 규칙위반에 대처함으로써 법질서를 유지하는 것이라는 것을 이해시키도록 되어 있다([그림 10-2] 참조).

앞의 내용은 법교육 내용의 기본을 나타낸 것이므로 이것이 그대로 초등학교 단계에서 가르쳐진다고는 볼 수 없고, 초등학교 단계에서는 일상생활 속에서 '약속 · 규칙'의 의의를 깨닫도록 해야 하는 것으로 되어 있다. 이를

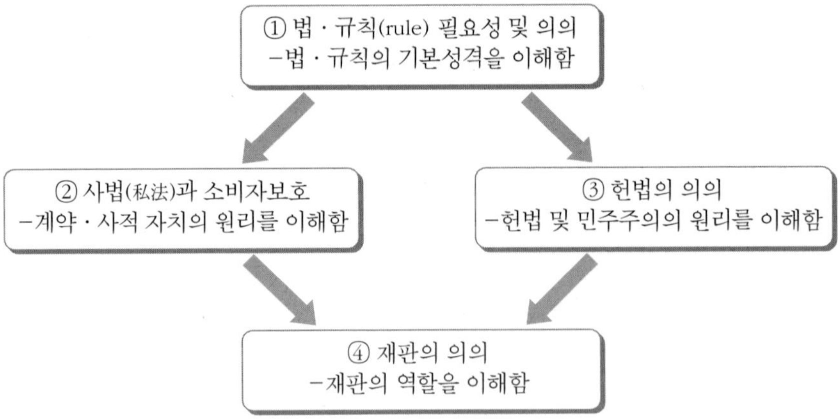

[그림 10-2] **일본 법교육의 내용**

〈표 10-5〉 일본 초등학교 법 내용의 관련 교과별 · 교육영역별 관련

<table>
<tr><th rowspan="2">학 년</th><th colspan="2">관련 교과</th><th rowspan="2">도 덕</th><th rowspan="2">특별활동
(학급활동)</th><th rowspan="2">종합학습</th></tr>
<tr><th>사회과</th><th>생활과</th></tr>
<tr><td>1학년</td><td rowspan="2">(교과 자체가 없음)</td><td rowspan="2">규칙 혹은 정해진 사항의 의의</td><td rowspan="2">약속 · 규칙을 지킨다.</td><td rowspan="6">학급 · 학교생활에서 발생하는 여러 문제를 해결한다.</td><td rowspan="6">교과학습 등에서 배운 지식 · 기능을 종합화한다(예를 들어, 법에 관한 내용을 학습활동으로 설정할 수 있다).</td></tr>
<tr><td>2학년</td></tr>
<tr><td>3학년</td><td></td><td rowspan="4"></td><td rowspan="2">약속 그리고 사회에서 지켜야 할 일을 지킨다.</td></tr>
<tr><td>4학년</td><td></td></tr>
<tr><td>5학년</td><td></td><td rowspan="2">약속, 규칙을 지키고, 자신 · 타인의 권리를 중요시하며 의무를 다한다.</td></tr>
<tr><td>6학년</td><td>일본국 헌법의 기본원리</td></tr>
</table>

위해서는 '법'을 어느 정도 직접적으로 가르치는 사회과뿐 아니라 생활과, 도덕, 학급활동, 종합학습시간 등 교육과정의 여러 교과(혹은 교육영역)에서 법교육을 실시하도록 되어 있다. 여기서 '생활과'란 우리나라의 '슬기로운 생활과'와 비슷한 교과로 초등학교 제1, 2학년에서 가르치는 교과이며,

'도덕'은 교육과정상 '교과'도 '생활지도'도 아닌 중간적 성격을 가지는 것으로 되어 있으며, '종합활동' 역시 '교과'는 아니다(〈표 10-5〉 참조)[7].

(3) 초등학교 법 학습지도안(사례)

일본에서 법교육이 강조된 이후, 일본 초등학교에서는 법교육이 활발히 실천되고 있다. 먼저 '법교육추진협의회'의('법교육연구회' 뒤에 설치된 협의회) 분과위원회인 '사법 분야 교육검토부회(私法分野教育検討部會)'는 사법(私法) 분야에 대해 별도로 학습지도안을 개발하여 발표하였다. 일본 법교육에서는 사법 분야 교육을 강조하고 있는데, 이것은 헌법 분야는 기존의 사회과에서 어느 정도 다루고 있다고 볼 수 있으나 사법 분야는 그렇지 못하기 때문이라는 것이다. 초등학교용 예시 학습지도안은 아동들의 일상생활에서 일어날 수 있는 다툼(분생) 상황을 상정하고 그것을 어떻게, 어떤 과정을 거쳐서 해결해 나가는 것이 좋을지를 생각해 보는 식으로 되어 있다.[8]

학습지도안의 제목은 '약속을 하는 것, 약속을 지키는 것'이며, 특별활동('학급활동') 시간에 하도록 되어 있으며, 시간은 2차시 분량이다(일본 초등학교의 1 수업시간은 45분간으로 우리나라보다 5분이 더 길다). 학교생활에서 흔히 있는 일이지만 아동들은 학용품, 책 등을 서로 빌리거나 빌려 준다. 그런데 제때에 되돌려 주지 않거나, 빌려 간 물건을 훼손하는 경우도 적지 않고 이런 것들을 둘러싸고 다툼도 종종 발생한다. 이러한 현상에 착안하여, 아동들이 물건을 서로 빌려 주고 빌린 경험을 앙케트 조사를 하여 남에게 물건을 빌렸으면 제때에 잘 갚아야 한다는 것을 가르치도록 되어 있다. 또한 '대여제도'는 사회에 필요한 것임을 깨닫게 하고 있다.

제1차시에서는 다음과 같은 앙케트가 제시된다.

'사법'(私法)에 관한 학습지도안의 자료(앙케트지)

조사대상: 초등학교 6학년 한 학급(28명)

1. 물건을 서로 빌려 주거나 빌리거나 할 때, 분쟁이 발생한 일이 있나요?
   ① 있다(15명) ② 없다(13명)

2. 그때 무엇을 빌려 주거나 빌렸나요?
   ① 책(소설, 만화) (8명) ② 게임기(5명)
   ③ 게임 소프트웨어(게임 세트) (4명) ④ 카드(1명)
   ⑤ CD(1명) ⑥ 펜(2명) ⑦ 교과서(2명) ⑧ 풀(2명)
   ⑨ 지우개(1명) ⑩ 연필(1명) ⑪ 노트(1명)
   ⑫ 그림물감(1명)

3. 어떤 분쟁이었나요?
   ① 책(소설, 만화): 더럽혀져 있었다. 접혀져 있었다. 찢어져 있었다. 선이 그어져 있었다.
   ② 게임기: 없어졌다. 없어졌다고 생각했는데 다른 친구가 가지고 있었다.
   ③ 게임 소프트웨어(게임 세트): 되돌려 주기로 한 날짜가 지났는데도 돌려줄 생각을 않는다. 기한을 지키지 않았다. 없어졌다.
   ④ 카드: 없어졌다.
   ⑤ CD: 없어졌다.
   ⑥ 펜: 펜 끝을 망쳐 놓았다.
   ⑦ 교과서 2: 멋대로 표시를 해 놓았다. 접혀져 있었다.
   ⑧ 풀 2: (빌려 간 사람이) 부셔 놓았다. 전부 써 버렸다.

아동들이 자신에 관한 앙케트 결과를 보면서 물건을 빌려 주고 빌리는 과정에서 크고 작은 문제가 있음을 알게 한 뒤, 다음과 같은 또 다른 사례를 유인물(학습지)로 제시한다. 이 두 번째 사례는 남의 '게임 소프트웨어'를 빌리고 빌려 주는 과정에서 생길 수 있는 분쟁이다.

게임 소프트웨어 ①

어느 날, A 군의 집에 B 군이 놀러 왔다.

B 군: 그 게임, 재미있을 것 같은데, 좀 빌려 줘!

A 군: 글쎄, 새로 산 것인데……. 나도 아직 많이 사용하지 않았어.

B 군: 좀 빌려 주라니까.

A 군: 글쎄…….

B 군: 며칠만이라도 좀 빌려 줘!

A 군: ……. (마지못해, B군에게 게임기를 건넨다)

B 군: 그럼 난 이만 가 볼게(B 군은 게임 소프트웨어를 가지고 집으로 돌아간다).

며칠 후

A 군: 게임 소프트웨어, 어떻게 되었지?

B 군: 으음, 그 게임 참 재미있더라. 좀 더 빌려 줘. 빌려 줄 거지?

A 군: 글쎄. 이제 되돌려 주었으면 하는데…….

B 군: 조금만 더 하고 줄게. 그렇게 해 줄 거지?

A 군: …….

게임 소프트웨어 ②

어느 날 B 군이 A 군의 집에 놀러 왔다.

B 군: 재미있을 것 같네. 이 소프트웨어 좀 빌려 줘.

A 군: 그래. 언제까지 빌려 줄까?

B 군: 일주일간만 빌려 줘.

A 군: 으음, 좀 긴 것 같은데……. 5일간으로 하면 어때?

B 군: 으음, 그래.

A 군: 알았다. 이것 받아. 5일간이야.

B 군: 꼭 되돌려 줄게.

A 군: 그래. 약속이야.

3일 후, 학교에서

A 군: 게임 소프트웨어 재미있었어?

B 군: 응. 그 게임 참 재미있더라. 좀 더 빌려도 되겠지?

A 군: ……. 실은 말이야, 갑자기 그 게임을 하고 싶어졌이. 곧 되돌려 주었으면 하는데, 되돌려 줄 수 있지?

B 군: 으음. 그런데 5일간 빌려 준다고 약속하지 않았니?

A 군: 그래도. 그 게임 소프트웨어는 내 것이잖아. 되돌려 줘.

게임 소프트웨어 사례 ①을 보면, B 군이 친구 A 군의 집에 놀러갔다가 A 군의 새 소프트웨어 프로그램을 보고 욕심을 내어 무리하게 빌려 달라고 한다. A 군은 빌려 주기 싫지만 '싫다'고 대답하지 못하고 우물쭈물하다가 돌려받을 날짜도 정하지 못한 채 소프트웨어 프로그램을 빌려 주고 마는데, B 군은 좀처럼 되돌려 주지 않는다. 이러한 사례를 살펴보고, 물건을 빌려 주거나 빌릴 때는 기한을 확실히 정하고, 또 빌려 간 사람은 빌려 준 사람에게 고마운 마음을 가지며 가능한 한 빨리 되돌려 주어야 한다는 것을 학습한다.

게임 소프트웨어 사례 ②는 ①과는 반대로 빌려 준 아동이 변심(變心)하여 정해진 날짜보다 더 일찍 되돌려 달라고 요구하는 장면인데, 이 사례를 통하여 물건의 '주인'이니까 빌려 준 사람 마음대로 언제든지 되돌려 달라고 할 수 있는지 등에 대하여 생각해 보도록 한다. 이를 위해 학습지도안에서는 다음과 같은 워크시트지 2종류가 준비되어 있다.

〈워크시트 1〉 "약속을 하는 것, 약속을 지키는 것"

이름 (   )

1. '게임 소프트웨어 ①'에서 생각해 보자.

빌리는 측(B)이 잘못한 점	빌려 주는 측(A)이 잘못한 점

2. 어떻게 했더라면 분쟁이 안 생겼을까요?

3. '게임 소프트웨어 ②'에 대하여 생각해 보자.

B 군은 3일 만에 게임 소프트웨어를 되돌려 주는 것이(아니면 되돌려 주지 않는 것이) 옳다. 그 이유는 무엇인가요?

4. 약속할 때, 앞으로 주의해야 할 점은 무엇인가요?

〈워크시트 2〉 '물건을 빌려 주고 빌리고 하는 것'에서 배운 것

이름 (   )

1. 실생활에서 물건을 빌려 주고 빌리고 하는 것에는 어떤 것이 있나요?

2. 물건을 '빌려 주고 빌리는 것'의 좋은 점은 무엇인가요?

빌려 주는 측에 좋은 점	빌리는 측에 좋은 점

3. 만약에 기한을 지키지 않는다면, 누구에게 어떤 폐를 끼치게 될까요?
   (예) 학교 도서관

4. 만약에 되돌려 주지 않는 사람이 늘어난다면, 어떤 결과가 올까요?

5. 정리

(각자 써 보게 함)

2) 초등학생용 법 부교재

일본에서는 학교 이외에도 법원, 검찰청, 변호사회 등에 의해서도 법교육이 행해지고 있다. 법원에서는 각급 '주니어 로스쿨(junior law school)'이라고 하여 방학 기간 중 중학교 이상의 학생, 교사, 학부모를 대상으로

법원에서 모의재판을 해 보는 프로그램을 운영하고 있으며, 각 지방 변호사회에서는 중 · 고등학교를 중심으로 '출장수업'을 하기도 한다. 일본변호사회는 법교육의 일환으로 초등학생용 부교재를 발간하였는데 여기에서는 그것을 소개하고자 한다. 일본변호사회에서 발간한 부교재는 『자유』 『책임』 『규칙』 『공평』 『정의』의 5권이다.[9] 모두 초등학교 중 · 고학년 정도의 아동을 대상으로 하여 글자와 그림을 섞어 만든 책으로 아동들의 일상생활 속의 사례를 들어 각각의 개념을 설명함으로써 전체적으로 '법'에 대하여 이해하도록 구성되어 있다. 다음 도표는 일본변호사회에서 발간한 자료와 미국 시민교육센터에서 발간한 책의 제목을 비교한 것이다(〈표 10-6〉 참조).

〈표 10-6〉 미 · 일의 법교재 제목 비교

미국	일본
사생활	자유
책임	책임
권위	규칙(rule)
정의	정의
—	공평

여기서는 『정의』 내용에 대하여 소개하고자 한다. 『정의』에서는 '잘못된 것을 바로잡는 것'이 정의(正義)이며, 정의를 실현하기 위하여 벌(罰)을 부과하게 되는데, 이때 벌이 너무 가볍거나 너무 무거워서는 안 된다는 것, 그리고 그 과정에서 벌받을 사람의 말도 들어 보는 등 그 '절차'를 잘 지켜야 한다는 것을 야구부 활동을 소재로 설명하고 있다. 그리고 이 책의 마지막 과(제4과)에서는 벌(罰)뿐 아니라 상(賞)도 각자의 성과에 맞게 적절하게 주어야 한다는 것을 설명하고 있다(〈표 10-7〉 참조).

〈표 10-7〉 일본 초등학생용 법교육 부교재 『정의』의 내용 구성

과	상황 설정	가르치고자 하는 것
제1과	주인공(초등학생)은 실력 있는 야구투수인데, 새로운 야구팀으로 들어간다. 그는 그 팀에 옛날부터 있던 투수와 대결하여 멋지게 그를 이긴다. 그런데 잠시 후 그 투수가 던진 공이 타석에 들어선 주인공의 몸에 맞아 주인공은 부상을 당한다. 그 투수가 일부러 주인공의 몸에 공을 던졌는지는 아직 모른다.	어떤 사람(가해자)이 '규칙 위반'을 하여, 다른 사람(피해자)에게 '손해'를 끼쳤다면 그것은 잘못된 일이다. 이 잘못된 일을 바로잡는 것이 정의다. 정의는 피해자에게는 손해를 보상해 주며, 가해자에게는 같은 행동을 두 번 다시 못하게 하고, 다른 사람들에게는 경각심을 주기 위하여 필요하다.
제2과	그 후, 주인공은 야구에만 열중하여 학교 숙제를 하지 않고, 부모님께는 적당히 둘러댄다. 급기야 담임선생님은 성적이 떨어지고 숙제를 하지 않는 주인공의 부모님을 학교로 불러낸다. 학교에 불려가 사정을 알게 된 아버지는 그에게 야구부 탈퇴를 선언한다.	'벌'을 줄 때는 규칙을 위반한 정도(손해의 정도)에 따라 주어야 한다. 이때 벌이 너무 무겁거나 가벼워서는 안 된다. 벌받는 사람의 '반성' 정도도 참작이 된다.
제3과	시일이 지나, 주인공은 야구부를 다시 시작하게 되는데, 이느 날 코치는 주인공이 연습에 무단으로 빠져 규칙을 어겼다고 하여 1개월간 못 나오게 하는 벌을 내린다. 그런데 주인공은 '친구'에게 사정상 연습에 빠진다고 말하였고 그래서 '무단으로' 빠진 것이 아니다. '친구'는 코치가 화가 나 있었기 때문에 사실을 제대로 말해 주지 못하였다.	벌을 줄 때는 해당자가 실제 벌을 받을 만한 행동을 했는지를 정해진 절차에 따라 잘 조사하여 벌의 정도를 결정해야 한다. '절차'에는 '벌받을 사람의 의견'을 듣는다든지, 관련자가 '사실'을 말할 수 있는 분위기에서 하는 것 등이 포함된다.
제4과	주인공이 속한 팀이 시합에서 우승을 하여, 팀원 중 '최우수 선수'를 뽑는데, 코치는 주인공이 아닌 B 군을 지명 한다. B 군의 아버지는 코치와 친구 사이이다. 다른 팀원들은 이를 납득하지 못한다.	모두가 납득할 수 있는 판단(포상)을 하기 위해서는 확실한 정보에 근거하고, 그 근거를 여러 사람에게 잘 설명하며, '판단방법'을 미리 정해 놓아야 한다.

이상에서 최근 활발히 전개되고 있는 일본의 법교육을 초등학교 수준을 중심으로 살펴보았다. 일본에서는 배심제(재판원제)의 실시와 더불어 법교육이 강조되고 있다. 법교육에서는 일본 사회는 구성원 각자가 자유롭게 서로 계약을 맺으면서 살아가는 사회라는 것을 전제하면서, 만약 개인 간에 분쟁이 생겼을 때는 공정하게 재판을 하여야 한다는 관념(idea)을 중심으로 하여 가르치고 있다. 초등학교에서는 사회과뿐 아니라 도덕 등 여러 교과(혹은 교육영역)에서 일상생활 속의 사례를 가지고 지도하는 것을 기본으로 하고 있다. 이와는 별도로 사회과에서는 사회과 나름대로, 제6학년 헌법내용에서 뿐만 아니라 다른 학년에서도 사회과 내용을 법과 관련지어 지도하고 있다.

4. 일본의 '시티즌십 교육'

앞에서도 언급하였지만, 일본에서는 종전에는 '공민교육'이라는 용어를 사용하여 시민교육을 해 왔으나, 최근에는 영국 등의 영향을 받아 '시티즌십 교육〔シティズンシップ教育〕'이라는 용어도 많이 사용하고 있다. 최근 일본에서의 '시티즌십 교육'은 일본 시민사회의 발전을 배경으로 하여, 시민사회에 걸맞은 자립적이고 적극적인 인간을 길러 내는 것을 목표로 하고 있다. 이러한 일본 '시티즌십 교육'은 여러 기관 · 단체에 의하여 추진되고 있는데, 그 기본 틀을 제공한 것은 경제산업성(經濟産業省)의 보고서다.

이 밖에도 일본에서는 전국 단위는 아니지만 도쿄〔東京〕 시나가와〔品川〕 구〔區〕처럼 지방자치단체 차원에서 '시민과'를 설치하여 학교 시민교육을 실시하는 곳도 있고, 오차노미즈 대학〔お茶の水大學〕 부속 초등학교처럼 학교 차원에서 '시민과'를 설치하여 학교 시민교육을 실시하는 곳도 있다.

여기서는 먼저 경제산업성에서 제시하는 시티즌십 교육론을 살펴보고, 그 다음에 시나가와 구의 시민과(市民科)를 소개함으로써 일본의 시티즌십 교육의 양상을 살피고자 한다.

1) 일본 경제산업성의 시티즌십 교육

(1) 배경 및 필요성

최근 들어 일본에서 시티즌십 교육을 주장하게 된 배경으로 먼저 일본 사회가 어느 정도 '성숙한 시민사회'로 진입했다는 것을 든다[10] (경제산업성, pp. 3-5). 일본은 제2차 세계대전에서 패전하였지만, 그 뒤 고도경제성장기를 거쳐 세계 일류의 경제대국으로 성장하였는데, 이러한 사회는 각 개인이 사회의 일에 관심을 가지고 적극적으로 참여함으로써 그 유지가 가능하다는 것이다.

각 개인이 사회의 일에 적극적으로 참여하는 이러한 사회를 '성숙한 시민사회'라고 한다면, 일본 사회는 여러 방면에서 '성숙한 시민사회'를 보인다. 한 예로, 일본 고베〔神戶〕 대지진 때, 많은 사람들이 자원봉사자로 발 벗고 나섰고, 각 지역에서는 시민단체(NPO)나 커뮤니티 비즈니스(community business, 우리나라의 '사회적 기업' '마을기업'과 비슷한 개념)들이 관청이나 일반 기업들은 제공하지 못하는 공공 서비스를 지역주민들에게 제공했으며, '전자시민회의실'이나 각종 위원회에 시민들이 참여함으로써 민(民)과 관(官)이 협치(協治, governance)를 해 나가고 있다. 또한 지역사회의 주민들이 각 개인별로 혹은 단체에 소속되어, 학교에 나가 자신의 전문성을 살려 수업을 하거나 학생들 동아리활동 지도에도 나서고 있다. 이러한 여러 활동은 모두 '성숙한 시민사회'의 징표(徵標)라고 할 수 있다. '성숙한 시민사회'에서는 각 개인이 더욱 활동적으로 사회의 일, 즉 공적인 일에 참여하여 그것을 통해 자아를 실현해 가고, 보다 나은 사회를 만들어 갈 수 있는데, '성숙한 시민사회'를 더욱 촉진하기 위해서는 시티즌십 교육이 필요하다는 것이다.

일본 사회에는 '성숙한 시민사회'로 나아가는 데 있어 해결해야 할 과제도 많다(경제산업성, p. 5). 일본 사회는 '사회의 계층화'가 진행되고 있어, 그에 따라 수입, 직업, 학력, 건강 등에서 구성원 간의 격차가 벌어지고 있으며 이 모든 것들이 자녀들에게도 그대로 이어지고 있다. 따라서 앞에서 언급한 '성숙한 시민사회'에서의 활동이 일부의 사람들에게만 한정되고 있다는 것이다. 아동 · 청소년 가운데에는 '자기 자신에 대한 감각' '타인에 대한 감각'이 형성되지 않는 사례가 늘고 있으며, 젊은 엄마들이 자신의 투철한 인생관을 확립하지 못하여 자녀들에게 모델을 제시해 주지 못하는 현상이 있는가 하면, 조부모가 손자 · 손녀에게 관심을 보이지 않는 경우도 늘어 전반적으로 가정의 육아력(育兒力)이 떨어지고 있으며, 젊은이의 자살도 증가하고 있다. 이에 대한 대처로 시티즌십 교육이 필요하다는 것이다. 이에, "시민 한 사람 한 사람이 사회구성원의 일원으로서 각자가 살고 있는 지역이나 사회에서 과제를 찾고, 그 해결 혹은 그에 필요한 서비스 제공에 참여함으로써 급격히 변화해 가는 사회 속에서 자신을 지키고, 동시에 다른 사람과 적절한 관계를 유지해 가고 직업에 종사함으로써 보람찬 생활을 영위하고 개성을 발휘하며, 보다 나은 사회를 만들어 가는 데 이바지할 수 있는 능력"(경제산업성, p. 9)을 익히는 것이 필요하다는 것이다.

(2) 시티즌십의 정의, 영역 및 그 기본구조

일본 경제산업성에서 제시하는 시티즌십이란, "다양한 가치관 · 문화가 존재하는 사회에서 개인이 자신을 지키고 자아를 실현하며, 보다 나은 사회를 만들어 가기 위하여 사회의 의사결정 · 운영과정에서 개인으로서 권리와 의무를 행사하고, 여러 관계자와 적극적으로(actively) 관여하려는 자질"(경제산업성, p. 20)을 말한다. 여기서 일본 경제산업성에서 말하는 시티즌십은 기본적으로 구미(歐美)의 시민사회론에 입각하고 있음을 알 수 있다. 대사회관(對社會觀)을 보면, 경제산업성에서 상정(想定)하는 사회는 '다양한 가치관 · 문화'가 존재하는 사회다. 일본은 오랫동안 스스로 단일민족임을 강조하여 왔고 그 문화 또한 획일적이라는 평을 받아 왔으나, 이제는 '다양한 가치관 · 문화'가 병존하고 있음을 인정하고, 이것이 바람직하다는 것을 전제하고 있다. 두 번째는 시티즌십에서 '개인'을 먼저 내세우고 있다는 점이다. 사회에서 필요한 바람직한 자질, 즉 시티즌십론에서 중요한 대립점 중의 하나는 '개인'을 더 중요시할 것인가 아니면 '사회(전체)'를 더 중요시할 것인가인데 이 정의에서는 '개인'을 더 앞에 내놓고 있다. 세 번째, 경제산업성의 시민상(市民像)은 '능동적 시민론'에 입각한다. 시민사회에서 바람직한 시민의 모습은 적극적으로 참여하는 인간이라는 것은 앞 장에서도 언급하였듯이 미국 민주주의를 논한 토크빌(Tocqueville)이 적절하게 지적한 바 있다. 그러나 20세기에 들어 복지국가론이 등장하면서 개인은 국가에만 기대는 의존적 존재로 떨어진 면이 있는데 이에 대해 구미에서는 스스로 자립능력을 키워 가는 '적극적 시민(active citizen)'상이 새롭게 부각되고 있는 바, 경제산업성에서 제시한 시민상 역시 이와 맥을 같이하고 있다. 이렇게 볼 때, 일본 경제산업성에서 제시한 시민성의 핵심은 사회의 의사결정에 적극적으로 참여하는 것이라고 할 수 있다.

경제산업성 보고서에서는 시티즌십을 내포하고 있는 사회 영역으로 3가지를 들고 있는데, ① 공적 · 공동적 활동(사회 · 문화활동), ② 정치활동, ③ 경제활동이다(경제산업성, pp. 20-22)(〈표 10-8〉 참조).

〈표 10-8〉 일본 경제산업성에서 제시하는 시티즌십의 영역

공적 · 공동적 활동 (사회 · 문화활동)	• 보다 나은 사회를 만들어 가기 위해, 지역의 각종 활동에 참여하는 것 • 지역의 방범 · 방재, 요양, 청소년 교육 등에 참여하는 것 • 뜻을 같이하는 사람들이 네트워크를 형성하여 환경, 에너지 절약, 빈곤 타파 등의 과제 해결을 위해 노력하는 것 • 문화적인 지식 · 교양을 쌓기 위하여 학문 · 예술 · 스포츠 등의 활동에 참여하고 다른 사람과 교류해 나가는 것
정치활동	• 민주주의를 이해하고 그에 필요한 권리 · 의무를 실천하는 것 • 스스로의 판단에 입각하여 선거 · 주민투표에서 투표하는 것 • 주민설명회, 전자시민회의, 심의회, 공적 코멘트(public comment) 등을 통하여, 정부에 자신의 의사를 표명하는 것 • 자신의 판단하에 정치 운동 · 활동을 하는 것 • 자신의 수입에 따라 세금 · 사회보험료 등을 납부하는 것
경제활동	• 자신에게 맞고 사회적으로 도움이 되는 직업에 종사하여 생계에 필요한 직업을 갖는 것 • 불공정하거나 위법한 경제활동을 간파하는 능력을 습득하는 것 • 소비활동을 할 때 환경보호, 에너지 전략, 빈곤 타파 및 경제지원 문화 육성 등에 도움이 되는 방향으로 하는 것

〈표 10-8〉을 보면, '시티즌십'이란 동호회를 만들어 자신의 교양을 넓히는 것에서부터 시작하여, 환경문제 해결을 위해 네트워크를 조직해 활동하는 것, 그리고 정치적 이슈에 대해 공적인 코멘트를 하는 것, 불공정한 경제행위를 간파하는 것에 이르기까지 그 범위가 광범위하다. 사회생활의 모든 영역에서 적극적으로 행동하는 것이 포함된다고 볼 수 있다.

이렇게 경제산업성에서는 널리 사회생활에서 필요한 자질을 시티즌십이라고 하는데 각 개인에게 길러져야 할 능력의 기본구조를 보면 다음과 같다(〈표 10-9〉 참조)(경제산업성, p. 24). 〈표 10-9〉를 보면, 각 개인에게 필요한 시티즌십 능력을 '의식' '지식' '기능'의 3가지로 나누고 있는데, 여기

〈표 10-9〉 시티즌십의 기본구조(일본 경제산업성)

의 식	**사회에서 다른 사람과 협동하며, 능동적으로 관계를 맺는 데 필요한 의식** • 자기 자신에 관한 의식: 향상심, 탐구심, 학습의욕, 노동의욕 등 • 다른 사람과의 관계에 관한 의식: 인권 존중, 다양성 및 다문화 존중, 자신과 타인에 대한 존중 · 관용, 상부상조 정신 등 • 사회 참여와 관계된 의식: 법령 · 법규의 준수, 정치에 대한 참여, 사회에 공헌하려고 하는 의식, 환경과의 공존 혹은 지속적 발전 의식 등		
지 식	**공적 · 사회적 영역에서 필요한 지식** 교양 · 문화 · 역사, 사상 · 철학, 사회적 규범, 유니버설 디자인, 환경문제, 남북문제, 마을 살리기, NPO · NGO 등	**정치적 영역에서 필요한 지식** 우리나라 민주주의 원리(국민주권, 대의제, 삼권분립, 선거제도, 정당 등), 국민의 권리와 의무, 정보공개, 전쟁과 평화, 국제분쟁, 외국의 정치제도 등	**경제적 영역에서 필요한 지식** 시장원리, 경기, 자본주의의 원리, 국경선 없는 경제, 소비자의 권리, 노동자의 권리, 다양한 직업의 존재와 내용, 세금제도, 사회보장제도, 금융투자 재무, 가계, 의료 및 건강, 악덕상행위에 대한 대처법, 범죄 및 위법행위, 기업의 사회적 책임 등
기 능	**다양한 가치관이 존재하는 사회에서 자아를 확립하고 나아가 사회에 기여하는 데 필요한 기능** • 자신과 타인의 사회현상을 객관적 · 비판적으로 이해하기 위한 기능: 자신을 객관적으로 인식하는 능력, 타인의 일을 이해하는 능력, 사물현상을 입체적 · 전체적으로 파악하는 능력 등 • 정보지식을 효과적으로 수집하고, 바르게 이해하고 판단하기 위한 기능: 많은 정보 속에서 자신에게 필요한 것을 수집하고 효과적으로 분석하는 능력, ICT 및 미디어 리터러시(literacy), 가치판단력, 논리적 사고력, 과제설정능력, 계획 · 상상력 등 • 사회 속에서 다른 사람과 더불어, 자신의 의견을 표명하고, 타인의 의견을 들으며, 의사결정을 하고 실행하기 위한 기능: 프레젠테이션 능력, 히어링(hearing) 능력, 디베이트, 리더십, 팔로우십(followship), 서로 다른 의견을 모을 줄 아는 능력, 교섭력, 매니지먼트(management), 분쟁해결력, 위험관리(risk management) 등		

서 말하는 '의식'은 우리나라 사회과에서의 '가치·태도'와 비슷한 개념이다. '의식'에서는 '자기 자신' '다른 사람과의 관계' '사회참여'로 그 범위를 확대해 나가고 있는데, 구체적으로는 '향상심' '타인에 대한 존경' '법령·법규의 준수' 등 일본 사회의 '전통적인 가치'를 강조하고 있다. 어쨌든 이 기본구조는 일선 학교에서 시티즌십 교육을 실천할 때, 아동들에게 길러 주어야 할 능력의 기본구조가 될 것이다. 어떤 단원(혹은 프로그램)을 실천할 때에는 이것을 염두에 두고 그 목표를 정하게 될 것이다.

일본 경제산업성에서 제시한 '시티즌십'의 특징을 보면, 기본적으로는 시민사회론과 능동적 시민상에 입각하고 있으며, 포괄 범위는 정치·경제·사회 등 사회의 전반적 분야를 모두 포함하고 있어 매우 넓다. '시티즌십 교육'의 범위 또한 넓어서 학교교육뿐 아니라 사회교육까지도 포괄하며, 학교교육에서는 사회과·공민과 등 교과교육뿐 아니라 도덕, 특별활동, 어린이회 등을 통해서도 실시하여야 하는 것으로 되어 있다.

2) 도쿄 시나가와 구(區)의 '시민과'

일본의 학교 시민교육은 여러 곳에서 실천되고 있다. 도쿄의 시나가와에서는 구(區) 차원에서 '시민과'를 신설하여, 초·중학교를 일관하여 시민교육을 실시하고 있다. 시나가와 구의 '시민과'는 "각 개인이 스스로 자신의 인생을 살아가는 능력과 개인이 모인 사회를 살아가는 힘을 길러 주는 것"[11](시나가와 구의 홈페이지에서 인용, 이하 동일)을 목적으로 한다고 하여, '개인으로서의 자립'과 '사회인으로서 필요한 능력'의 두 요소를 목적의 축으로 삼고 있다. 이는 기본적으로 경제산업성의 시티즌십이 개인으로서의 자아실현과 사회인으로서 필요한 능력을 든 것과 맥을 같이하고 있다고 할 수 있다.

〈표 10-10〉 일본 도쿄 시나가와 구 '시민과' 교과서 구성의 기본 틀

대 상	영 역	능 력		
개인에 관계되는 사항	자기 관리	자기 관리	생활 적응	책임수행
개인과 집단사회를 관련지어 주는 사항	인간관계 형성	집단적응	자신과 타인에 대한 이해	의사소통
	자치적 활동	자치활동	도덕실천	사회적 판단 · 행동
사회에 관련되는 사항	문화 창조	문화활동	기획 · 표상	자기 수양
	장래 설계	사회적 역할수행	사회인식	장래 지향

이러한 목표를 달성하기 위해, '시민과' 교과서의 내용은 '3 대상(對象) 5영역 15능력'을 기본 틀로 하여 개발되었다. '3 대상'이란 시민과 내용의 기초를 이루는 것인데, 이는 '개인 자신에게 관계되는 사항' '개인과 집단 · 사회를 관련지어 주는 사항' '사회에 관계되는 사항'이다. 여기서 보면, '개인'에서 출발하여 '개인과 집단'과의 관계로, 그리고 '사회'로 그 범위를 확대해 나가고 있음을 알 수 있다. '3 대상'을 좀 더 구체화한 것이 '5영역'인데, 그것은 '자기관리' '인간관계 형성' '자치적 활동' '문화창조' '장래설계'다. 그리고 '3 대상' '5영역'에서 길러 주어야 할 능력은 총 15가지다(〈표 10-10〉 참조).

이러한 기본구조에 입각하여 시민과 교과서는 초등학교와 중학교를 일관하여, 1~2학년용, 3~4학년용, 5~7학년용, 8~9학년용의 4종이 나와 있고, 수업시수는 1~4학년은 주당 평균 2시간씩, 5~9학년은 주당 3시간씩을 2006년부터 가르치고 있다. 이 중 5~7학년용 교과서의 내용을 보면 '인권문제' '시민으로서의 자각' '자신과 타인 존중' '사회에서의 규범의식' '전통문화의 계승' '봉사활동 체험' 등의 61개 항목으로 되어 있다.

시나가와 구 '시민과'의 실천사례를 보면, 초등학교 1~2학년에서 '친구'를 소재로 하여, 다른 사람에 대한 배려, 남이 나와 다르다는 것에 대한 인식 및 그 차이를 존중하려는 자세, 자신과 타인에 대한 이해 등을 기르는

것이 있다(경제산업성, pp. 50-51). 또한 6학년에서는 '세계의 문화유산에 대하여 설명하기'가 있는데, 한 학생은 '시민과'에서 배운 것을 활용하여, 실제로 도쿄의 '월드 스퀘어'(world square)에서 세계 건축물 미니 모형에 대해 설명하는 역을 맡기도 하였다고 한다(인터넷판 每日新聞, 2007년 7월 12일자, Ads by Google).

이러한 것을 보면, 시나가와 구의 '시민과'는 우리나라로 치면 사회과보다는 도덕과에 더 가까운 성격의 교과라고 할 수 있다. '민주주의' '정치' '법'과 관련된 내용보다는 개인 자신에게 관련되는 것, 개인과 사회와의 관련, 그리고 각 개인이 사회에서 해야 할 역할에 관한 것이 주를 이루고 있다. 또한 사회와 관련되는 것에서도 '문화'를 주로 하고 있다. 실제 이 '시민과'는 일본 교육과정상의 '도덕' '특별활동' '종합활동'을 합해 놓은 성격이라고 이 교과의 성격을 밝히고 있다(경제산업성, p. 55).

오차노미즈 대학 부속초등학교의 '시민과'도 그 기본성격은 시나가와 구의 '시민과'와 같으나, 이 초등학교에서 말하는 '시민과'는 보다 더 사회과와 가까운 것으로 되어 있다. 예를 들어, 초등학교 4~6학년에서 실천된 주제 중에는 "홋카이도(Hokkaido)에서 새 회사를 세워 보자."(경제산업성, pp. 47-49)라는 것이 있는데 이것은 사회과 '지리+경제' 영역에 해당되는 것으로, 이 초등학교가 소재하고 있는 도쿄와 그 환경이 매우 다른 홋카이도에 공장을 세우는 활동을 해 보게 함으로써 홋카이도의 기후, 산업, 교통망 등에 대하여 학습하게 하는 것이다.

지금까지 일본에서 최근 주장·실천하고 있는 '시티즌십 교육' 혹은 '시민과'에 대하여 알아보았는데 요약해 보면 다음과 같다.

- 일본에서 말하는 시티즌십의 개념은 매우 포괄적이다. 그것은 사회생활, 정치생활, 경제생활 등 사회의 전 부문에서 적극적으로 활동하는 시민을 길러 내는 것을 목표로 한다.
- 일본의 초등학교 시민교육(혹은 시티즌십 교육)은 도덕, 종합학습, 특별활동, 어린이회, 동아리활동, 생활지도 등 여러 장면에서 실천해야 하는 것으로 상정된다. 그것은 오차노미즈 대학 부속초등학교에서 보는 바와 같이 사회과와도 관련되지만 교과 외적인 성격을 더 많이 띠고 있다.

지금까지 일본의 '시민교육'을 사회과 6학년의 정치 단원, 법무성 중심의 '법교육', 경제산업성 중심의 '시티즌십 교육', 그리고 지방자치단체에서 실시하고 있는 '시민과'를 통하여 살펴보았다. 일본의 시민교육은 넓게 보아 각 개인이 자유롭게 살아가는 민주주의 사회를 이념으로 하여, 그 안에서 법을 지키고 공적인 일에 적극적으로 참여하는 인간을 길러 내는 방향에서 실시되고 있다고 말할 수 있다. 최근에 와서는 학생들이 국가에 대하여 정체성(正體性, national identity)의 확립을 강조하는 경향을 보이고 있다.

읽어 볼 자료

서재천(2010). 재판원제 도입에 따른 일본 법교육 동향 소고, 한국사회교과교육학회. **사회과교육연구**. 제17권, 4호.

인용 자료

1) http://www.edu-ctr.pref.kanagawa.jp/kankoubutu/h20/pdf/citizen.pdf#search=シティズンシップ神奈川區(2011. 8. 1. 검색)

2) 唐木 清志(2007). “日本”, 嶺井 明子編著. **世界의 のシティズンシップ教育**. 東京: 東信堂. p. 46.

3) 임성모(1999). “국기 · 국가법 제정을 통해 본 일본의 내셔널리즘과 역사교육”, 『동아시아 역사연구』 제6집; 전황수(2000). “일본의 신보수주의 물결: 국기(國旗)－국가(國歌)의 법제화 연구”. **국제지역연구** 제4권 제4호.

4) http://www.mext.go.jp/(2010. 2. 17. 검색)

5) 東京書籍 홈페이지. (2011. 1. 16. 검색).

6) 日本 法務省 法教育研究會(2004), **わが國における方法教育の普及發展を目指して**.

7) 서재천(2010),「재판원제 도입에 따른 일본 법교육 동향 소고」, 한국사회과교육학회. **사회과교육연구** 제17권, 제4호. p. 77.

8) “約束をすること, 守ること”. http://www.moj.go.jp/house/(2010. 2. 17. 검색)

9) 日本弁護士會連合會 市民のための法教育委員會 後藤直樹(2007). **自由って何だろう**; 鈴木啓文(2007). **責任って何だろう**; 根本信義(2007). **ルールって何だろう**; 野坂佳生(2007). **公平って何だろう**; 後藤直樹(2007). **正義って何だろう**. 東京: 岩崎書店.

10) 經濟産業省(2006), . シティズンシップ教育と經濟社會での人々の活躍についての研究會報告書. http://www.meti.go.jp/sitemap/index.html/(2010. 3. 10. 검색)

11) http://www.city.shinagawa.tokyo.jp/hp/page/(2010. 3. 10. 검색)

참고 자료

日本社會科教育學會 編(1984). **公民的資質の形成**. 東京: 東洋館出版社.

關東弁護士會連語會 編(2002). **法教育**. 東京: 現代人文社.

千葉大學教育學部 附屬連携研究會 編(2008). **社會が見えてくる "法" 教材の開發**. 東京: 明治図書.

찾아보기

인명

내용

[저자 소개]

서재천(徐在千)

서울대학교 사범대학 사회교육과(일반사회 전공) 졸업(1969~1973)

동 대학원 국민윤리교육과 졸업(1978~1981)

일본국 히로시마(廣島) 대학 대학원 교육학연구과(교과교육학연구 전공, 사회과) 연구과정 및 박사과정 수료(1983~1987)

일본국 히로시마 대학에서 박사학위 취득(교육학 전공, Ph.D.)(1992)

한국사회과교육연구학회 부회장 역임, 동 학회 충남지회장

사회과교육과정 교과서 개발(연구진, 집필진 등)

한국교육개발원 연구원

현 공주교육대학교 사회과 교수

〈주요 저서 및 논문〉

『초등사회과교육』(도서출판 유천, 2004)

「사회과 민주시민교육 원리 모색: 파커의 민주주의 교육론을 중심으로」(2008)

「국민참여재판제도의 실시에 따른 초등사회과 법교육에 관한 연구」(2009)

「재판원제 도입에 따른 일본 법교육 동향 소고」(2010)

초등사회과 시민교육

2012년 4월 10일 1판 1쇄 인쇄
2012년 4월 16일 1판 1쇄 발행

지은이 • 서재천
펴낸이 • 김진환
펴낸곳 • (주) 학지사
121-837 서울시 마포구 서교동 352-29 마인드월드빌딩 5층
대표전화 • 02-330-5114 팩스 • 02-324-2345
등록번호 • 제313-2006-000265호

홈페이지 • http://www.hakjisa.co.kr
커뮤니티 • http://cafe.naver.com/hakjisa

ISBN 978-89-6330-751-0 93370

정가 17,000원